Johann Joseph Haigold

Beylagen zum neuveränderten Rußland

Erster Teil

Johann Joseph Haigold

Beylagen zum neuveränderten Rußland
Erster Teil

ISBN/EAN: 9783743623156

Hergestellt in Europa, USA, Kanada, Australien, Japan

Cover: Foto ©ninafisch / pixelio.de

Weitere Bücher finden Sie auf **www.hansebooks.com**

M. Johann Joseph Haigold's
Beylagen
zum
Neuveränderten Rußland.

Erster Theil.

Riga und Mietau.
Verlegts Johann Friedrich Hartknoch
1 7 6 9.

Vorrede.

Diese Beylagen zum Neuveränderten Rußlande könnten, wegen der Mannichfaltigkeit von Gegenständen, über die sie sich verbreiten sollen, mit gleichem Recht den Namen Rußische Bibliothek, oder Rußisches Magazin, führen. Am liebsten, vielleicht auch am schicklichsten, hätte ich sie „Materialien zur künftigen Verfassung einer vollständigen und zuverläßigen Statsbeschreibung vom Rußischen Kaisertume,, genannt. Warum ich aber gleichwol den erstern Titel vorgezogen, habe ich in der Vorrede zur zweiten Ausgabe des Neuveränderten Rußlands angezeigt. Wirklich wünschte ich, daß meine Leser künftig das Neuveränderte Rußland selbst, und diese Beylagen dazu, ansehen möchten.

Schon seit acht Jahren sammle ich an diesen Materialien. Den ersten Anlaß dazu gab mir ein Auftrag, den ich im Jahre 1762 erhielt, drei junge Rußische Grafen in der Erd=Geschichts=und Staatskunde zu unterrichten. In welcher Staatskunde? dachte ich: doch wohl vorzüglich und hauptsächlich in der Staatskunde von Rußland! Denn wäre es nicht wahnsinnig, wenn ein junger Russe, dem das gründliche Recht der Geburt dereinst zu den wichtigsten Bedienungen in seinem Vaterlande ruft, eine Reihe von Pharaonen und Merovingern wüßte, den Stifter seines eignen Staats aber nicht einmal dem Namen nach kennte? Wenn er fähig wäre, Alexandern und Karln den Großen zu bewundern, Wolodimer der Große aber ihm so fremd wie der Kacique Heinrich wäre? wenn er ziemlich genau die Quelle des Jordans, die Ueberschwemmungen des Nils, und die Mündungen des Rheins angeben könnte, von der Wolga hingegen, dem Ob, und

Vorrede.

und Anadyr, kaum ihr Daseyn wüßte? wenn er endlich gar von den zwölf Tafeln der Partida, und der goldenen Bulle schwätzte, die Namen *Prawda, Sudebnik* und *Stoglav* aber all sein Tage nie gehöret hätte?

So dachte ich vom Rußischen Kinderunterrichte: — freilich ganz anders, als der Schwarm verlaufener Franzosen, die nachdem sie einige Jare in Paris als Perückenmacher und Laquaien gehungert, mit einer Opera Comique in der Tasche nach Petersburg und Moskau ziehen, und durch eine eben so unbegreifliche als in Rußland gewönliche Metamorphose, für bare Rubel in den Häusern der Großen Utschitel's (Hofmeister) werden; — aber doch einstimmig mit dem Herausgeber der *Biblioteka Rossijskaja* (Petersburg, 1767, 4.), der in seine Vorrede folgende vortreffliche Stelle einfließen lassen: „Wir lasen bisher mit Vergnügen die Begebenheiten anderer Nationen; aber unsre „eigne blieb uns völlig unbekannt. Unsre „Jugend ward bisher, sowol in öffentlichen „Schulen, als im Privatunterrichte, mit „Na=

„Namen Aſſyriſcher, Perſiſcher und Römi=
„ſcher Monarchen gequält; aber von dem
„Stifter, dem Erleuchter und dem Befreier
„ihres Vaterlandes kriegte ſie nichts zu hö=
„ren. Das Hauptſtudium des Menſchen
„iſt die Kenntniß ſeiner ſelbſt; und das
„Hauptſtudium des **Bürgers** die Kennt=
„niß ſeines Vaterlandes. Wir können un=
„ſern Kindern keine beſſere Erziehung geben,
„als wenn wir ihnen ſchon in zarten Jaren,
„nächſt der Ehrfurcht vor dem höchſten We=
„ſen, eine brennende Liebe für ihr Vaterland
„einpflanzen. Aber um ſolches zu lieben,
„müſſen ſie es **kennen.** Laßt uns ihnen
„alſo, ſo bald ihre Zunge zu lallen anfängt,
„und die junge Seele ſich zum Denken er=
„hebt, von dem Reiche vorſagen, dem ſie
„angehören, in welchem ſie geboren ſind, das
„ſie nähret, von dem ſie ihr künftiges Glück
„erwarten, und zu deſſen Wolſtande künf=
„tig ſie alle, in welche Situation ſie auch
„die Vorſehung ſetzen mag, jeder nach dem
„Maaße ſeiner Kräfte, aus Dankbarkeit bei=
„zutragen verpflichtet ſind. So wächſt all=
„mälig

Vorrede.

„mälich das junge Kind zum guten Bürger
„auf: so wird vor unsern Augen eine neue
„Generation entstehen: so werden durch eine
„neue Erziehungsart die Absichten unserer
„großen Kaiserin erfüllt, auf welche Ruß=
„land mit frommer Dankbegier und Europa
„mit reger Verwunderung blickt, und für
„welche unsre späte Nachkommen noch ihrer
„huldreichen Woltäterin mit aufgehabenen
„Händen danken werden.„

Voll Eifers also, diese Gedanken bei
meinem Kinderunterrichte zur Ausübung zu
bringen, suchte ich ein Buch, das etwa den
Titel *Znanie otéczestwa*, Kenntniß des
Vaterlands, hätte; und fand — keines.
Aus Noth entschloß ich mich, ein solches
Buch selbst zu schreiben: ich legte mir gleich
drei Heffte zurecht, die ich I. de *situ* orbis
Ruſſici, II. de *republica* Ruſſica, III. de
hiſtoria Ruſſorum überschrieb: dann sah ich
mich nach brauchbaren Materialien, glaub=
würdigen Nachrichten, und einzeln gedruck=
ten Aufsätzen um, um daraus ein Ganzes zu
machen, und fand — nichts als 9 Bände
Samm=

das einzige Werk, das ich brauchen konnte, ein sehr schätzbares Werk, das mir wirklich auch die wesentlichsten Dienste that, das aber 30 Teile statt 9 haben müßte, wenn es zu meiner Absicht hätte hinreichen sollen.

Nun war mein schönes Project, eine *Znanie otéczestwa* zu schreiben, dahin, und ich mußte meine einzige Sorge seyn lassen, vors erste Materialien zu sammlen. Diese Methode, eine Rußische Statskunde zu erschaffen, lehrte mich die Petersburger Akademie der Wissenschaften durch ihre Anstalten zur Cultur der Rußischen Geschichte. Diese läßt Annalen drucken, und verspricht in der Folge erst eine pragmatische Historie: sie macht Vorbereitungen, und holet weit aus, um dereinst völlig sicher zu ihrem Zwecke zu gelangen. Zwar Fedor Emin kehrt es um; er schreibt zuerst eine Rußische Geschichte, und schilt auf die Akademie, daß sie Annalen drucken läßt: allein der Mensch hat eigene Gründe dazu. Emin zittert bei dem bloßen Namen **publicirter Annalen:**

denn

Vorrede.

denn werden diese gedruckt, so kan ihn die Nation, die er nun belügt, verderbt und beschimpft, aus solcher als aus gewißlichen Acten verdammen; der Elende wird in seiner Blöße erscheinen, und Psalmanazarn zwar an Unverschämtheit, aber nicht an Glücke, ähnlich seyn.

Besonnener also wie Emin, suchte ich aus allen Winkeln und Ecken Materialien zusammen; und ehrlicher wie er, lege ich sie dem Publico vor. Sie sollen vorher das Fegfeuer der Kritik passiren, und von Kennern geläutert werden, ehe man aus ihnen Systemen formt. Sie sollen Mängel und Lücken sichtbar machen, um Gelegenheit zu geben, solche auszufüllen. Selbst schlechte, unzureichende und nicht durchaus zuverläßige Aufsätze sollen dieses Gute stiften, daß sie bessere, entweder mit Manier herauslocken, oder durch Irritation erzwingen.

Dieß ist mein Plan, meine Absicht, und meine Hoffnung bei diesem Werke. Mehr brauchte ich eigentlich nicht zu sagen; doch füge ich noch zum Ueberflusse einige Cautelen bei,

bei, die teils meine Rußische Leser, teils die Deutschen, gelten.

I. In der Wahl der Aufsätze werde ich alle mögliche Vorsicht brauchen, das verstehet sich. Ich werde nicht alles drucken lassen, was mir in die Hände fällt, sondern bloß solche Stücke, von deren Zuverläßigkeit ich selbst aus äußern oder innern Gründen in hohem Grade überzeugt bin. Gleichwol aber stehe ich für nichts: ich compilire bloß, ohne selbst zu verfassen; jeder Verfasser mag für das seinige stehen. Sollte es mir jemals einfallen, eigene Aufsätze einzurücken: so werde ich mich ausdrücklich nennen.

II. Zuverläßige Nachrichten verspreche ich also, so viel möglich; aber keineswegs vollständige: das müssen sie mit der Zeit erst werden, wenn Umstände und Conjuncturen diesem Werke günstig sind. Die Rußische Statistik ist noch in der Kindheit: wer hat darinnen vorgearbeitet? Oft fieng ich die Bearbeitung eines an sich sehr fruchtbaren Gegenstandes an, und trieb mit aller Mühe kaum dreißig Data auf. Ich hatte deren drei-

Vorrede.

dreihundert gewünscht, und vermuthlich wünschten sie meine Leser auch; allein ich gebe was ich habe, und undankbar, wenigstens wunderlich, würde ich den Leser nennen, der mir auch die dreißig schenken wollte, weil ich ihm nicht dreihundert geben kann, der lieber gar nichts wissen, als nur zur Helfte befriediget seyn will.

III. Die Quellen meiner Nachrichten zeige ich meistenteils bei jedem einzelnen Aufsaße insbesondre an. Von den Quellen Rußischer Statistik überhaupt, den wirklichen sowol als den möglichen, werde ich in der Vorrede zu einem der nächstfolgenden Teile handeln, nachdem ich vorher in einer andern Vorrede den allgemeinen Begriff der Statistik werde entwickelt haben.

IV. Ein Teil dieser Sammlung wird aus ungedruckten und gar noch niemals publicirten Aufsätzen bestehen. Ein größerer Teil wird Nachrichten enthalten, die zwar schon gedruckt sind, aber in Rußischer Sprache, oder doch nur in Rußland, und noch dazu in kleinen fliegenden Schriften, die sich
selbst

ſelbſt im Lande ſchnell verlieren, Ausländer aber, denen ſie nie zu Geſichte kommen, den völligen Werth von Manuſcripten haben.

V. Nächſtdem rücke ich auch, mit unter, ſchon bekannte und ſo gar außer Lands gedruckte Nachrichten, entweder auszugsweiſe, oder vollſtändig ein, je nachdem ſie rar oder wichtig ſind. Denn ich möchte dieſes Magazin mit der Zeit gerne ſo vollſtändig machen, daß es alles enthielte, was von Rußland Zuverläßiges nur vorhanden iſt, und künftige, beſonders ausländiſche Verfaſſer Rußiſcher Statsbeſchreibungen hier beyſammen fänden, was ſie ſonſt in vielen Büchern ſuchen müßten. Wir Schriftſteller lieben wie andere Menſchen unſre Bequemlichkeit: wir danken denen, die uns alle die Schriften anzeigen, die über einen Gegenſtand vorhanden ſind; allein noch lieber ſehen wir es, wenn man uns den ganzen Vorrath, wo möglich, auf einmal in die Hände reicht. Wie ſauer wird es uns, zehn verſchiedene Bücher nachzuſchlagen, um einem Hphen die gehörige Füllung und Präciſion zu geben:

wie

Vorrede.

wie noch saurer, wenn man diese zehn Bücher erst von zehn verschiedenen Orten verschreiben soll! Und oft bekommt man sie nicht einmal, wenigstens in Bützow und Dresden nicht; wie würden sonst noch neuerlich zwei geschickte Männer so viel unrichtiges, auf Rußlands Kosten, in die Welt hinein geschrieben haben? Aber ein gehäufter, zum Teil schon verarbeiteter Stoff, in einem Werke beisammen, sollte es auch zwölf Bände stark seyn, thut dem pragmatischen Statsbeschreiber sanfte, wenn er, der niedrigen Beschäftigung des Samlens überhoben, sich gänzlich der Wollust zu ordnen, zu denken, und Betrachtungen anzustellen, im weichen Lehnstuhl ungestöhrt überlassen kann. — Das erste Verdienst eines Schriftstellers ist, nützliche Warheiten zu gewinnen, (man erlaube mir diesen ökonomischen Ausdruck): das zweite ist, sie zu verarbeiten und zu veredeln: das dritte, minder glänzend als die vorigen, aber für die Welt nützlicher, ist, sie in Cours zu setzen, und in allgemeinen Umlauf zu bringen. Auf das erste leiste ich feierlich

Ver=

Verzicht: die Ehre von dem zweiten werde ich mit den Verfassern, und diejenige von dem dritten mit Hrn. Hartknoch teilen müssen.

VI. Das Neuveränderte Rußland ist actenmäßig, authentisch und untrüglich: diese Beylagen sind es nicht alle. Man wird hin und wieder Feler, Unrichtigkeiten und Widersprüche darinnen finden; es sind die ersten Nachrichten von der Art, die im Drucke erscheinen; sie können nicht vollkommen seyn, diß ist der Lauf der Natur; aber sie können es werden, gerade das soll die Publication bewirken. Nichts ist schwerer, als den Anfang zu machen, und den Grund zu legen; nichts ist leichter, als auf einem guten Grunde fortzubauen, auszubessern, zuzusetzen, und einzuschichten. Der Satz ist begreiflich und bekannt, aber befolgt man ihn auch? Vielleicht habe ich Leser in der Nachbarschaft, die von tiefer Rußischer Statskunde und Verbesserungssucht aufgeschwollen, sechzehn ganz untadelhafte Seiten lesen, dann auf der 17ten einen kleinen Feler finden, dann ein großes Geschrei erheben,

und

Vorrede.

und lieber sechzehn gute Seiten unterdrückt haben, als eine Unrichtigkeit verzeihen wollten. Ich gönne diesen Leuten ihre Denkungsart; das Publicum verdankt sie ihnen nicht. Warum suchen sie nicht lieber alle dergleichen Unrichtigkeiten auf, und bestrafen und widerlegen sie ohne Schonung? Ihre Verbesserungen sollen mir selbst willkommen seyn, und in der Fortsetzung dieses Werks treulich angemerkt werden: doch vorläufig und ohne Ruhm zu melden, ich wette, daß die Errata eines ganzen Alphabets immer auf einen einzigen Bogen Raum haben sollen.

VII. Ob man alle meine Nachrichten gleich brauchbar und interessant finden werde, zweifle ich fast. Jeder Leser hat sein eigenes Interesse, das mit demjenigen andrer Leser nicht in allen Stücken vereinbar ist; der Schriftsteller hat auch das seinige; und endlich kan ein Aufsatz eine eigentümliche Brauchbarkeit haben, die aber nur relativ und eingeschränkt, oder versteckt ist und sich nicht dem ersten Blicke zeigt. Die weitläuftige Anzeige der Poststationen im Rußischen

schen Reiche (S. 263—302), schrieb mir ein Freund, ist für Kolonisten gut: aber diesen allein zu gefallen hätte ich sie, gewiß nicht abdrucken lassen.

VIII. Und die Schreibart in diesen Materialien?—eine unwichtige Sache, um die ich mich in Warheit wenig bekümmere. Meine Sorge war nur, emsig zu sammlen, getreu zu übersetzen, körnicht zu excerpiren; dem Leser keine andre Ideen beizubringen, als die in meinen Urschriften stehen, keine andre, als die seiner Kenntniß würdig sind, ohne Weitschweifigkeit und Ueberfluß; ihm alles entberliche zu ersparen, und ihm den Reiz neuer historischer Sätze nicht durch alltägliche und langweilige Betrachtungen zu verleiden. Sind meine Originale urspünglich deutsch: so ändre ich nicht gerne etwas. Wird der Ausdruck darüber manchmal Moskauer Deutsch, so kann ich nicht dafür: genug, man versteht mich doch. *I would not, however, from hence have it believ'd, that I am for defending* corruptions; *I am only for* Fidelity, sagt ein Engländer

Vorrede.

der bei Gelegenheit einer Münze von Ludwig XIV. die INCENSA BATAVORVM CLASSA zur Aufschrift hat. — Kann ich indessen, ohne höhern Pflichten Eintrag zu thun, durch Zerschnelzung langer Aufsätze in kleinere Abschnitte und §phen, durch richtigere Abtheilung und Interpunction der Perioden, oder durch einen reineren Ausdruck, dem Leser stillschweigend eine Erleichterung verschaffen: so thue ich es. Zum Beispiel kann das geistliche Reglement dienen, das man hoffentlich hier lieber als in der Petersburger Original-Ausgabe lesen wird. Noch mehr vergnügte es mich selbst bei der Durchsicht der Probebogen, wenn ich ein weitläuftiges Mscr in Rußischen Canzleistyl von 12 Folio-Blättern, hier auf so viel Octav-Blättern, ohne Verlust einer einzigen Idee, wieder fand.

Ich komme auf gegenwärtigen erſten Theil deſſelben:

Die erſte Abhandlung, vom Zuſtande der rußiſchen Cleriſei vor Peter dem Großen, und von der durch dieſen Monarchen vorgenommenen Reformation, (S. 2 = 70), erſcheinet hier zum erſtenmal im Drucke. Sie ward, nebſt vielen andern Denkſchriften von der Art, franzöſiſch überſetzt, an den Hrn. von Voltaire, zur Verfertigung ſeiner ſogenannten Geſchichte Peters des Großen eingeſchickt: allein, er gebrauchte ſie nicht, weil es eine verdrießliche Sache iſt, Mſcte in gedehntem böſem Styl zu leſen, ſondern legte ſie in der öffentlichen Genfer Bibliothek verwahrlich nieder, wo ſie einer meiner Freunde bei ſeiner Durchreiſe durch Genf abſchrieb, und an mich retour laufen ließ. Vollſtändig iſt ſie freilich nicht (ſiehe oben die IIte Cautele): allein ſo bald die kaiſerliche Akademie mit der Ausgabe der Annalen zu Stande iſt, und die heiligſte Sy=
– node

Vorrede.

nobe ihre reichen Archive öffnet, und die Ueberbleibsel der alten Patriarchal = Bibliothek den Händen, oder wohl gar den Füßen der Buchdrucker in Moskau entrissen werden, und ein rußischer Fleury oder Walch aufsteht; dann wird sich eine vortreffliche rußische Kirchengeschichte schreiben lassen.

Das zweite Stück, **Peters I. Ukase wegen der Clöster** (S. 73 — 96), existirte schon im Jahre 1724, ward aber erst unter Peter III. (S. 134, wo in der Anmerkung für nach vorhergehendem, „dritten Abschnitt„ gelesen werden muß) Rußisch und Deutsch gedruckt. Man lernet daraus, daß Peter I. vor 44 Jahren in seinem Reiche gethan, woran im südlichen Europa die Häuser Bourbon erst in unsern Tagen denken: welche Ehre für den rußischen Beherrscher! Wie weislich schuf er seinen Papst in eine Synode um; wie künstlich flocht er das Band des Staats, der Kirche, und der Klöster wieder, das der Aberglaube zerrissen hatte! In

mir größer, als der Sieger bei Pultawa. Hier hatte er mit einem Haufen ermatteter Schweden zu fechten, dort mit einem furchtbaren Heer geheiligter Vorurtheile. Diese erholten sich nach seinem Tode wieder, so bald der Ueberwinder den Fuß von ihrem Nacken zog, so mächtig waren sie: jene nicht.

Das dritte Stück, von der Einweihung der rußischen Bischöfe (S. 99 = 126), ward im J. 1725 in Petersburg Sclavonisch gedruckt, erscheint aber hier in der lateinischen Uebersetzung, so viel ich weiß, zum erstenmale. Ein Kenner der christlichen Alterthümer, das ist, ein anderer Herausgeber, würde hier einen angenehmen Vergleich zwischen den Gebräuchen der heutigen Rußischen und der alten Griechischen Kirche, aus welcher jene geflossen sind, haben anstellen können.

Das vierte Stück, Peters III. Ukase wegen der Kirchen = und Klöster = Einkünf=

Vorrede.

fünfte (S. 129 — 146), kam im April 1762 Rußisch und Deutsch heraus, ward aber nachher aufgehoben, und durch neuere Verfügungen diese wichtige Sache betreffend, die Katharine II. und Peters des Großen Geist entwarf, und mit seinem Glücke ausführte, ganz unbrauchbar gemacht.

Das fünfte Stück begreift das berichmte geistliche Reglement von Peter I. (S. 149 — 260), das noch itzo in Rußland rechtskräftig ist. Es ward im Jahr 1721 in Petersburg zugleich deutsch, oder vielmehr undeutsch gedruckt; einen Nachdruck in Danzig vom Jahr 1725 finde ich in Herrn Achenwalls Statistik S. 451. citirt: gleichwol siehet man es selten außer Landes, und es verdiente daher eine neue Auflage. Ein Staatskundiger wird es mit Nutzen und Vergnügen durchstudiren, und dabey in die große Seele Peters, und in den Geist seiner Gesetzgebung, tiefe Blicke thun. Nie wird er ihm mehr den

Schriften gelesen, als hätte der Rußische Monarch einen Hauptfehler begangen, indem er eine Akademie der Wissenschaften errichtet, und nicht vielmehr an Schulen gedacht, da gleichwol mit leztern, nicht mit jener, der Anfang hätte gemacht werden sollen. Kan ein Tadel ungegründeter, kan ein Vorwurf ungelehrter seyn? Peters großer Endzweck war, die Wissenschaften des übrigen aufgeklärten Europens in seinen neugeschaffenen Staat zu verpflanzen: hierzu waren freilich Schulen nöthig. Aber ehe dieses Mittel wirken konnte, mußte es vorher möglich gemacht werden. Hier sollte sich eigentlich das Schöpferische in Peters Plane zeigen: um Schulen zu bekommen, mußte man weiter vorwärts gehen; es mußten Uebersetzer gebildet, Handbücher verfertiget, und vor allen Dingen Lehrer*

zuge=

---

* Der Kanzler Ludwig in Halle schrieb zu seiner Zeit ein Programm, unter dem Titel: *Unde*

Vorrede.

zugezogen werden. Und wer sollte, wer konnte dieses thun? — eine Akademie. Peter glaubte nicht, was man damals (vor 48 Jahren, denn nun, denke ich, wird es anders seyn,) in Deutschland glaubte, daß Bürgermeister und Rath, höchstens mit Zuziehung eines guten ehrlichen Pfarrherrn und eines Rechtserfahrnen Syndici, nützliche Schulen anlegen und aufrecht erhalten, oder gar verfallene wieder aufrichten könne. Er glaubte vielmehr, was Ca-

ra=

Unde Praeceptores domestici? Ich wünschte, daß dieses Programm ins Rußische übersetzt, und allen Erziehungsplanen hinten beigebunden würde. Wirklich ist dieß noch bis diese Stunde die allergrößte, und in den nächsten 10 Jahren eine noch unüberwindliche Schwierigkeit bei den vortrefflichsten und kostbarsten Rußischen Erziehungsanstalten. Kan ein Sattler aus Mömpelgard, ein Laquai aus Rouen, ein Bartscherer aus Paris 2c. 2c. eine gute Hebamme bei der neuen Generation abgeben, die für das Reich erschaffen werden soll? — *Fidem vestram,* QVIRITES!

glaubwürdige Zeugen, sagen, daß dieses das Werk einer ganzen Gesellschaft von Gelehrten von Profeßion wäre, und zwar solcher Gelehrten, die die Aufklärungs-Schul- und Erziehungswissenschaft eben so eigenthümlich und vorsetzlich studiret, wie man die Arzneikunst, die Algebre, und die Kritik studirt. Ob man diesen Absichten des weisen Monarchen nach dessen Tode treu geblieben, ob und wie die Petersburger Akademie in der Folge fast gänzlich davon abgekommen, und durch was für Mittel, Plane, und Künste sie zu ihrer ursprünglichen schönen Bestimmung wieder zurückzubringen sei, sind Reichsangelegene Fragen, deren Beantwortung man aber von keinem Magister Liberalium Artium fodern kann.

Das sechste Stück giebt von dem Postwesen in Rußland Nachricht. Das Verzeichniß der Poststationen (S. 263 — 302), nebst den darauf folgenden vermisch-

Vorrede.

mischten Nachrichten und Post-Ukasen (S. 303—317), ist aus dem Poßkalender, *Doroſhnoj Kalendar*, der in Petersburg 1762 Rußisch und Deutsch in 12. gedruckt worden. Der Wegweiser von Petersburg nach Moskau aber (S. 317—326) kam in eben dem Jahre, bei Gelegenheit der Reise der Kaiserinn, auch in beiden Sprachen, mit einem kleinen Kärtgen besonders heraus. — Ich bitte die künftigen Herren Verfasser deutscher Geographien von Rußland, die Rußischen geographischen Namen hieraus orthographisch schreiben zu lernen, und wenn sie z. Ex. Einen Namen von Einer Stadt, in drei Reisebeschreibern, deren keiner Rußisch lesen konnte, auf dreierlei Art geschrieben finden, solche drei Namen nicht als Varianten, oder gar als verschiedene Namen neben einander zu setzen. Wie würde es ihnen vorkommen, wenn sie in einer Rußischen Erdbeschreibung die Stelle fänden: "Leibsic, auch Lipsik, oder

nach

nach andern Leipzich, eine Stadt in ꝛc.„"*

Das siebende betrifft das Justizwesen in Rußland. Die erste Abhandlung von Herrn Strube (S. 329—377), ward in Petersburg 1756 auf vierzig Quartseiten gedruckt, unter dem Titel: *Discours sur l' origine & les changemens des Loix Russiennes.* Eine deutsche Uebersetzung findet sich davon im 9ten Theil des allgemeinen Magazins, (Leipz. 1757. 8.) S. 126 — 166. Ich habe sie, nach meiner Manier abgekürzt und abgetheilt: der Leser kan hier selbst die Vergleichung anstellen, und, wenn es ihm beliebt, daraus auf andere Stücke einen beruhigenden Schluß machen, wo er sich aus Mangel

---

* In der voranstehenden Anweisung, Rußisch zu lesen, (S. 262.) wird gesagt, "c muß„ überall wie tz gelesen werden.„ Ein einziger Fall ist ausgenommen, wo nämlich h folgt; denn das Rußische *ch* wird vollkommen wie das deutsche ch, griechisch χ, gelesen.

Vorrede.

gel der Originalien blos auf meine Ehrlichkeit verlassen muß. Die zweite Abhandlung (S. 378 — 394) ward, so wie die obbemeldte vom Kirchenwesen, an den Herrn von Voltaire handschriftlich eingeschickt, und wie die obbemeldte, von ihm unversehrt und ungebraucht in die Genfer Bibliothek niedergelegt.

Das achte Stück vom Theater in Rußland (S. 397—432), oder vielmehr die Materialien dazu, sind von dem Verfasser, dem Herrn Staatsrath von Stählin, ursprünglich deutsch in sein Journal, das er über die Schicksale der schönen Künste in Rußland sorgfältig führt, eingetragen worden. Ein Kenner, dem ich solche in der Handschrift wieß, bezeugte sein Vergnügen darüber, wünschte aber vor allen Dingen genaue Beurtheilungen von den aufgeführten Stücken selbst hinein, sowol den Originalstücken, nach ihrem ganzen Plane und Ausführung, als von den Rußischen Uebersetzungen, nach ihrer Richtigtigkeit und Schönheit. Dieser Wunsch ist billig, aber zu frühzeitig. Die russische Kritik ist noch zu jung, zu unerfahren, zu schüchtern: sie würde ihr ganzes Glück verscherzen, das sie noch machen soll, wenn sie mit der edlen Dreistigkeit, die sie in Berlin und Hamburg so gut kleidet, Excellenzen, Staatsräthe, und Magisters auf gleiche Art behandelte. Man lasse sie also noch eine Zeitlang ehrerbietig schweigen, und nur demüthige Bücklinge machen: indessen lerne sie an Fedor Emins ekelhaftem Beispiele, gelehrten Tadel von Birlacken = Witze unterscheiden; sie bilde sich in Batteux, Homes und Keßlings Schule, und dann nach einigen Olympiaden donnere sie dramaturgische Pfeile auf —'s Tragödien, auf apodictische Oden, und polemische Epigrammen nieder, und reinige die vaterländische Luft von den faulen Dünsten, die über die Gefilde an der Jausa und Newa hangen.

Die

Vorrede.

Die folgenden Theile werden andere Gegenstände der Rußischen Statistick, besonders das Commerz, aufklären. Und das Ende von allen wird seyn — Erstlich, eine richtige und vollständige Kenntniß von diesem Reiche unter den Ausländern. Denn ohne mich eines übertriebenen National-Stolzes verdächtig zu machen, bin ich fest versichert, daß Rußland für unser Jahrhundert sowohl, als für alle kommende, immer ein sehr merkwürdiger Staat sey, und folglich verdiene, etwas genauer und zuverläßiger gekannt und beschrieben zu werden, als wir China, Mexico, und St. Remo kennen. Und Zweitens —, eine *Znanie oteczestwa*, ein kleines Buch in Taschen-Format, das etwa auf zwanzig Bogen die Quintessenz von so viel vorhergegangenen Alphabeten enthalte: ein *Livre Classique*, nach Caradeucs Wunsch, ein Elementar-Buch, nach Basedows Ideal (doch nicht nach seinen Mustern), das die Grundlage alles Unterrichts bei den neuen Erziehungsanstalten abgebe, das der Pedanterei wie der Frivolität auf ewig den Eingang in Rußische Schulen versperre, das das **Studium des Vaterlandes** dem Rußischen Jünglinge zum Hauptstudio mache, wann indessen der deutsche Jüngling Vocabeln lernt; der französische Scenen aus dem Corneille hergesticulirt, der Chinesische Reverenzen und Grimassen macht, und Rousseau's Emil Bretter hobelt; ein Schulbuch, das aus Kindern Bürger mache, die ihr Vaterland kennen, es mit edlem Stolze lieben, seine Größe, Macht und Würde fühlen, und so wie jener Schüler Platons, sich glückselig preisen, nach **Catharina II.** geboren zu seyn.

— Doch wo verirrt sich der Vorredner hin? Mein Patriotismus wiegt mich in sanfte Träume ein, ich verliere mich in Aussichten einer glücklichen Zukunft, und vermenge Wirklichkeiten mit Möglichkeiten. O Vorsehung! schreibe Du das BYT' PO SEMU unter die Befehle unsrer Kai=

Kaiserinn, und bekehre, oder kanns nicht anders seyn, so schlage mit allmächtigem Arme diejenigen, die aus Unwissenheit, Unthätigkeit, Neid, oder Eigennutz den vollen Anbruch des schönen Tages hindern, den uns bereits eine schöne Morgenröthe verkündiget!

Moskau, den $\frac{19}{30}$ Aug. 1768.

Haigold.

Anmer=

S. 7. folg. §. 5. scheinet die Kirchenversammlung zu Florenz für später, als die Eroberung der Stadt Constantinopel durch die Türken, angegeben zu werden. Wenigstens würde es gut seyn, wenn die Jahre der auf S. 8. angegebenen, und unter uns unbekannten Begebenheiten angezeigt würden.

S. 11. §. 8. In der ersten Kirche meldeten nicht allein die Bischöfe, da sie noch einander gleich waren, ihre Ernennung, wie sonderlich aus der Historie der Novatianer und Donatisten klar erhellet; sondern auch seitdem die Subordination eingeführet worden, und besonders die Patriarchal-Sitze recht zu ihrem Ansehen gediehen, die Patriarchen ihre Wahl, selbst mit Ueberschickung des Symboli, damit ihre Orthodoxie ihren Collegen bekannt würde. In der Historie der Päbste sind daher solche *Epistolæ enthronisticae* (vid. BINGHAM Vol. I. p. 170.) bekannt, beim Vitaliano noch im 7ten Seculo, welcher dergleichen nach Constantinopel geschickt. In *Ferrarii* Buch de Epistol. eccles. und *Kiesling* de Eccles. commerc. wird sich mehreres finden. So schickte auch Cyriacus, Patriarch zu Constantinopel, sein Glaubensbekänntniß an Gregorius Magnus. Siehe BOWER III. 292.

Inhalt.

Inhalt
des
Ersten Theils.

I.
Rußische Kirchen = und Reformations=
Geschichte unter Peter dem
Großen   = Seite 1

Kap. I. Zustand der Geistlichkeit in Rußland vor
dem 16ten Jahrh.   =   =   5

II. Errichtung des Patriarchats in Ruß=
land   =   =   9

III. Zerstörung des Patriarchats, und An=
fang des Exarchats   =   = 17

IV. Errichtung der heiligsten dirigirenden
Synode   =   =   20

V. Peter des Großen Reforme der Bi=
schöfe   =   =   32

VI. — — der Klöster   = 44

VII. — — der Priesterschaft = 58

II. Pe=

**Peters I. Ukase vom Jahre 1724. die
Reformation der Klöster betreffend**

S. 71

III.
Ritus circa electionem et inaugurationem
Episcoporum in Ruſſia obſeruari ſoliti

97

IV.
**Peters III. Ukase vom Jahre 1762, die
Kirchen = und Klöster = Einkünfte be=
treffend** - - - 127

V.
Peters I. Geistliches Reglement - 147
Eid der Glieder der heil. Synode - - 152
Erster Theil, Absichten der Ursachen der errich-
teten Synode - - 157
Zweiter Theil, Geschäffte derselben - 167
    1. Allgemeine Geschichte - - 168
    2. Pflichten der Bischöfe - - 178
    3. Einrichtung der Schulen - - 202
    4. Von den Predigern an den Kirchen - 227
    5. Von den Layen, in so fern sie unter der Sy-
      node stehen - - 232
Dritter Theil, von der Directoren Pflicht, Amt
    und Gewissen - - 244
    Unterschriften - - 252
    Nachtrag - - - 259

VI. Vom

Inhalt.

VI.

	Seite.
Vom Post-Wesen im Rußischen Reiche	261
Anweisung, Rußisch zu lesen	262
I. Poststationen in diesem Reiche	263
1. Von Petersburg nach Moskau 734 Werste.	
2. — — nach Kronstadt, 47 W.	264
3. — — nach Wiborg, 139 W.	
4. Von Wiborg bis an die Schwedische Gränze, 189 W.	265
5. — — nach Kexholm, 128 W.	266
6. Von Petersburg nach Narva, 145 W.	
7. — — nach Riga, 545 W.	
8. — — nach Reval, 341 W.	268
9. Von Reval nach Habsal, 95 Werste	
10. — — nach Pernau, 138 W.	269
11. Von Riga nach Pernau, 164 W.	
12. Von Pernau nach Arensburg, 24 Meilen.	270
13. Von Riga nach Mitau, 7 Meilen	
14. — — nach Memel, 43 Meilen	
15. — — nach Pleskov und Novgorod, 509 W.	271
16. Von Petersburg nach Pleskov und Smolensk, 837 W.	272
17. — — nach Archangel, 1145 W.	273
18. Von Moskau nach Archangel, 1273 W.	275
19. — — nach Smolensk, 350 W.	277
20. — — nach Kiev über Kaluga, 852 W.	278
21. — — über Tula, 879 W.	279
22. — — nach Bêlgorod, 593 W.	280
23. — — nach Woronesch und den Don hinunter bis Szerkaski, 1146 W.	281
24 — — nach Astrachan, 1479. W.	283
25. — — nach Saratov, 902 Werste,	286
26. — — nach Nieder-Novgorod und Kasan, 735. W.	288

27. Von

28. — — nach Tobolsk, 2385 W. ⸱ 290
29. Von Kasan nach Tobolsk. 1390 W. ⸱ 293
30. Von Tobolsk nach Jrkuzk, 2918 W., und
bis an die Chinesische Gränze ⸱ ⸱ 295

II. Vermischte Nachrichten vom Postwesen ⸱ 303
    Abgang der Posten aus Petersburg und
      Moskau ⸱ ⸱ 305
    Auszüge aus den Post-Ukasen ⸱ ⸱ 309
    Wegweiser von Petersburg nach Moskau ⸱ 317

VII.

Vom Justiz-Wesen in Rußland ⸱ 327

  I. Strube's Abhandlung vom Ursprung und
    den verschiedenen Veränderungen der Rus-
    sischen Gesetze ⸱ ⸱ 329

  II. Peters des Großen Reform des Ju-
    stiz-Wesens in seinem Reiche ⸱ ⸱ 378

VIII.

Zur Geschichte des Theaters in Rußland
vom Herrn Jakob von Stählin ⸱ ⸱ 395

I.
Rußische Kirchen-
und
Reformations-Geschichte
bis auf
Peter den Großen.

Rußische Kirchen- und Reformations-Geschichte bis auf Peter den Großen.

§. 1.

Peter der Große hatte sich vörgenommen, sein Volk in allen Ständen und Teilen aufzuklären: er richtete daher sein Augenmerk auch auf die Religion. Die Religion leren die Geistlichen durch Unterricht und Beispiel; bey den Geistlichen nahm er viele Män-

Mängel [1] und Unordnungen wahr: folglich wurde eine seiner Hauptabsichten, die Klerisei, ihr Leben, und ihren Stand zu reformiren.

Ich will zuerst solche Nachrichten erteilen, die den politischen und ökonomischen Zustand der ganzen Rußischen Klerisei betreffen. Alsdenn wird deutlicher erhellen, was Peter der Große gethan, die Sitten der Geistlichen zu bessern, die christliche Religion unter seinem Volke auszubreiten, und das Wohl der Rußischen Kirche zu befördern.

Der Stand und das Leben der Geistlichen hängt sehr genau mit der Religion selbst zusammen: daher dachten schon die alten Zare an eine Reformation derselben. Zar Iwan Wasiljewicz, und Zar Alexej Michajlowicz, der Vater Peters des Ersten, hielten deßwegen im J. 1542 und 1667 Concilia, [2] und faßten verschiedene Gesetze darüber ab. Allein dem ungeachtet war doch **Petern** noch vieles zu verbessern übrig geblieben.

I. Ka=

---

1. S. die Ukase von 25 Jan. 1721, die dem geistlichen Reglement beigedruckt ist.
2. Die Schlüsse der erstern Kirchenversammlung heißen *Stoglav* (Hundert Kapitel), und die von der letztern *Sobornoje dějanie*. Von beiden liegen noch die Urschriften in der Bibliothek der Synode.

I. Kapitel.
Zustand der Geistlichkeit in Rußland vor dem 16ten Jahrhunderte.

§. 2.

Nie konnte die Klerisei in Rußland so groß und mächtig werden, als sie im Papsttum ward. Die Erwälung und Bestättigung der vornemsten Geistlichen hieng immer vom Regenten ab, obgleich die Klerisei an der Wahl auch einigen Anteil hatte.

Der einzige Oberpriester, der den Namen eines Metropoliten von ganz Rußland trug, machte, nach der seit Wolodimer dem Großen eingeführten Gewonheit, hierinnen eine Ausname. Er wurde zwar von dem Großfürsten und der Rußischen Geistlichkeit erwählt, allein von dem Patriarchen in Constantinopel zu diesem Amte eingeweihet und bestättiget.

Diese Patriarchen unterstunden sich wohl gar, ohne Einwilligung der Großfürsten, und ohne Wahl der Klerisei, den Rußen bißweilen Leute von ihrer Nation als Metropoliten, ja auch zu andern Bißtümern zuzuschicken. Unsre Annalen haben merere Beispiele davon. Wenigstens muste der Großfürst zeitig genug an den Patriarchen schreiben, daß er diesen oder jenen zum Metropoliten verlange, damit

mit er keinen andern schicke. Allein auch alsdenn geschahe es unterweilen, daß wider das Versprechen des Patriarchen andre geschickt wurden: zum Beweise dient der Metropolit Alexius. 3. Ja die dieserwegen ausdrücklich vom Großfürsten nach Constantinopel geschickte Candidaten kamen leer zurück: zweimal widerfuhr dieses dem Simonovischen Abte Feodor, der Beichtvater des Großfürsten Dimitri Iwanowicz war, und zur Schadloßhaltung das erstemal aus einem Abte Archimandrit in eben dem Kloster, das zweitemal aber Bischoff von Rostov wurde.

§. 3.

Die weisesten Großfürsten banden sich nicht daran. Sie wählten Metropoliten aus ihren Russen, und befahlen ihren Bischöffen, sie einzusetzen. So machte es Jaroslav, des großen Wladimirs Sohn, mit dem Hilarion 4·, und Isäslav Mstislawicz mit dem Clemens.

Oft wurden auch die in Griechenland wider Willen des Großfürsten erwählte Metropoliten entweder verworfen, oder gar des Landes verwiesen. Jenes geschah unter dem Dimitri Iwanowicz mit dem

3. *Stepennaja Kniga* (Stuffenbuch) II. Cap. 9. & 11.
4· *Step.* II. 4. v. 11.

I. Rußische Kirchengeschichte. §. 4. 5.

dem Cyprian [5]. dieses unter eben demselben mit dem Pimen. [6]

§. 4.

Endlich wie unter Wasili Wasiljewiczen [7] Constantinopel von den Türken erobert worden: stellte man dem Constantinoplischen und den übrigen Patriarchen vor, der Rußische Metropolit könne nun nicht weiter seiner Einsetzung wegen nach Constantinopel gehen. Die Patriarchen willigten daher alle einmütig ein, daß er inskünftige von seinen Bischöffen gewählet werden sollte; wobei sie ihm noch den Vorzug vor allen andern Metropoliten, und den nächsten Sitz nach dem Patriarchen von Jerusalem, einräumten.

§. 5.

Ich finde in unsern Annalen nicht, daß die Metropoliten seit der Zeit nach Constantinopel geschrieben, um sich des dortigen Patriarchen Einwilligung und Bestättigung zu erbitten: nur auswärtige Schriftsteller geben dieses vor. Doch so viel ist gewiß, daß sie auch dieses unter ihre Vorrechte und Freiheiten gezählet, daß sie von niemand als den Patriarchen und einer Kirchenversammlung

---

5. *Step.* XII. 8.   6. *Step.* XII. 19.
7. *Step.* XIV. 25. Annales *Feodori Iwan.* cap. 9. *Kormczaja Kniga* pag. 9.

gerichtet, und ihres Amtes entsetzt werden könnten. Sie bezogen sich dabei auf die Kirchengesetze.

Allein die weisen Rußischen Beherrscher achteten nicht darauf. Wasili Wasiljewicz [8.] rief ein Concilium zusammen, setzte den durch die Florenzer Kirchenversammlung berühmt gewordenen Metropoliten Isidor ab, und legte ihn ins Gefängniß. Eben so verfuhr Z. Iwan Wasiljewicz [9.] mit dem Philipp; er setzte ihn durch ein Concilium ab, und schickte ihn ins Elend: mit Recht, oder mit Unrecht? will ich nicht entscheiden. Fedor Iwanowicz [10.] verfuhr eben so, und so gar ohne ein Concilium zu berufen, mit dem Dionysius. Solcher Beyspiele hat unsre Geschichte noch merere.

§. 6.

Allein diese Ein= und Absetzung des Oberhauptes der Rußischen Geistlichkeit kostete nicht nur dem Großfürsten selbst viel Mühe, sondern war auch fast immer mit innerlichen Unruhen verbunden. Die solchergestalt von dem Großfürsten gesetzten Metropoliten zogen sich den Haß des Patriarchen zu, der sie nie für wahre Metropoliten erkannte, und wurden auch von den Rußischen Bischöfen nicht sehr geachtet, die sich einer solchen Wahl

---

8. *Step.* XIV. 12.
9. *Annales*, eius cap. 56. conf. *Vita Philippi miraculorum patratoris.*   10. *Annales* cius.

I. Rußische Kirchengeschichte. §. 7.

Wahl gemeiniglich nur deßwegen widersetzten, weil sie wider des Patriarchen Willen geschah. So wurde Clemens, den Jsäslav Mstislawicz [11.] eingesetzt hatte, unter der folgenden Regierung durch den von dem Patriarchen geschickten Metropoliten verdrungen. Und Michajlo Mitaj, Archimandrit des Spaskoj-Klosters, den der Großfürst Dimitri Iwanowicz, dessen Beichtvater er war, durchaus zum Metropoliten haben wollte, ward zuletzt doch gezwungen, seine Einweihung in Constantinopel zu holen.

Die abgesetzten Metropoliten machten noch mehr Händel. Sie behielten unter der Clerisei so wohl als unter den Laien immer viele Anhänger: sie fanden heimliche und öffentliche Verteidiger: und wegen ihrer Absetzung hörten sie nie auf, an den Gerichtsstul der Patriarchen und eines Concilii zu appelliren.

II. Kapitel.
Errichtung des Patriarchats in Rußland.

§. 7.

Im J. 1587 entschloß sich der Zar Fedor Iwanowicz [12.], die Rußische Kirche zu ihrer und

des

---

11. *Step.* V. 11.
12. Aus einem im Voskresenskoi-Kloster geschriebenen

des ganzen Reiches Ehre, mit einer grössern Würde zu beglücken, und ihr einen Patriarchen zu schenken. Er besprach sich hierüber mit dem damaligen Rußischen Metropoliten Job, mit den vornemsten Geistlichen und mit seinen Ministern; und schickte sodann Gesandten an die vier Patriarchen, um sie um ihre Einwilligung zu bitten. Die Patriarchen erteilten solche, und fertigten darüber gemeinschaftlich eine feierliche Urkunde *(sobornoje pisanie)* aus: zugleich [13.] verordneten sie, daß einer von ihnen, nämlich Jeremias von Constantinopel, nach Rußland gehen, und den Moskauischen Patriarchen einführen sollte.

Er kam im J. 1589 in Moskau an, führte den neuen Patriarchen ein, und verordnete durch einen offenen Brief *(sobornaja gramota)* [14.] der mit des Großfürsten Siegel bekräftiget, und von den vornemsten Rußischen sowohl als damals anwesenden Griechischen Geistlichen unterschrieben war, daß der Patriarch von Moskau und seine Nachfolger alle Vorrechte der andern Patriarchen, und die nächste Stelle nach dem von Jerusalem haben sollten.

Nach

nen MSCte, das des Patriarchen Nikons Leben und Antworten auf die Fragen des Bojaren *Simeon Streschnev &c.* enthält.
13. Von dieser Reise des Patriarchen haben die Ausländer ganz falsche Nachrichten verbreitet.
14. *Karmczaja kniga* fol. 13. sqq.

I. Rußische Kirchengeschichte. §. 8.

Nach der Rückkunft des Patriarchen nach Constantinopel wurde diß von den Patriarchen und vielen vornemen Geistlichen auf einer Kirchen Versammlung bestättiget. Von dieser Bestättigung fertigten sie eine besondre von ihnen unterzeichnete Urkunde aus, die sie nach Rußland schickten [15]. Die Originalien von beiden Urkunden werden noch ißo in der großen Cathedral Kirche zu Moskau aufbewahret.

§. 8.

In bemeldten Briefen hatten auch die Patriarchen erinnert, daß der Moskauische Patriarch jedesmal nach seiner Einsetzung, an sie, besonders an den von Constantinopel, schreiben sollte, damit seines Namens in den öffentlichen Kirchengebetern erwähnet werde.

Allein diß war kein Zeichen der Subordination, sondern eine bloße Notification, die die Freundschaft und die Einförmigkeit des Glaubens zum Grunde hatte: so wie es auch in der ersten Kirche üblich war, daß die neuerwählten Bischöffe ihre Wahl einander meldeten. Diß erhellet klar aus der *Kormczaja kniga* und den Annalen des Fedor Iwanowicz [16]. Eben dieser Zar schrieb den Patriarchen ausdrücklich, daß wenn auch wegen irgend

---

15. *Kormcz.* fol. 21.
16. *Kormcz.* fol. 11. 12. *Apram. hujus Zarl cap. 9.*

irgend einer Ursache oder Hinderung in der Absendung nicht an sie geschrieben würde, der Moskauer Patriarch doch für rechtmäßig erkannt werden sollte. Und wenn auch diese Notification wirklich an die Morgenländischen Patriarchen ergieng: so geschahe doch solches erst nach ihrer völligen Einsetzung.

Es ist also falsch, wenn einige Ausländer vorgeben, die Rußischen Patriarchen seien von den Morgenländischen durchs Loos erwählt, und von dem Constantinoplischen bestättiget worden; diß habe biß auf den Patriarchen Nikon gedauert, der dem Z. Alexej Michajlowicz vorgestellt, es sei solches nicht nötig, und es auch zuerst mit Einwilligung des Zaren unterlassen habe. Zwar hat auch einer von unsern eigenen Gottesgelerten behaupten wollen, diese Correspondenz und Bitte um ihre Einstimmungen sei ein Zeichen einer Subordination gewesen. Allein zwei Nebenursachen verleiteten diesen Mann: einmal sein Eifer für die Hierarchie, deren Andenken er nicht ganz unter den Rußen erlöschen lassen wollte; und zweitens seine Neigung zur Rechthaberei bei allen Disputen. Wie irrig aber diß Vorgeben sei, erhellet noch weiter aus folgenden Umständen.

§. 9.

In ihren Correspondenzen erwiesen sie einander völlig gleiche Ehrenbezeugungen. Nur der von Constantinopel hatte einige besondere Titel.

Da

I. Rußische Kirchengeschichte. §.10.

Da Nikon auf der geistlichen Versammlung in Moskau war, liessen ihm der Constantinoplische sowohl als die übrigen Patriarchen den Vorsiß, so sehr sich auch Nikon dawider seßte¹⁷.

Der Patriarch Joakim ¹⁸ schrieb in größtem Unwillen einen Brief voll Protestationen an den Constantinoplischen Patriarchen Dionysius, der sich unterstanden hatte, jenen "den Patriarchen und Exarchen von Rußland" zu nennen. Joakim bezog sich dabei auf obbemeldte öffentliche Urkunden von den Jaren 1589 und 1590, durch welche er den übrigen Patriarchen völlig gleich gemacht worden wäre.

Nikon hat also nicht der Confirmation, sondern nur diesen bißher beschriebenen Notifications-Schreiben, wegen der vielen Schwierigkeiten und Kosten ein Ende gemacht.

§. 10.

Diese solchergestalt eingesetzten Patriarchen wurden vom Beherrscher sowohl als dem Volke sehr geehrt. Sie hatten die nächste Stelle nach den Zaren, und wurden von ihnen beständig als Räthe in

---

17. Ex *MSCto* supra n. 12 citato.
18. Eine Kopei dieses Briefs findet sich in einem bei der Synode liegenden Micte, das den Titel führt: *Ikon*, oder Abbildung dessen, was beim Russischen Patriarchenstul vorgegangen ꝛc.

Ohne ihren Rath und Segen ward kein Krieg angefangen, und kein Friede geschlossen. Doch geschahe alles dieses nicht sowohl aus einem festgesetzten Gesetze, als vielmehr aus Gefälligkeit und großer Hochachtung, die die Zare für ihr Amt trugen.

In der That hat auch Rußland von seinen Patriarchen (der ältern Metropoliten nicht zu gedenken) recht große Dienste gehabt. Diß beweisen ihre vielen Verdienste, und ihre Leiben fürs Vaterland: z. E. der Patriarchen Job und Hermogenes, zu den Zeiten der falschen Demetrie. Diß beweiset auch die Verfolgung, die Landesverweisung und die Gefangenschaft der Vorfaren des itztregierenden Romanovischen Hauses: besonders des Philaret's Nikiticz, der anfangs Metropolit in Rostov war, nachher aber Patriarch wurde, und nach seiner Befreiung aus der Gefangenschaft mit größtem Eifer die vorigen Unruhen stillte, und alles wieder in Ordnung brachte. Auch Nikon hat seinem Vaterlande wesentliche Dienste geleistet. Auch Joakim machte sich verdient; besonders bei der Gelegenheit, da man im Rußischen Reiche beständige Statthalter einführen wollte; so wie auch beim Aufstande der Strelizen.

Von dieser Seite könnte es also das Ansehen gewinnen, als wäre kein Grund vorhanden gewesen, das Patriarchat abzuschaffen.

§. 11.

§. 11.

Allein von einer andern Seite zeiget sich, daß Peter der Große die größten Ursachen zu dieser Veränderung gehabt. Die Patriarchen gaben selbst Gelegenheit dazu. Sie wurden übermüthig, als sie von den Zaren so sehr geehret und beschenket wurden. Dabei trotzten sie auf eine vermeintliche Unabsetzlichkeit; denn einen Patriarchen zu stützen, kostete ungleich mehr, als ehemals einen Metropoliten. Daher unternamen sie Dinge, die sich weder für die Ehre des Monarchen, noch für ihr Amt schickten. Was die Zare bißher aus einer bloßen Gefälligkeit gethan, fiengen sie an, für eine Schuldigkeit zu halten. Wider alles, was wider ihren Willen oder ohne ihren Rath geschah, protestirten sie; sie arbeiteten dagegen, und tadelten es laute. Alles was sie thaten, hieß Eifer für die Wahrheit und Hirtenpflicht; alles, was ohne ihren Rath geschah, hieß Verachtung der Gesetze und Gewalttätigkeit gegen die Kirche und die Geistlichkeit.

Sie wagten es sogar, in die Rechte der Gesetzgebenden Gewalt des Monarchen einzugreifen. Nikon war anfänglich mißvergnügt [19.] über den Z. Alexej, nachher wurde er uneins, und zuletzt ein offenbarer Zänker. Den ersten Anlaß hiezu gab

---

[19.] Diß ist klar aus seinem Schreiben an den Patriarchen von Constantinopel Dionysius vom J. 1666, das in seinem noch ungedruckten Leben stehet.

gab ihm das vor seinem Patriarchat publicirte Gesetzbuch des Alexej *(Uloshenie)*, das er der Geistlichkeit nachtheilig zu seyn glaubte: denn in Ansehung der Kirchengüter waren einige Verordnungen darinnen, die mehr für das Interesse des ganzen Reichs als der Klerisei waren. Diese also zu vernichten, gab er sich alle mögliche Mühe: und wie diß nicht glücken wollte, suchte er andre Ursachen zusammen, sich mit dem Monarchen zu entzweien. Allein hieraus erfolgte das weltberümte Concilium vom J. 1667, da Nikon seiner Würde entsetzet ward.

Wenn auswärtigen Schriftstellern zu trauen ist, so hat sich auch der Patriarch Joakim nicht zum Besten gegen den Z. Fedor Alexejewicz und Peter den Großen aufgeführt. Doch hieran zweifle ich noch, denn in einheimischen Nachrichten finde ich keine Beweise dazu.

§. 12.

So haben eben diese Männer, deren Verdiensten um das Vaterland ich oben Gerechtigkeit habe widerfaren lassen, zu Unordnungen in demselben Gelegenheit gegeben. Eigenliebe und Herrschsucht sind unbändige Leidenschaften: auch geheiligte Herzen sind nicht immer frei davon. Daher dachte der scharfsichtige Peter auf die Einfürung einer solchen Regierung, die der Kirche nützlicher und für das Vaterland ruhiger wäre.

III. Kapitel.
Zerstörung des Patriarchats und Anfang des Exarchats in Rußland.

§. 13.

Der letzte Patriarch Adrian starb den 16ten Novemb. 1700, und mit ihm das Patriarchat in Rußland.

Damals fiengen die Unruhen im Lande und außer Landes an: dennoch führte Peter seinen Entschluß, diese Würde aufzuheben, mit größter Vorsicht aus. Unruhige Köpfe empörten sich gegen seine heilsame Neuerungen; auch die Geistlichkeit hatte Teil daran: besonders namen einige Roskolniken von einigen nützlichen aber den alten Sitten zuwider laufenden Einrichtungen Anlaß, über Einbrüche in die Glaubens- und Kirchentraditionen zu schreien, und die Aufhebung des Patriarchats schien vollends ihr Geschrei zu rechtfertigen. Aber Peter gieng auf seiner Bahn fort, und verfuhr auf folgende Art.

§. 14.

Er wählte keinen neuen Patriarchen an die Stelle des verstorbenen, und schützte die damaligen Kriegesunruhen vor. Die Besorgung der Patriarchatsgeschäffte aber übertrug er dem Resa-

ziemlich gelerten Manne, der dabei ein Ausländer war, und in dieser Eigenschaft die Vermutung vor sich hatte, daß er von diesem Auftrage nicht so leicht einen nachteiligen Gebrauch machen würde. Der Name, den ihm Peter verstattete, war **Exarch,** oder **Verweser des patriarchalischen Stuhles.**

Aber die Regierung dieses Exarchen war von der Patriarchischen ganz verschieden. Er sollte nur die täglichen Vorfallenheiten besorgen, die wichtigen aber entweder an den Zaren bringen, oder darüber Rath mit andern Bischöffen pflegen, die sich wechselsweise in Moskau aufhielten, bißweilen auch wohl ausdrücklich dahin geruffen wurden.

§. 15.

Die Versammlung dieser deputirten Bischöffe mit dem Exarchen hieß damals *osvãſczenuyj Sobor,* die heilige Versammlung. Unter ihrer Aufsicht wurden nunmehr auch, so wie vorher unter des Patriarchen seiner, die Kirchenbücher gedruckt. In bürgerlichen Dingen, die die Geistlichen betrafen, mußten sie mit denen zur Reichsverwaltung niedergesetzten Bojaren, und, nach Errichtung des birigirenden Senats, mit den Senateurs, conferiren, und alles ward durch die Merheit der Stimmen abgemacht. Die Ländereien aber, und die Einkünfte des Patriarchen, kamen,

so

I. Rußische Kirchengeschichte. §. 16. 17.

so wie auch die Buchdruckerei, unter die Kloster Prikas, in der der Senator Grav Iwan Alexejewicz Musin Puschkin präsidirte.

§. 16.

Die Ausländer sagen, Peter der Große habe, nach Abschaffung des Patriarchats, nicht nur die zur Oekonomie und bürgerlichen Verfassung der Geistlichkeit, sondern auch die zum Gottesdienst selbst gehörige Sachen, zu sich und unter seine eigne Beurtheilung gezogen, worinnen ihm schon ehemals der Z. Iwan Wasiljewicz vorgegangen wäre.

Aber so machen es die Ausländer: sie schreiben von Rußischen Dingen entweder von Hörensagen, oder aus bloßen ungegründeten Vermutungen! So viel ist wahr; Peter, wie Iwan Wasiljewicz, hatte eine große Neigung zur Kirchenmusik, unterhielt einen eignen Chor von Kirchensängern, sang mit ihnen selbst beim Gottesdienste, und las die Apostel und andre Kirchengebeter. Aber dieses dürfen bei uns nicht bloß geweihte Priester, sondern auch alle Laien thun, die dazu Lust haben.

§. 17.

Diese Exarchische Regierung in der Rußischen Kirche dauerte über 20 Jare; und durch die Erfüllung der weisen Befele Peters des Großen ward ein glücklicher Anfang gemacht, die Geistlichkeit in bessere Ordnung zu bringen. Unter der

maligen Patriarchen in Moskau errichtete Griechische und Lateinische Schulen besseren Fortgang. Die jungen Priester und andre Kirchenbedienten wurden besser unterrichtet, und strenger examinirt. Den Mönchen ward das Herumlaufen, und das unbefragte Auslaufen aus einem Kloster in das andre, verboten, ꝛc. ꝛc. Siehe unten.

§. 18.

Indessen sann Peter immerfort auf die Einführung einer bessern geistlichen Regierung in der Russischen Kirche. Zwar hatte die Klerisei noch nicht alle Hoffnung aufgegeben, wieder einen Patriarchen zu kriegen; einige spielten sogar deßwegen Intriguen, deren zuletzt der Exarch selbst, wie mich glaubwürdige Zeugen versichern, verdächtig ward. Allein alle ihre Bemühungen waren fruchtlos.

IV. Kapitel.
Errichtung der heiligsten dirigirenden Synode.

§. 19.

Endlich erklärte sich Peter der Große bei einer Versammlung der vornemsten Geistlichkeit, er halte dafür, die Patriarchenwürde sei weder für die Verwaltung des Kirchenwesens noch für das Reich
gut;

1. Rußische Kirchengeschichte. §. 20.

gut; er wolle daher ein andres Kirchenregiment einführen, das ein Mittelding wäre zwischen der Regierung eines einzigen Mannes, und zwischen der Zusammenberufung öfterer Concilien, die wegen der Größe des Reichs so viele Schwierigkeit hätten: nämlich ein beständiges Concilium oder ein geistliches Collegium.

Einige dieser Geistlichen unterstanden sich zwar, ihm dagegen vorzustellen: das Patriarchat in Rußland sei außerdem, daß seine Vorfaren solches erlaubt hätten, auch durch die allgemeine Einwilligung der Morgenländischen Patriarchen gestiftet worden; folglich müsse es auch auf gleiche Art wieder abgeschafft werden. Aber solche Schlüsse galten nur in alten Zeiten. Peter kannte die Rechte seiner Majestät.

§. 20.

Er hatte bei diesem guten Vorhaben auch aus der Geistlichkeit selbst geschickte Mithelfer, die ihr eigenes Interesse dem Besten des Vaterlands aufopferten, und nur die Ehre der Kirche suchten, folglich die Absichten ihres Monarchen aufrichtig unterstützten.

Der vornemste unter diesen war Theophanes, Erzbischoff von Pskow, und nachher von Nowgorod, ein Mann von großem Verstande, der lange studiert und in Europa große Reisen gethan hatte, der dabei eine ungemeine Lecture besaß, und durch alles dieses ein eben so großer Gottesgelerter als Staatsmann worden war.

§. 21.

Diesem trug Peter auf, für sein entworfenes geistliches Collegium ein Reglement aufzusetzen. Theophanes that es, seine Arbeit wird ein ewiges Denkmal seiner Weisheit, seiner theologischen Einsichten, und seines Eifers gegen seinen Kaiser seyn, so lang die Rußische Kirche stehen wird.

Peter las diß Reglement, und verbesserte es selbst an einigen Stellen. Nachher befal er es im dirigirenden Senate vorzulesen. Die Senateurs und vornemsten Geistlichen versammleten sich deßwegen: zweimal ward es mit allgemeinem Beifall abgelesen, und noch einiges darinnen verbessert. Den 23 Febr. 1720 wurden zwei Abschriften dieses Reglements von Petern selbst und allen geistlichen und weltlichen Herren unterschrieben, und die eine in der Synode, die andre aber im Senat, beygelegt.

Zu noch mererer Bestättigung und weiterer Bekanntmachung befal Peter allen damaligen Rußsischen Archirejen, wie auch den Archimandriten und Igumenen aus den vornemsten Klöstern, sich in Moskau einzufinden. Man las ihnen das Reglement vor, und alle unterschrieben es. Die Zahl aller weltlichen und geistlichen Unterschriebenen war 95.

§. 22.

Indessen ward ein Ort zu den Sessionen zurechte gemacht, und noch andre Verfügungen für

das

das Collegium getroffen. Hiemit fuhr man biß A. 1721 fort.

Den 25 Jan. 1721 befahl Peter durch einen eigenhändigen Befehl, das bißher geschehene im ganzen Reiche zu publiciren, und die Einrichtung und Gewalt dieses Collegii in der ganzen Rußischen Kirche kund zu machen. Dem zu Folge trat nachher den 14 Febr. diese geistliche Regierung, nach verrichtetem Gottesdienste in der Troizkoj Kirche, in Gegenwart des Kaisers und des ganzen Senats, in seine Sessionen und Amtsverrichtungen ein. Der Vicepräsident desselben, der Erzbischoff Theophanes, hielt dabei eine Rede, die ihm Ehre macht.

§. 23.

Dieses Collegium bestand anfänglich aus zwölf Personen, 1 Präsidenten, 2 Vicepräsidenten, 4 Räthen und 4 Beisitzern: der zwölfte sollte die geistlichen Angelegenheiten in Moskau an einem unter der Synode stehenden Comtoir, das damals die Synodal-Kanzlei hieß, besorgen. Diese alle waren aus den Archirejen, Archimandriten, Igumenen und Protopopen der vornemsten Klöster und Kirchen ausgesucht. Mit Fleiß erwählte Peter die verständigsten Männer aus allen Ständen der Geistlichkeit: denn so konnte jeder den Bedürfnissen seines Standes am besten abhelfen, und ihn in Schutz nemen.

Diesen fügte Peter in der Folge noch andre, sowohl geistlichen als weltlichen Standes, bei, die keine Aemter hatten, aber gelerte und zur Regierung der Kirche geschickte Leute waren. Dergleichen waren der Jerej Athanasius Condoidi, nachmaliger Bischoff von Wologda; der Jeremonach Theophilus Krulik; und der Grieche Anastasius Nausij. Die beiden ersten hatten noch so gar den Vorsitz vor den Protopopen.

Nachher kamen noch merere dazu. Schon A. 1722 waren, statt 11, vierzehn in der Synode zugegen, deren Namen alle im Anhang zum geistlichen Reglement stehen.

§. 24.

Unter allen diesen (sagt mein Autor) war kein einziger Unwürdiger; alle aber hatten jeder verschiedene Fähigkeiten. Der eine verstand viele Sprachen: der andre war gereißt, und kannte die auswärtigen Kirchenverfassungen: der dritte hatte eine lange Uebung in den Kirchensachen des Vaterlandes: der vierte kannte die Politik der griechischen Patriarchen: der fünfte war in allen diesen Dingen zugleich vortrefflich. Folglich konnten sie keine andre als gute Anschläge geben.

Der eine, sagt Haven, war scharfsinnig, gelert und witzig: der andre stand beim Volk in besonderm Ansehen: der dritte war furchtsam, vorsichtig, und wollte immer sicher gehen: der vierte war

I. Rußische Kirchengeschichte. §. 25.

war unerschrocken, dreist und hitzig in seinen Unternehmungen. Das Triebrad der ganzen Kirchenmaschine war Peters Macht; das Pendul sein Verstand: folglich konnte sie nicht unrecht gehen.

§. 25.

Außer den schon angeführten Gründen, die Peter den Großen bewogen haben, die Regierung seiner Kirche zu ändern, werden im geistlichen Reglement noch folgende angegeben:

1. Eine ganze Versammlung kann besser die Dinge beurteilen und Recht sprechen, als eine einzelne Person.

2. Die Aussprüche einer ganzen Versammlung haben mehr Kraft und Ansehen, als die Befele Eines Manns. Jenen gehorcht man williger.

3. Die Versammlung ist vom Monarchen eingesetzt, und stehet unter ihm. Diß zeiget klar, daß das Collegium keine Faction sei, und nicht für sein Privat-Interesse, sondern bloß für das Beste des Vaterlands, agire.

4. Die Sachen haben ihren ungehinterten Lauf: Krankheit und Tod unterbrechen ihn nicht.

5. Die Versammlung bestehet aus Personen verschiedenen Standes: folglich ist weniger Gefahr, daß sie sich bestechen lassen, oder aus Leidenschaften falsche Urteile sprechen werden. Denn wie wollten sich so viele Personen zu Loszählung der schuldigen,

binden können? Einer wird den andern hintern.

6. Viele dürfen sich nicht vor dem Zorn der Mächtigen fürchten, aber wohl eine einzelne Person.

7. Die Empörungen unterbleiben. „Der „gemeine Mann verstehet den Unterscheid der geist= „lichen und souverainen weltlichen Gewalt nicht, „sondern wird durch die große Ehre und Würde, „so man dem obersten Hirten giebt, von Verwun= „derung dergestalt eingenommen, daß er denket, „ein solches Oberhaupt sei ein andrer Landesherr, in „gleicher Würde mit dem Monarchen, oder auch „noch größer als derselbige; und der geistliche „Stand mache eine besondere und vortrefflichere „Monarchie aus." Kommt nun vollends ein herrschsüchtiger Geistlicher dazu, der „Feuer an solches Stroh legt", und Rebellion Eifer für Gottes Ehre nennt; was kann nicht daraus entstehen?

8. Der Präsident selbst, wenn er etwas versiehet, ist dem Gerichte seiner Brüder unterworfen: allein kein Patriarch will von denen unter ihm stehenden Bischöffen gerichtet seyn. Zwingt man ihn dazu, so hält doch das gemeine Volk ein solches Urteil für verdächtig und verwerflich. Man muß daher um eines bösen Patriarchen willen ein ökumenisches Concilium berufen. Diß ist aber mühsam, für das Reich kostbar, und jetziger Zeit, „da die

Mor=

Morgenländischen Patriarchen unter dem Türkischen Joche leben, und die Türken anjetzo Unser Reich mehr als vor Zeiten fürchten", ganz unmöglich.

9. Eine solche Collegial-Regierung wird eine Pflanzschule geschickter Leute in der Geistlichkeit. Die Besitzer bilden sich mit leichter Mühe zu höheren geistlichen Würden, sie erlernen die kirchliche Politik, und bekommen durch die tägliche Erfahrung einen rechten Begriff, wie das Haus des Herrn am besten verwaltet werden könne.

§. 26.

Im zweiten Teil eben dieses geistlichen Reglements werden die unter dieses Collegium gehörige Geschäffte bestimmt. Sie werden in zweierlei Arten abgeteilt: einige gehen die ganze Kirche an, andre nur die besondern Stände derselben. In Ansehung der erstern oder allgemeinen Geschäffte soll das Collegium Acht geben: I. Ob alles ordentlich und nach der Vorschrift der christlichen Religion zugehe, und ob nicht irgendwo was geschehe, so mit derselben streitet? II. Ob ein genugsamer Unterricht im Christentum im Schwange gehe?

Unter andern soll das Collegium die Leben der Heiligen nachsehen, sie von ihren Torheiten reinigen, und offenbar falsche und von Taugenichten erdichtete Werke davon abscheiden. Es soll abergläu-

werden, abstellen. Es soll die Reliquien der Heiligen prüfen, "dann hierinn wird viel Schelmerei getrieben": in der Römischen Kirche werde der Leib Stephani an zweien Orten, auch Milch von der Mutter Gottes, und andre dergleichen Raritäten gezeigt; man müsse also "zusehen, ob sich nicht auch vielleicht unter uns dergleichen Narrenpossen äussern".

Allen Unfug und Aberglauben von der Art, der hier umständlich specificirt wird, soll das Collegium sorgfältig zu verhüten suchen.

§. 27.

Im **dritten** Teil werden die Pflicht, das Amt, und die Gewalt der sämmtlichen Beisitzer dieses Collegii bestimmt. Siehe unten.

§. 28.

Auf diesen Grund und mit solcher Macht ward das geistliche Collegium errichtet. In der namentlichen Ukase, die Peter wegen der Stiftung desselben ergehen ließ, ward es *Sobornoje Duchownoje Prawitelstwo*, die allgemeine geistliche Regierung, genannt: und in dem Eide der Mitglieder, der in dem Geistl. Reglem. stehet, ward genau bestimmt, daß niemand als der Monarch dessen Richter seyn könne.

Doch damit man nicht glauben möchte, als wäre dieses Collegium von andern ganz und gar

nicht

I. Rußische Kirchengeschichte. §. 29.

nicht verschieden: so erklärte Peter an eben dem Tage, da es seine Sitzungen anfieng, nämlich den 14ten Februar 1721, seine Meinung noch genauer von dessen Macht, und beehrte es mit dem Titel: *Swātējſzij Prawitelſtvujuſczij Sinod,* heiligste dirigirende Synode; Titel, die sonst bloß den Patriarchen zukamen. Zugleich ward es angewiesen, mit dem dirigirenden Senate durch Promemoria zu conferiren, in alle andre Collegia aber Ukasen zu schicken.

§. 29.

Bald darauf, den 19ten Novemb. 1721, ward diß bestättiget, und dabei anbefolen, daß es in geistlichen Dingen eben die Macht haben solle, wie der Senat; ihm gebühre auch gleicher Respect, gleicher Gehorsam, und gleiche Strafe der Ungehorsamen. Ueber neue Verordnungen, die so wohl die geistliche als weltliche Regierung beträfen, solle es mit dem Senate conferiren, und sein gemeinschaftliches Gutachten dem Monarchen selbst zur Unterschrift und Approbation vorlegen: Dinge aber, die keinen Aufschub litten, sollten sie einstimmig unterschreiben, und bis auf seine künftige Approbation einstweilen publiciren.

Zu andern Promemorien über zweifelhafte Dinge, die aus der Synode an den Senat ergiengen, oder aus dem Senat in die Synode, verordnete

Sept. 1721, zwei Personen als Conferenzräthe.

§. 30.

Die Sachen, die vor die Synode gehörten, wurden in dem 1sten und 3ten Theil des Geistl. Reglem. klar und ausführlich bestimmt. Doch ward ihr zugleich Macht gegeben, das Reglement mit neuen Gesetzen zu vermeren, und solche dem Kaiser vorzulegen.

Die alten Großfürsten hatten vieles der Clerisei üllerlassen, was vor weltliche Gerichte gehörte. Peter machte daher in seiner eigenhändigen Resolution auf die den 12 April 1722 von der Synode eingegebenen Puncte[20], hierüber eine genaue Verordnung. Der Synode sprach er alles zu, was Gotteslästerungen, Käzer, Roskolniken, Warsager, erzwungene oder erschlichene Ehen, Ehebruch, oder gewaltsame Verstoßung ins Kloster betraf; den weltlichen Gerichten aber lies er die Sünden der Hurerei und gewaltsamer Schändung: über eine dritte Art, z. E. verbotene Grade in der Ehe, Zeugnisse der Beichttöchter u. s. w. sollte die Synode mit den weltlichen Gerichten conferiren.

Bey der Execution der vor die Synode gehörigen Dinge verließ er ihr eben die Art zu verfaren, wie

20. Peters Ukasen-Sammlung vom Jahr 1722. S. 183.

wie dem Senate und den geistlichen Befehlshabern eben die Gewalt, wie den Weltlichen. Wegen der Widerspänstigen und derer, die sich gegen die Synodal- oder andrer geistlichen Befehlshaber Gewalt vergehen, sollen sie an den Senat und andre weltliche Commando schreiben, die nach der Wichtigkeit der Sachen die Verbrecher eben so wie andre Ungehorsame strafen sollen. Erhalten sie keine Genugtuung, so sollen sie beim Kaiser selbst klagen.

§. 31.

Nach der Errichtung dieses Collegii, nämlich den 30ten Sept. 1721, ließ Peter in seinem Namen an den damaligen Patriarchen in Constantinopel Jeremias schreiben, und ihm die Errichtung dieses mit gleicher Gewalt und Ehre versehenen Collegii, als weiland die Patriarchen gehabt hatten, notificiren. Se. Maj. hoffe, der Patriarch werde diese Veränderung gutheißen, und den übrigen Patriarchen davon Nachricht geben. Dabey bat der Kaiser, daß der Patriarch auch künftig, wie bisher geschehen war, über Dinge, die das gemeine Beste der Kirche beträfen, weil sie Einen Glauben hätten, mit der Synode conferiren möchte.

Der Patriarch antwortete in einem Schreiben vom 23ten Septemb. 1723, er willige in alles ein. Auch die übrigen Patriarchen haben seit der Zeit die Synode, in ihren bei andern Gelegenheiten geschriebenen

V. Kapitel.
Von den Bischöffen.

§. 32.

Mit Mühe hatte Peter der Große die Synode errichtet. Eben so viel Mühe, aber auch mit gleichem Erfolg, wandte er an die Reformation der andern Geistlichen und Ordensleute. Ich will von den Bischöffen anfangen, deren Würde die erste nach den Patriarchen war.

§. 33.

So bald Rußland christlich ward, setzte man mit Einwilligung Wolodimers des Großen, einige wenige Bischöffe, und zu gleicher Zeit einen Metropoliten in Kiev ein. Die Bischöffe waren die von Novgorod, Rostov und Wolodimer[21].

Unter Wolodimers Nachfolgern wurden merere Bischöffe in andern Städten. Einige abgeteilte Fürsten wollten in ihren Appanagen auch ihre eigne Bischöffe haben: andre machten aus Hochmuth gar Erzbischöffe. Diese geistlichen Standeserhöhun-

---

21. Die Rußischen Jarbücher unter den Jaren 6497 und 6499 (A. C. 989 und 991).

hungen geschahen allezeit auf Vorbitte der Rußischen Fürsten mit Einwilligung der Constantinopolischen Patriarchen, so lang die Rußische Kirche unter ihnen stand. Doch hat man Beyspiele, daß die Bischöffe selbst beim Patriarchen um den Erzbischöfflichen Titel angehalten: andern erteilten solchen die Patriarchen aus eigner Bewegung.

§. 34.

Erst seit des Z. Wasili Wasiljewicz Zeiten hieng die Einsetzung der Bischöffe und ihre Erhöhung gänzlich von dem Willkühr des Monarchen ab, der darüber bloß seine Metropoliten befragte, oder es auf deren Bitte that. Beyspiele davon geben unsre Jarbücher an.

Zu gleicher Zeit und durch eben den Concilienschluß, der das Patriarchat in Rußland einführte, wurden aus 4 Erzbischöffen, 4 Metropoliten[22], (nämlich in 1. Novgorod, 2. Kasan und Astrachan, 3. Rostov, 4. Krutizy), und nächstdem 6 Erzbischöffe und 8 Bischöffe gemacht.

Nachher wurde die Zahl vermeret, und bei einigen die Würde erhöhet. Z. Michajlo Federowicz machte einen neuen Erzbischoff von Sibirien, den sein Sohn und Nachfolger, Z. Alexej, auf einer im J. 1667 gehaltenen Synode, nebst dem

22. *Kormsczaja kniga* pag. 16. & *Stepenn. kn.*

derselbe ſetzte einen eignen Metropoliten in Aſtrachan, wo bißher noch keiner geweſen war, und machte viel Biſchöffe zu Erzbiſchöffen. Zu ſeiner Zeit waren in allem 7 Metropoliten und 9 Erzbiſchöffe. Er wollte noch 14 Biſchöffe machen, von denen die meiſten unter den Metropoliten ſtehen ſollten: allein es blieb bei zweien.

Fedor Alexējewicz, ſein Sohn, machte 5 neue Metropoliten aus eben ſo viel Erzbiſchöfen. Er hatte auch 70 neue Biſchöfe zu machen beſchloſſen: [23] allein nur zwei wurden fertig, die ſchon ſein Vater dazu beſtimmt hatte. Unter ihm hatte alſo die Rußiſche Kirche 12 Metropoliten, 7 Erzbiſchöfe, und 3 Biſchöfe.

§. 35.

So fand Peter der Große die Hierarchie in ſeinem Reiche vor.

Zu den Biſchöfen that er drei neue hinzu, den von Perejaſlawl, Ladoga, und Irkuzk: alle drei ſollten zugleich Vikarien, der erſte des Kieviſchen, der zweite des Novgorobiſchen, und der dritte des Sibiriſchen Metropoliten ſeyn. Denn die Eparchien dieſer Metropoliten waren allzuweit ausgedehnt: ſie konnten allein ohnmöglich aller Amtsverrichtungen bey der Ordination der Geiſtlichen und andern Kirchenſachen abwarten.

Da=

23. Siehe das oben N. 18. angeführte Buch *Ikon.*

I. Rußische Kirchengeschichte. §. 36.

Dagegen zog Peter das Bißtum zu Tambov ein, weil der Bischof Ignatius sich ungebührlich aufgeführet hatte.

§. 36.

Alle diese Metropoliten, Erzbischöfe, und Bischöfe blieben noch lange, wie schon Peter regierte, und auch nach Abschaffung des Patriarchats, auf dem alten Fuß, und bei ihren alten Titeln. Sie hatten alle einerlei Macht und Ansehen, nur diejenige ausgenommen, die den Metropoliten subordinirt wären. Ihr ganzer Unterscheid bestund in Titeln, Rang, und Kleidung: diese drei Stücke hatten die Metropoliten anders als die Erzbischöfe, und diese wieder anders als die Bischöfe.

Allein Peter sahe ein, daß der Unterscheid der Titel der Kirche keinen wesentlichen Nutzen schaffe, sondern vielmehr Stolz veranlasse, den er doch durchaus aus der Klerisei ausrotten wollte. Daher beschloß er kurz vor Errichtung der Synode, alle Bischöfe an Titeln gleich zu machen; wobei er folgender Gestalt zu Werke gieng. So oft ein Metropolit oder ein Erzbischof starb, befahl er gleich dem Erarchen, und nachher der Synode, einen Bischof an dessen Stelle zu setzen. Nur in sehr wenig Eparchien, z. Er. in Kiev und Novgorod, ließ er zur Ehre dieser alten Hauptstädte Erzbischöfe, wo vorher Metropoliten gewesen waren.

nicht aus was Ursache.

Doch ließ er den Bischöffen die Hoffnung, Erzbischöffe zu werden, wenn sie nämlich der Kirche ausnemende Dienste leisteten. So wurde der Bischoff von Pskov, Theophanes, durch einen Befehl vom 30sten Dec. 1720, zum Erzbischoff gemacht.

§. 37.

Vor Petern waren die Bischöfe in Kirchensachen sehr mächtig gewesen: und dieses dauerte bis auf die Errichtung des Exarchats. Jeder konte fast in seiner Diöces thun, was der Patriarch im ganzen Reich gethan hatte. Der Eid, den die Bischöffe bey ihrer Ordination ablegen mußten, verband sie zwar sehr stark, ihrer Pflicht warzunemen, und das Ansehen, das ihnen die Kirche anvertraute, auch zur Erbauung der Kirche anzuwenden: allein viele gleiteten aus.

Peter machte daher einen Anhang zu ihrem Eide, und schickte ihn den 22ten Jan. 1716 an den Exarchen, mit dem Befehl, ihn von denen, die künftig Bischöffe werden würden, lesen und unterschreiben zu lassen, denen aber, die es schon wären, die Erfüllung desselben fest einzuprägen. Hier ist der ganze Brief Peters, nebst dem Eide selbst:

§. 38.

„**Ehrwürdiger Vater!** Ob sich gleich „die Bischöffe durch einen förmlichen Eid verpflichten

I. Rußische Kirchengeschichte. §. 38.

„ten, alle Regeln der Kirche zu beobachten: so ha-
„ben sich doch welche gefunden, die sie übertreten
„haben. Ich habe daher eine besondere Auslegung
„darüber machen lassen, die hier mit folgt, und
„welche Du bemeldtem Eide beyzufügen befehlen
„wirst. [24]

Ob ich gleich versprochen habe, mich in allem diesem überhaupt nach dem Sinn der heil. Schrift und der Concilienschlüsse zu richten: so verbinde ich mich doch, zu besserer Führung meines Seelenhirten-Amtes, noch folgende Puncte zu beobachten:

I. Ich verspreche vor Gott, daß ich niemanden aus Leidenschaft, oder aus Privathaß, oder weil er gegen mich oder einen meiner Subordinirten eine gerichtliche Klage haben möchte, in den Kirchenbann thun, noch weniger ihn und seine ganze Familie von der Gemeinschaft der Gläubigen ausschließen will, nach dem Canon. 4. *Concilii* VII. *Oecumenici*, und Canon. 134. *Concilii Carthag.*, und Leg. 39. *Imperat. Iustiniani*: es wäre dann erwiesen, daß ein solcher Mensch notorisch den Geboten Gottes zuwider gehandelt, oder in Ketzerei verfallen sei. Und auch in diesem Fall will ich ihn nicht

---

24. S. Peters Ukasen Sammlung vom J. 1716. pag. 47. 49.

nicht excommuniciren, ohne ihn dreimal vorher nach Christi Befel ermanet zu haben. Und wenn ich sehe, daß er sich nicht bekehrt und demütiget; so will ich ihn nur für seine Person, nicht aber seine ganze Familie, in den Bann thun.

II. Ich verspreche, mich gegen die Feinde der Kirche gelinde und gelehrig zu betragen, nach der Lere Pauli: ein Knecht Gottes soll nicht zänkisch seyn, sondern sanftmütig gegen alle, der geschickt sei zu leren, die Bösen gedultig ertrage, und diejenige die andrer Meinung sind mit Sanftmuth lere, um zu versuchen, ob ihnen Gott vielleicht Reue gebe, die Wahrheit zu erkennen: wie uns befolen ist in Canon. 66. *Synodi Carthag.*

III. Ich werde Sorge tragen, die Mönche in der ihnen durch die Kirchenschlüsse vorgeschriebenen Zucht zu erhalten. Ich werde ihnen nicht verstatten, aus einem Kloster ins andre zu gehen, oder Privathäuser zu besuchen, es geschähe dann solches aus einer dringenden Noth, oder in der Absicht, jemanden Dienste zu leisten. Und auch alsdenn soll diß nicht anders als mit meiner Erlaubniß und schriftlichen Einwilligung geschehen: nach dem Canon. 4. & 11. *Concilii IV. Oecumenici.*

IV. Ich will weder aus eigner Bewegung neue Kirchen bauen lassen, noch solches ohne dringende Noth andern verstatten, damit nicht mit der Zeit diese Kirchen aus Mangel des nötigen Unterhalts wüste stehen: nach dem Canon. 84. *Synodi particular. Carthag.* und Leg. 27. *Iustinian.*

V. Ich verspreche, mich nicht verführen zu lassen, aus schändlichen Geldgeiz Priester, Diakone, oder andre einzusetzen, die dem Altar dienen; sondern ich will deren nicht merere machen, als zur Verrichtung des Gottesdienstes nötig ist: nach dem Can. 6. *Concilii* IV. *Oecumen.*

VI. Ich verspreche, daß ich nach der Gewonheit der Apostel, selbst und in Person, alle Jahre wenns möglich ist, oder wenigstens alle 2 oder 3 Jahre, die mir anvertraute Diöces, und zwar ohne allen Eigennutz, auch nicht aus Eitelkeit, sondern bloß aus Liebe zu Gott, und um die Glaubigen im waren Glauben zu erhalten, visitiren, und sie zu guten Werken ermanen will. Sonderlich werde ich über die Priester wachen, sie sorgfältig examiniren und beleren, damit unter ihnen keine Käzerei oder ein dem göttlichen Geseze zuwiderlaufender Gottesdienst einreiße, und sie ihr Gebet nicht vor unbekannten Gräbern verrichten, die die

Sorge tragen, daß die vermeintlichen Besessene und andre Landstreicher mit bloßen Füßen im Hembde und mit geflochtenen Haren gestraft, und der weltlichen Justiz ausgeliefert werden. Ich werde sie ermanen, sich nicht durch Heuchler und Aberglaubische, so wol Geist= als Weltliche, unter einem falschen Schein der Frömmigkeit verführen zu lassen. Auch werde ich ihnen nie verstatten, die heiligen Bilder so anzubeten, als wenn sie Gott selbst wären, oder ihnen falsche Wunderwerke zuzuschreiben; als welches den Kätzern Anlaß giebt, den Gläubigen Vorwürfe zu machen: vielmehr werde ich ihnen andeuten, den Bildern diejenige Ehrerbietung zu erweisen, die dem Sinn und der Absicht der heil. apostolischen katholischen Kirche gemäß ist, wie ich schon in meinem Eide versprochen habe.

VII. Ich werde mich nicht in irgend eine weltliche Sache unter keinerlei Vorwand mi= schen, ausgenommen, wenn ich sehen sollte, daß offenbare und schreiende Ungerechtigkeiten begangen werden. Alsdann werde ich mit Ermanung der Schuldigen den Anfang ma= chen, sodann aber dem Zaren davon Nachricht geben, nach der Lere der Apostel: beschützet die Unterdrückten.

§. 39.

§. 39.

Alle diese Pflichten, die in diesem Anhange specificiret sind, sind in dem zweiten Teil des Geistl. Reglements, der die Bischöffe von ihrer Schuldigkeit unterrichtet, nicht nur widerholet, sondern noch mit vielen andern Instructionen, über die Art, wie sie sich betragen sollen, sonderlich über die Gewalt der Oberhäupter, und über die Visitation der Diöcesen, vermeret worden. Auch kamen einige neue Verordnungen hinzu, die andre Materien bestrafen, z. Ex.

1. Sie sollen mit besondrer Application die heil. Schrift und die Schlüsse der Concilien studieren, und sich zu gleicher Zeit eine genaue Kenntniß von solchen Dingen, worüber die Laien das Urteil der Kirche einholen, besonders was die verbotenen Grade in der Ehe betrifft, zu erwerben suchen. Bei streitigen Fällen sollen sie die übrigen Bischöffe und die aufgeklärtesten Männer um Rath fragen, und wenn sie sich auch hiedurch keine hinlängliche Beruhigung verschaffen können, sich alsdenn an die Synode wenden, und von ihr eine endliche Entscheidung erwarten.

2. Um der Rußischen Kirche immer merere Vollkommenheit zu geben, sollen sie bey ihren Sitzen Schulen errichten, und darinnen Kinder von der Geistlichkeit und andern Ständen, die nur dazu Lust haben, aufnemen: diese Kinder sollen sie

auf eigne Kosten unterhalten, wozu von den vornemsten Klöstern ein Zwanzigtel Getreide genommen werden soll: für jede Schule sollen sie geschickte Aufseher aussuchen, und sie mit einer hinlänglichen Bibliothek versehen.

3. Damit sie nicht klagen, daß ihnen der Unterhalt der Schulen und Bibliotheken zu lästig falle, wird ihnen aller unnützer Aufwand untersagt. Z. E. sie sollen nicht zu viel Bediente halten, keine kostbare Kleider weder für sich noch für die Kirche anschaffen 2c. 2c.

4. Damit dieses alles desto genauer befolget würde, ward den Bischöffen verboten, sich nie ohne Befel, ohne rechtmäßige Ursachen, oder ohne dringende Noth, und jedesmal nicht anders als mit Erlaubniß der Synode, von ihren Diöcesen zu entfernen.

5. Zweimal im Jahr sollen sie über den Zustand ihrer Diöcesen an die Synode rapportiren, ob alles daselbst in Ordnung sei? ob etwa indessen eine Unordnung vorgefallen, die sie nicht hätten verhindern können? und was die Ursachen davon wären? Weil aber einige Bischöffe, die Mitglieder der Synode sind, nicht in ihren Diöcesen wohnen, und sie auf die vorgeschriebene Art regieren können: so befal Peter der Große [25], in den

Diö-

---

25. Siehe die Ukasen vom 20. Jan, 5 Febr. und 7 Decemb. 1724.

Diöcesen derjenigen, die Mitglieder der Synode sind, Vikarien zu setzen, die das Kirchenwesen besorgen, und davon Rechenschaft ablegen sollen; die Bischöffe hingegen warten bloß der Synodal-Geschäffte ab, ihre häusliche Affairen müssen sie an Laien übertragen, die ihnen wegen der Verwaltung Red und Antwort geben.

§. 40.

Die **Wahl** der Bischöffe (siehe oben) ward der Synode aufgetragen, und ihr zugleich die Art der Wahl vorgeschrieben. Sie sucht zwei Kandidaten aus, und präsentiret sie dem Monarchen: wen dieser wählt, der wird sodann geweihet.

Das meiste Recht zu diesen Würden sollen die Archimandriten und Aebte haben, die bei der Synode gebraucht werden; und nach diesen [26] die vornemsten Archimandriten, die von ihren Diöcesen geschickt werden, um bey der Hauptkirche in Petersburg zu dienen: welche daher, um von ihrer Geschicklichkeit und Einsicht in Kirchensachen Proben abzulegen, der Synode beiwonen sollen.

Zu gleicher Zeit wurde bei allen geistlichen Würden den Studierten vor den Unstudierten der Vorzug erteilet [27]. Aber Rußland hatte damals noch keine studierte Geistliche. Wie daher Peter

einst

---

26. Ukasen vom 12 Jan. 1725.

27. Geistl. Reglem. S. 2.

einst einer Versammlung der Synode beiwonte, wo unter andern von der Wahl einiger Kandidaten zu einem erledigten Bißtume gehandelt ward, und dabei die Rede auf die notwendigen Eigenschaften eines Bischoffs fiel: sagte Peter, „weil es schwer „ist, unter uns völlig tüchtige Subjecte zu dieser „Würde zu finden; so müssen diejenigen für die „würdigsten geachtet werden, die am wenigsten „falsch, Intrigueurs und Heuchler, sondern ehr- „liche und aufrichtige Leute sind".[28]

VI. Kapitel.
Von den Klöstern.

§. 41.

Nun kam die Reihe an die Mönche. Von diesen hängt das ganze Wohl der Rußischen Kirche ab: denn die, so sie regieren, werden aus den Mönchen genommen.

§. 42.

Die ersten Klöster wurden schon unter Wolodimer dem Großen errichtet. Doch ist keines mehr vorhanden, dessen Stifftung älter wäre, als das Peczerische oder Hölenkloster in Kiev, das schon unter Wolodimers Enkel Isäslav seinen Anfang nam.

In

---

[28]. Siehe Theophanis Lobrede auf Peter den Großen.

In der Folge vermerten die Großfürsten und abgeteilten Fürsten ihre Anzal, um ihren Namen zu verewigen, und den Himmel zu verdienen. Die Metropoliten thaten es bald den Fürsten nach, und nachdem sie selbst große Güter bekommen, fiengen sie selbst an, mit Erlaubniß ihrer Landesherren Klöster zu bauen. Viele reiche Privatleute folgten ihnen nach. Es entstand endlich eine solche Wuth, Klöster zu bauen [29], daß schlechte Mönche sich nicht nur eine Ehre, sondern eine Pflicht daraus machten, neue Klöster oder Einsiedeleien anzulegen, und andre Mönche dahin zusammen zu bringen. Zum Unterhalte derselben erschlichen sie sich von den Großfürsten Geschenke an Geld und Ländereien, und bettelten Almosen im ganzen Lande. Konnten sie nicht genug zusammen kriegen, oder der Ort, den sie ausgesucht hatten, stund ihnen mit der Zeit nicht weiter an: so zogen sie aus, und ließen Kirche und Kloster wüste stehen.

§. 43.

Diese Mißbräuche waren unter dem Z. Iwan Wasiljewicz, und unter dessen Minderjärigkeit, aufs höchste gestiegen. Kaum war daher dieser Monarch zur Regierung gekommen, so gab er sich alle Mühe, dem Verderben Einhalt zu thun. Auf dem Concilio im J. 1542 (siehe oben §. 1.) klagte er die Geist-

---

29. *Stoglav*, quaest. 19.

Das Concilium machte hierüber, dem Willen des Zaren und dem gemeinen Beßten gemäß, verschiedene Verordnungen. Unter andern ward verboten, Klöster oder Kirchen ohne Erlaubniß des Monarchen und des Bischoffs zu bauen: auch ward befolen, merere abgesonderte Einsiedeleien in Ein Kloster zusammen zu ziehen. Den Vorstehern der Klöster sowohl als den gemeinen Mönchen wurden noch überdiß andre gute Regeln vorgeschrieben. Besonders ward diesen das Herumlaufen im Lande streng untersagt.

Die weisen Gesetze, die dieser Zar in Ansehung der Klerisei machte, dienten seinen Nachfolgern zur Grundlage bei ihren nachmaligen Verbesserungen. Denn so oft die Geistlichkeit nach dem Absterben eines Monarchen wider in ihr altes Verderben zurückfallen wollte, thaten sie, sonderlich Z. Alexej, alles mögliche, die alten Gesetze wieder in Kraft zu bringen, um die Ordnung in den Klöstern und bei ihrer Oekonomie wieder herzustellen. Man sehe die Concilienschlüsse vom J. 1667.

§. 44.

Aber ungeacht dieses schönen Anfangs hatte Peter noch die größten Schwierigkeiten bei der Reformation der Geistlichkeit zu überwinden. Da er den Thron bestieg, fand er fast noch alle die Unordnungen vor, die bemeldte seine Vorgänger zu verbessern

nur

nur erst unternommen hatten. Der Krieg und sehr viel andre wichtige Geschäffte erlaubten ihm nicht, alle seine Sorgen darauf zu verwenden: doch mitten unter seinen Arbeiten bereitete er den besten Weg, zu seinem Zwecke zu gelangen.

Vor dem J. 1700 finde ich keine einzige Verordnung von Petern, die Mönche zu reformiren: vielleicht hinderten ihn seine Jugend, seine ausländischen Reisen, und das Ansehen des Patriarchen daran. Nach 1701 aber biß auf die Errichtung der Synode ließ er eine Menge Ukasen über die Klöster und Mönche ergehen.

§. 45.

Man hatte die Gesetze der Zare Jwan und Alexej über verschiedene Dinge, und besonders über das Herumstreichen der Mönche, und über ihr Ziehen aus einem Kloster in das andre, nicht befolgt. Peter befal daher in der ersten Ukase, die er den 31 Jan. 1701 hierüber erteilte, alle Mönche und Nonnen zu zälen, sie in ihren Klöstern inne zu halten, und sie in keinem andern aufzunemen; es wäre denn, daß sie gegründete Ursachen und ein Certificat von ihren Superioren, die ihnen solches verwilligten, mitbrächten. Diesem war ein Verbot beigefügt, künftig unter keinerlei Vorwande mehr sein Kloster zu verändern. Die Laien, die bißher unterhalten und zu allerhand Verrichtungen gebraucht worden waren, sollen alle ohne Ausname

an ihre Stelle eingenommen werden.

Eine zweite Ukase vom 18 Novemb. 1703 beståttigte dieses mit dem Zusaße, daß auch die Superioren der Klöster nicht einmal ihre eigne Verwandte da hinein nemen sollten. Den Mönchen ward dabei untersagt, in ihren Zellen weder Dinte noch Papier zu haben, und außer dem Refectorio und ohne Erlaubniß der Superioren nichts zu schreiben. Denn die Geistlichen hatten damals bei ihren Empörungen gegen Peters heilsame Neuerungen großen Mißbrauch daraus gemacht.

Eine dritte vom 21 Decemb. eben dieses Jars verbot den Bischöffen und allen andern, unter keinerlei Vorwande, neue Klöster und Einsiedeleien anzulegen.

§. 46.

Nach Errichtung der Synode wurden alle diese Ukasen, teils durch das Supplement zum Geistlichen Reglement, teils durch einige neue Geseße, bestättiget und noch deutlicher erklärt. Neue Klöster zu bauen, wurde nicht nur ausdrücklich verboten, sondern auch noch anbefolen, merere schon vorhandene, In denen aber nur wenige Mönche wären, in Eins zusammen zu ziehen, sie mit nicht weniger als 30 Ordensleuten zu beseßen, und aus den übrigen bloße Kirchspiele zu machen. Die Güter aller dieser eingegangenen Klöster soll das

letzte

letzte kriegen: nur wird so viel davon zurückbehalten, als zum Unterhalt der Priester und andrer Kirchenbedienten nötig ist.

§. 47.

Wegen der Aufname in den Orden, der Aufführung der Mönche, und der Aufsicht über dieselbe, wurden folgende besondre Gesetze gegeben: [30]

1. Keiner, der noch nicht 30 Jahr alt ist, soll zum Mönche geweihet werden.

2. Auch keiner vom Militär-Stande.

3. Auch kein Leibeigener; es wäre denn, daß er von seinem Herrn frei gegeben sei, lesen und schreiben könne, und einen ausdrücklichen Befel vom Kaiser oder von der Synode vorzuzeigen hätte.

4. Auch keine Ehemänner, deren Weiber noch am Leben sind, besonders wenn sie diesen erlaubt haben, sich anderwärts zu verheiraten. Wollen sie alle beide ins Kloster: so sollen alle Umstände genau erwogen, und untersucht werden, ob sie von dem gehörigen Alter sind, ob sie Kinder haben, und in welchem Zustande sie solche hinterlassen.

5. Auch keine, die dem Staate dienen, die Schulden haben, oder die der Justiz wegen eines Verbrechens entflohen sind.

6. Auch

---

30. Siehe das Supplement zum Geistl. Reglement.

Beyl. I.

besondern Auftrag haben: es wäre denn, daß sie einen schriftlichen Abschied vorweisen könnten.

7. Auch keine, die sich in die Klöster einkaufen, in der Absicht, mit merer Freiheit darinnen zu leben: sie müßten sich denn schriftlich reversiren, daß sie keine Vorzüge vor ihren Brüdern verlangen, noch sich dessen rühmen wollten.

8. Wäre auch einer, wider den nichts von allem diesem zu sagen wäre: so soll man ihm doch nicht gleich nach seiner Aufname ins Kloster eine Platte scheeren, sondern ihn 3 Jahre unter der Aufsicht eines ordentlichen und untadelhaften Mönchs darinnen lassen, und ihm wärender Zeit keinen Tritt hinaus zu thun erlauben. Indessen soll ihm der Superior allerhand Dienste auferlegen, um seinen Gehorsam zu prüfen. Nach diesem 3järigen Noviciate muß erst noch die Erlaubniß des Bischoffs eingeholet werden, ehe er zum Mönch geweihet wird: der Bischoff aber darf es nur alsdenn erlauben, wenn die Superioren und Mönche des Klosters, in das der Novicius aufgenommen werden will, ein Certificat darüber ausstellen. Sollte der Novicius nach dieser Probe andres Sinnes worden seyn: so soll man ihn ungehindert laufen lassen, ohne ihm Vorwürfe darüber zu machen. Kommt er aber nachher wieder ins Kloster: so muß er sein 3jähriges Noviciat wieder von vorne anfangen.

9. Das

I. Rußische Kirchengeschichte. §. 48.

9. Das in Frag und Antwort verfaßte Klostergelübbe soll man die Novicien in ihren drei Probejaren, sonderlich aber, wenn die Zeit der Einweihung herannahet, fleißig lesen lassen, oder wenn sie nicht lesen können, sie darinnen mündlich unterrichten; damit sie sich wohl prüfen, ob sie sich auch solches zu halten getrauen.

§. 48.

Der Lebenswandel der Mönche wurde in oftbemeldtem Supplemente zum Geistl. Reglement durch folgende Regeln bestimmt:

1. Viermal im Jahr sollen sie beichten und communiciren.

2. Sie sollen nicht müßig seyn, sondern sich mit einer Arbeit, welche es auch wäre, z. E. mit der Malerei 2c. beschäfftigen.

3. Sie sollen keine Bediente halten; nur die Superioren und die abgelebten Mönche ausgenommen. Für die letztern soll ein Spital mit der benötigten Anzal von Leuten zur Wartung gehalten werden.

4. Sie sollen keine Fremde invitiren, außer mit Erlaubniß der Superioren, und in Gegenwart eines andern untadelhaften Mönchs.

5. Ohne Erlaubniß und ohne Begleitung eines andern, sollen sie keine Visiten geben: und diß nur viermal im Jahre. Besonders sollen sie, bei

Weltliche besuchen.

6. Sie sollen nichts verkaufen, was dem Kloster gehöret, weder Victualien noch andre Sachen: und diß unter keinerlei Vorwande, wenn auch gleich die Sache ausdrücklich an sie assigniret worden wäre.

7. Alle sollen einerlei Speise und Trank geniessen, im Speisesaal zusammen essen, und nichts davon in ihre Zellen tragen.

8. Eben so soll auch bei allen die Kleidung einerlei seyn: nur denen, die die Kirche bedienen, wird eine Distinction verstattet.

9. Sie sollen alles im Kloster in Gemeinschaft haben. Wenn auch der Superior einem etwas alleine giebt; so sollen doch auch die alten Mönche davon participiren, und in einem schriftlichen Scheine soll bemerket werden, was einer, und warum er es besonders bekommen.

10. Im Kloster soll weder Geld noch andre Sachen, die andern gehören, aufbewaret, sondern alles, was man da vorfindet, dem Kloster zugeschlagen werden.

11. Weder der Superior noch die Mönche sollen Weiber in die Zellen lassen: für diese ist bloß das zum Empfang der Fremden bestimmte Zimmer; und auch hier müssen merere zugegen seyn.

12. In allen Klöstern sollen die Mönche angehalten werden, die heil. Schrift zu lesen und zu studieren.

I. Rußische Kirchengeschichte. §. 49.

bleren. Die gelerteſten unter den Mönchen ſollen ſie erklären: dieſe ſollen auch zu Prieſterſtellen und geiſtlichen Würden befördert werden.

13. Um den Mönchsſtand immer aufgeklärter zu machen, befal Peter [31], die jüngſten Mönche aus allen Klöſtern nach Moſkau zu ſchicken, um in der baſigen Schule Griechiſch und Latein zu lernen.

§. 49.

Die **Nonnenklöſter** ſollen alle dieſe Regeln gleichfalls halten. Ueberdem wurden ihnen noch folgende beſondere [32] vorgeſchrieben:

I. Die Nonnen ſollen ſchlechterdings bei keiner Gelegenheit aus dem Kloſter gehen; auch da nicht einmal, wo ſie es aus purer Andacht zu thun ſcheinen könnten, z. E. in Proceſſion oder auf ein Kirchenfeſt. Ihre Klöſter ſollen immer verſchloſſen ſeyn, und niemand als ihr Beichtvater hinein kommen. In den Klöſtern, wo die Kirche nicht gleich bei der Thüre iſt, ſoll man daher bedeckte Gänge über die Straße machen. Und damit niemand einen Vorwand finde, ins Kloſter zu gehen, ſo ſollen die Reliquien und andere heilige Sachen nicht im Kloſter gelaſſen, ſondern in die Kirche verſetzt werden. Aus der Kirche ſoll kein andrer Gang ins Kloſter, als in die Zelle der Priorin gehen.

II. Ha-

---

31. Ukaſe vom 2 Sept. 1723.
32. Im Supplement zum Geiſtl. Reglem.

ten etwas zu suchen, oder wegen andrer Sachen in der Hauptstadt zu sollicitiren: so müssen sie im ersten Falle ihren Bischoff bitten, ihnen einen Anwald zu bestimmen, und im letzterm Falle an die Synode schreiben; keinesweges aber darum aus dem Kloster gehen.

III. In der Kirche haben die Nonnen ihren eignen von allen andern völlig abgesonderten Stand.

IV. Keine soll vor dem 60sten, wenigstens nie vor dem 50sten, eingeweihet werden. Will ein junges Mädchen Nonne werden: so sollen vorher alle Umstände untersucht werden, warum sie diesen Entschluß gefaßt; und nachher soll man sie unter der Auffsicht einer alten Nonne ohne Wandel im Kloster so lange einschließen, biß sie das vorgeschriebene Alter erreicht: und alsdenn erst soll sie eingekleidet werden. Will sie aber indessen heiraten: so soll ihr niemand was in Weg legen.

V. Die Nonnen sollen so wenig wie die Mönche müßig, sondern mit Spinnen, Nähen, Spitzenklöppeln rc. beschäfftigt werden. Man soll aus Brabant ausdrücklich Frauen verschreiben, sie darinnen zu unterrichten. Die Kaiserin Catharina I. nam es selbst auf sich, den Nonnen dergleichen Lererinnen zu verschaffen.

§. 50.

§. 50.

Die **Superioren** der Klöster hatten ihre eigene Gesetze, die sich teils im Supplement zum Geistl. Reglement, teils in besondern Ukasen finden.

1. Zu Häuptern der Klöster sollen aus den Mönchen diejenigen gewälet werden, die von guten Sitten sind, die Ordenspflichten kennen, und sonst ohne Wandel sind, dabei die heil. Schrifft und die Ordensregeln wol studieret haben, daß sie nicht nur für ihr eigenes, sondern auch für ihrer Brüder Heil wachen können. Hierüber sollen sie bei ihrer Ordination einen Eid ablegen: brechen sie diesen, so sollen sie der letzte ihrer Brüder werden, und ein andrer an ihre Stelle gewälet werden.

2. Sie sollen keine verlaufene Mönche in ihre Klöster aufnemen, bei Strafe, auf Zeitlebens zum Arbeiten in ihrem Kloster verdammt zu werden: die Mönche selbst, die von ihnen aufgenommen worden, sollen in Eisen geschlagen, und zu den schwersten Arbeiten im Kloster gebraucht werden.

3. Sie sollen über alle Mönche, die wirklich die Weihe erhalten, Register führen, worinnen sie den Namen des neuen Mönchen, seinen vormaligen Stand, und die Zeit seiner Weihe anmerken.

4. Die, so wider ihrer Verwandten Willen Mönche werden wollen, Ehemänner, die ihre Weiber, Weiber, die ihre Männer verlassen wollen, Eltern, die ihre Kinder durch ein Gelübde dem

Kloster opfern ꝛc., müssen sie erinnern, daß diß Gotte mißfällige und den Leren des Christentums zuwider laufende Entschlüsse sind.

5. Sie sollen die Mönche nicht zwingen, ihnen selbst zu beichten, sondern sie sollen einen untadelhaften Priester, den der Bischoff examiniret hat, dazu unterhalten. Dieser muß es anmelden, wenn sich eine böse Gewonheit ins Kloster einschleicht, doch ohne die Person zu nennen.

6. Die Superioren, die von denen, die ins Kloster wollen, Geld nemen, und ihnen dafür ein Zeugniß an den Bischoff geben, daß sie zum Klosterleben tüchtig sind, sollen ihre Stelle verlieren, und gemeine Mönche werden.

7. Sie sollen ihre Verwandte nicht zu sich nemen, noch zu den Geschäfften des Klosters brauchen. Ein gleiches sollen sie auch den Mönchen verbieten.

§. 51.

Nichts ist weiser als Peters letzte Ukase vom 31 Jan. 1724 über den Mönchsstand. (Sie folgt unten wörtlich im zweiten Abschnitte.)

Um diese Ukase zur Vollziehung zu bringen, begleitete sie Peter noch mit folgenden vom 5 Febr. und 29 May 1724.

I. Man soll nicht länger anstehen lassen, die Klöster, wo wenig Mönche sind, nebst den Einsiedesiedeleien in Ein Kloster zu vereinen, und die Einsiedeleien nach dem Geistl. Reglem. gänzlich abzuschaffen.

II. In den Klöstern, wo sonst Archimandriten gewesen, sollen künftig nur Aebte seyn; in den vornemsten aber sollen Archimandriten bleiben, und die Aebte der übrigen Klöster unter jener ihrer Aufsicht stehen. Dieser Ukas zufolge sollen anfänglich die Mitglieder der Synode unter sich, und nachher gemeinschaftlich mit dem Senate rathschlagen, wie die Klöster am besten zu besetzen wären. Hier wurde von allen beschaffen, daß in Groß-Rußland 48 Klöster mit Archimandriten und 85 mit Jgumenen oder Aebten seyn, alle übrigen Klöster aber mit diesen entweder vereiniget, oder gänzlich vernichtet, und bloße Kirchspiele daraus gemacht werden sollten. Die Klöster in Klein-Rußland aber sollten zufolge ihrer Privilegien auf dem alten Fuße bleiben.

III. In einigen dieser neuen Klöster befal der Monarch, zum Unterhalt und zur Verpflegung der Kranken, Abgelebten, Invaliden und Waisen Anstalten zu machen, die in der Folge zu Mustern dienen könnten. Den Gebrechlichen wurden zu Moskau die Klöster zur Himmelfart und zu St. Michael, den Waisen aber das neue Nonnenkloster angewiesen.

§. 52.

Zugleich ward dem Hauptmann von der Garde Baſkakov aufgetragen, alles dieſes ins Werk zu ſetzen. Ihm ward hierüber eine beſondre von Petern eigenhändig verfaßte Inſtruction vom 29 Mai 1724 ausgefertigt. Eben derſelbe erhielt den 15 Jun. 1724 eine andre Ukaſe, in dem Andreäkloſter zu Moſkau eine Schule zu errichten, um Waiſen darinnen zu unterrichten.

Aber alle dieſe Anſtalten haben nach Peters des Großen Tode Schwierigkeiten gefunden, und ſind daher unterbrochen worden.

VII. Kapitel.
Von der Prieſterſchaft.

§. 53.

Auch die Prieſterſchaft hatte ſo, wie die andern geiſtlichen Stände, einer Reformation nötig. Z. Iwan Waſiljewicz [33] hatte ſchon dem Concilio vorgeſtellt, die Prieſter wären ehedem weit ordentlicher und gelerter geweſen, als zu ſeiner Zeit: er hatte auch, um einem noch vergrößeren Verderben vorzukommen, verſchiedene Verordnungen gemacht. Z. Alexej that desgleichen. Aber dem allen ungeachtet waren ſie in ihrer Unwiſſenheit geblieben; und derjenige ward ſchon für gelehrt gehal-

---

33. *Stoglav* cap. 25.

halten, der richtig Rußisch lesen und schreiben konnte. Mit Predigen gaben sie sich gar nicht ab.

§. 54.

Lange vor Peters Regierung waren griechische und lateinische Schulen errichtet, denen sehr geschickte und gelehrte Leute vorstanden. Allein freiwillig schickten die Priester ihre Kinder nicht dahin, und noch zwang sie kein Befel dazu: vielleicht waren die Häupter der Klerisei auch nicht bös darüber.

Indessen war dennoch die Anzal der Priester im Reiche sehr angewachsen. Peter, um sie besser in Ordnung zu bringen, befal in den Jaren 1705, 1708 und 1710, in allen Eparchien die Priester, Diakone, und andre Kirchendiener nebst ihren Kindern zu zälen, und die letztern in obbemeldte Schulen zu schicken, damit sie darinnen unterrichtet würden. Zugleich verbot er, diejenige, so sich nicht wollten unterrichten lassen, weder im geistlichen noch einem andern Stande, bloß den Militärstand ausgenommen, zu befördern.

Wirklich wurden auch diese Taugenichte mit Gewalt enrollirt, obgleich viele ihr möglichstes thaten, sich dessen zu entziehen. Allein des Verbots ungeachtet erwischten doch manche eine Pfarre oder eine andre Stelle. Der Senat befal daher mit Einwilligung der vornemsten Bischöffe A. 1711, nicht nur keine andre zu Priestern und Diakonen

zu

zu weihen, als die dazu geschickt wären, und das
gehörige Alter hätten; sondern er verbot auch, unter keinerlei Vorwand mehr überzälige zu machen,
noch sie von einer Eparchie oder Kirche an die andre zu versetzen: bei Strafe der Degradation der
Bischöffe.

§. 55.

Alle obige Ukasen wurden durch das geistliche
Reglement bestättiget. Sie zielten meist dahin
ab, die Klerisei durch bessere Erziehung der Jugend und durch einen neuen Anwuchs in bessern
Stand zu setzen. Allein damit auch die schon in
Bedienung stehende Geistliche nicht gänzlich in ihrer
Unwissenheit blieben, sondern zu ihrem Amte geschickter würden, ließ er in dem Supplement zum
geistl. Reglem. so wohl für die Alten als die Jugend folgende besondre Ukasen bekannt machen:

§. 56.

I. Man soll keine Leute zu Priestern und Diakonen weihen, die Ignoranten sind, und geistliche
Stellen bloß um ihrer mereren Bequemlichkeit und
Freiheit willen suchen: vielmer sollen alle geistliche
Aemter mit Leuten besetzt werden, die in den bischöflichen Schulen studieret haben. Aber weil dieses
noch Zeit braucht; so sollen indessen die Akoluthen
gezwungen werden, die Bücher, die die Grundsätze
der christlichen Religion und die Pflichten aller
Stände enthalten, auswendig zu lernen. Auch

sollen

sollen ihnen die Stellen, die sie suchen, nicht eher erteilt werden, als bis sie dem Bischof ein Zeugniß der Gemeine über ihre gute Aufführung vorgezeigt haben. Die Gemeine soll auch dem Bischoff das Gehalt oder die Ländereien anzeigen, die sie für ihren Priester zum Unterhalte ausgesetzt hat; und der Priester soll sich zu gleicher Zeit schriftlich reversiren, daß er damit zufrieden seyn wolle.

II. Die Akoluthen sollen examiniret werden, ob sie sich keiner Heuchelei durch verstellte Demuth verdächtig gemacht, oder Träume und Gesichter vorgegeben haben. Können sie solcher Dinge überfüret werden: so sollen sie, als Leute, die nicht fähig sind, ihren Schafen gesunde Lere einzuflößen, zu keinem geistlichen Amte zugelassen werden.

III. Die Akoluthen müssen vor ihrer Ordination öffentlich in der Kirche die Irtümer der Roskolsczifen abschwören, und eidlich angeloben, sie nicht zu verschweigen, sondern dem Bischoffe zu melden. Zu gleicher Zeit sollen sie dem Monarchen den Eid der Treue leisten.

§. 57.

IV. Ein Priester muß für seine wesentlichste Pflicht halten, wie er den Bußfertigen die Beichte abhöre, und die so nicht Glauben und Zerknirschung genug bezeugen, die in Zweifel und Verzweiflung gefallen sind, Kranke die in letzten Zügen liegen, Missetäter die zum Tode verurteilt sind, und dergl.

christ-

christlich zubereite: denn diese Gabe hat nicht jeder. Zum Behuf der unwissenden Priester sollen die hiezu nötige Anweisungen schriftlich verfaßt, und die Priester angehalten werden, Gebrauch davon zu machen. Diß geschahe auch wirklich durch ein Buch, das die ganze Synode verfertigen, und A. 1724 durchs ganze Reich verteilen ließ: es waren noch einige besondre Anweisungen dabei, die unten vorkommen sollen.

V. Die Priester sollen die Bußfertigen mit aller möglichen Sanftmuth trösten, sie ja nicht mit Stolz und Härte tractiren, auch nicht das geringste von ihnen verlangen: bei Strafe der Absetzung.

VI. Sie sollen die Sünden der Beichtenden nicht offenbaren, sie ihnen auch nicht, weder wenn sie sich mit ihnen zanken, noch bei irgend einer andern Gelegenheit vorwerfen. Thun sie dieses; so sollen sie nicht nur degradirt, sondern noch überdiß zu einer schweren Leibesstrafe verdammt werden. Ausgenommen, wenn ihnen Verrätereien und Empörungen gegen den Monarchen und den Stat, oder andre Verbrechen der beleidigten Majestät, gebeichtet werden, und die Schuldigen darauf beharren, und keine Reue bezeugen: denn alsdann sind sie verpflichtet, solche anzugeben, nach der Ukase vom 28 April 1722, und nach der Erklärung der Synode vom 17 May 1722.

VII.

VII. Gleichermaßen sollen die Priester alle solche Fälle angeben, die ein allgemeines Aergerniß verursachen können; z. Ex. falsche Wunderwerke, und dergleichen: um zu verhüten, daß das Volk nicht durch Lügen verführet werde, und aus Unwissenheit sündige.

VIII. Kömmt dem Priester bei der Beichte ein Fall vor, den er sich selbst nicht zu entscheiden getrauet: so soll er solchen, doch ohne den Beichtenden zu nennen, dem Bischoffe melden, und von diesem die Entscheidung erwarten.

IX. Bei Auferlegung der Bußen dürfen sich die Priester nicht an die hierüber vorgeschriebene Regeln binden, sondern können ihre Dauer verkürzen, ja solche nach eigner Ueberlegung, und nach Masgabe der Umstände der Zeit, der Person, und des Orts, gänzlich verändern. Besonders sollen sie sich hüten, die Sacramente zu verweigern, als woraus sich viele nicht nur nichts machen, sondern es auch so gar suchen: so wie die heimlichen Roskolniken, die deßwegen ausdrücklich ersonnene Sünden beichten.

X. Die Priester sollen den Kranken die Beichte unter vier Augen abhören, ihnen aber nicht anders, als in Beiseyn andrer und zwar Kirchenbedienter, das Abendmal reichen, damit sich die heimlichen Roskolniken nicht mehr, wie bisher geschehen, verbergen können. Im widrigen Falle werden sie

der

des Roskolniken für die Krone confiscirt: die Helfte oder ein Drittel fällt dem Angeber anheim.

XI. Gleiche Strafe haben die Priester zu erwarten, die die Kinder der Roskolniken unter dem Scheine, als wenn sie sie taufen wollten, zu sich bringen lassen, sie aber ohne Taufe ihren Eltern zurücke schicken.

§. 58.

XII. Die Priester sollen nicht in die Häuser der Weltlichen gehen, um den Gottesdienst darinnen zu halten: denn diß geschieht entweder aus Aberglauben, oder aus Stolz, daß diese Leute nicht in Gesellschaft mit den Armen beten wollen. Unter dem Schein dieser frommen Handlungen laufen die Priester nur herum, verderben sich, und geben sich Titel, die sie sich nicht rechtmäßig erworben haben. Oder wenn sie degradirt worden sind, finden sie hiedurch Mittel, sich bei Wittwen einzuquartiren, und mit ihnen einen verdächtigen Umgang zu pflegen.

XIII. Sie sollen nicht nur selbst an keine Orte gehen, wo Wunderwerke geschehen sollen, wenn sie nicht die Synode dafür erkannt hat: sondern sie sollen es auch dem Volke verbieten, und an den Bischoff einberichten: Sie sollen sich von keinen Priestern, Mönchen und Diakonen, die nicht von ihren Bischöffen Zeugnisse haben, in ihren Kirchen

chen assistiren lassen. Allen, ohne Unterscheid des Standes, sollen sie unter dem Singen in der Kirche das Plaudern verbieten.

XIV. Sie sollen fleißig aufmerken, ob sich keine Priester, Mönche oder andre von der Secte der Raskolniken bei ihrer Gemeine einschleichen; und falls sie einen ertappen, solchen dem Bischofe ausliefern: unter Anbrohung der Degradation und Bestrafung durch die weltliche Justiz.

XV. Sie sollen mit Dingen, die zum Gottesdienste gehören, besonders mit Taufen, Copuliren, Begraben und 40tägigen Gebeten, keinen Handel treiben, noch zu viel dafür fordern, sondern sich mit dem begnügen, was man ihnen freiwillig giebt. Die Bischöffe sollen ein gleiches thun, und alles mögliche anwenden, um dieses Laster auszurotten: sonst sollen sie vor der Synode gerichtet werden.

XVI. So bald die Kirchen, dem Willen Sr. Maj. gemäß, auf den Fuß gesetzt seyn werden, daß die Priester und andre Kirchenbediente ein auf die Gemeine verteiltes beständiges und zu ihrem Unterhalte hinlängliches Auskommen haben: so dürfen sie für ihre Bemühung gar nichts fodern, wenn man ihnen nicht freiwillig ein Geschenk macht.

XVII. Die böse Gewonheit, an Eine Kirche merere Pfarrer und Diakone zu setzen, als nötig ist, soll gänzlich abgeschafft werden: denn diese Geistliche haben alsdenn ihr nötiges Auskommen

Beyl. I.   E   nicht,

nicht, und müssen daher zu schlechten Mitteln greifen. Besonders wird dieses den Weltlichen untersagt. Entdeckt man einen solchen Priester: so soll er in Verhaft genommen, und dem Bischoffe ausgeliefert werden, der ihn ausschelten, und unter guter Versicherung an die Kirche zurück schicken soll, zu der er gehört, damit er da Zeitlebens bleibe. Will er dieses nicht versprechen: so soll er entweihet werden.

§. 59.

XVIII. Diese Gewohnheit war bloß daher gekommen, weil viele Geistliche dadurch ein Mittel gefunden, sich dem Dienst der Krone zu entziehen. Peter befal daher, die Anzal der Priester feste zu setzen, wie viel bei jeder Kirche nötig wären. Diesen Ukasen vom J. 1722 und 1723 [34] zu Folge hat die Synode in Gemeinschaft mit dem Senate, und mit Approbation des Monarchen, folgendes verordnet:

1. Bey einer Bischöflichen Kirche soll nur 1 Protopop, 2 Schatzmeister, 5 Popen, 1 Archidiakonus, 4 Diakone, 2 Leser und 2 Küster seyn: außerdem aber noch 33 Kirchenbediente zum Singen und zu andern Verrichtungen beim Bischoffe, so wol in der Kirche als zu Haus.

2. Bei

---

34. Siehe die Ukasen-Sammlung vom J. 1721: pag. 142, 202, seqq.

I. Rußische Kirchengeschichte. §. 60.

2. Bei andern Hauptkirchen soll 1 Protopop, 2 Popen, 2 Diakonen, 2 Sänger und 2 Küster seyn.

3. Bei den Kirchen, die große Sprengel haben, 2 Priester, 2 Diakonen, 2 Sänger und 2 Küster. Auf Einen Popen werden 100 Häuser gerechnet: an Orten, wo der Sprengel aus 250 biß 300 Häusern besteht, können 3 Priester, 1 Diakonus und 1 Küster seyn. Sind jetzo merere Kirchendiener an einem Orte, als hier vorgeschrieben ist: so soll man sie anderswohin versetzen, wo zu wenige sind. Ehe sollen daher die Bischöffe keine neue machen, biß diese Ueberzälige alle versorgt sind, die biß dahin bei ihren ersten Kirchen bleiben. Die Kinder und Verwandten dieser Pfarrer und Diakone, wie auch die andern überzäligen Kirchenbediente nebst ihren Kindern, werden unter diejenigen gesetzt, die Kopfsteuer bezalen.

4. An den Hauptkirchen zu Moskau bleiben alle Geistliche auf dem alten Fuß.

5. Außer der obenbestimmten Anzal von Kirchenbedienten werden noch für die Synode 44, und für die Bischöffe 33, erlaubt.

§. 60.

XIX. Kirchenbediente, die eines Verbrechens wegen ihre Stellen verloren, und herumlaufen, und andre Kirchen bedienen, sollen in Verhaft genommen, an die Synode geschickt, und durch diese der bürgerlichen Justiz ausgeliefert werden.

XX. Verarmet ein Kirchspiel: so soll der Bischoff den Geistlichen nicht erlauben, herum zu laufen, sondern sie bei andern Kirchen unterbringen.

XXI. Ohne Vorwissen des Bischoffs soll kein Priester zu den Regimentern oder sonst zu einem Kriegscommando weggenommen werden. Geschiehet es, so soll die Synode deßhalb beim Kriegs-Collegio klagen, und Reparation fodern.

XXII. Zu den Kirchenbedienungen sollen nicht die Kinder oder Verwandten des Pfarrers an dieser Kirche genommen werden: denn dieser findet dadurch nur Gelegenheit, in seinen Pflichten saumselig zu seyn, die Roskolniken zu hehlen, und andre Verbrechen zu begehen. Doch wenn die Gemeine selbst es verlangt, und der Bischoff ausdrücklich seine Einwilligung dazu giebt: so kan in diesem Falle ein Pfarrer Einen einzigen von seinen Söhnen zum Diakono oder Küster haben: die andern aber müssen bei andern Kirchen versorgt werden, oder eine andre ehrliche Handtierung ergreifen.

§. 61.

XXIII. Die Bischöffe sollen genau darauf sehen, daß die Pfarrer, Diakonen und andre Kirchen chenbediente, sowol beim Gottesdienst als außerdem, anständig gekleidet seien. Auch sollen sie besonders darob halten, daß sie nicht viel auf den Straßen erscheinen, in der Kirche nicht verschiedene Gebete zu gleicher Zeit verrichten, sich nicht über die Geschenke zanken, die man ihnen giebt, niemand zwingen, ihnen zu trinken zu geben, nicht groß damit thun, wie viel sie im Trinken vertragen können, nicht mit zerstreuten Haren gehen, sich nicht auf der Straße niederlegen, sich nicht in den Kabaken besaufen, ganz schwarz gehen und reinliche Kleider tragen, wenn auch gleich der Stoff nicht fein ist.

XXIV. Sie sollen über die Gebornen und Getauften, wie auch über die Getrauten und Verstorbenen genaue Register führen, und darinnen anmerken, ob die Person nach den Gebräuchen der Kirche getauft, gestorben und begraben sei; und falls es nicht geschehen, sollen sie die Ursachen beischreiben. Diese Bücher werden alle vier Monate an das Consistorium des Bischoffs eingeliefert, der davon der Synode raportiren soll.

XXV. Die Bischöffe sollen die Priester, benen ihre Weiber gestorben, nicht mehr, wie bißher geschehen, zum Klosterleben zwingen, biß sie solches selbst verlangen, und ihr Noviciat ausgestanden: alsbenn soll die Synode urteilen, was man mit ihnen

ihnen machen soll. Zu gleicher Zeit befal Peter durch die Ukase vom 20 Apr. 1724, dergleichen verwittwete Priester und Diakone, die studiert haben, zu versichern, daß, wenn sie sich mit Eifer aufs Predigen legen, und sich wieder verheiraten wollen, sie in den Seminarien als Rectores, oder bei den Bischöffen zur Expedition der Kirchensachen gebraucht werden sollen.

XXVI. Die Priester und Mönche sollen nicht ferner, wie sie bißher gethan, um Geld zu schneiden, Weihwasser [35] von Haus zu Haus tragen. Nur an Weihnachten soll ihnen solches noch erlaubt seyn.

35. Ukase vom 9 Aug. 1724.

II.

II.
Peters I.
Ukase vom 31 Jan. 1724 an die Synode,
die Reformation
der
Klöster
betreffend.

Peters I.
Ukase vom 31 Jan. 1724 an die Synode,
die Reformation
der
Klöster
betreffend.

Heiligste Synode!

Was Wir wegen der Klöster für eine Verfügung gemacht und was für Ursachen Uns dazu bewogen haben, erhellet aus folgender hiemit publicirten Erklärung.

§. 1.

Zuförderst ist zu wissen, wann und aus was Ursachen der Mönchsstand gestiftet worden, wie das Mönchsleben in alten Zeiten beschaffen gewesen, und wie die heutigen Mönche zu reformiren sind, um sie den alten wenigstens einigermaßen gleichförmig zu machen.

Es ist zwar schon in dem geistlichen Reglement von den Mönchen gehandelt, und wie solche zu unterhalten, vorgeschrieben worden: solches aber ist nur kurz geschehen, weil man damals auf die Verbesserung aller Dinge überhaupt sein Augenmerk zu richten hatte, und insbesondre der Punct, die oberste bischöfliche Gewalt betreffend, die einige, nach dem Beispiel des Römischen Papstes, dem göttlichen Befehl zu wider zu erweitern suchten, der wichtigste war: wobei die Freunde der Warheit große Schwierigkeiten fanden, welche Unordnung aber dennoch unter göttlichem Beistande glücklich gehoben, und die Gränzen der bischöflichen Gewalt genau bestimmet worden. Nun aber, da Wir gelegenere Zeit haben, alle Geschäffte des Reichs in die gehörige Ordnung zu bringen: so ist auch nötig, daß Wir Uns über den Mönchsstand weitläuftiger erklären, und zum ewigen und zeitlichen Heile Unsrer Untertanen, und zum Besten des gemeinen Wesens, wegen desselben gewisse Verfügungen treffen.

§. 2.

Zuförderst habt Ihr, Heiligste Synode! die falsche Ausdeutung der irrig auf den Mönchsstand gezogenen Worte Christi: wer seinen Vater oder Mutter verläßt ꝛc. eine Ausdeutung, die unser ganzes Volk angesteckt hat, durch gute und deutliche Gründe als einen Irtum, der zuerst durch Käßer aufgekommen, widerlegt, und den waren Verstand derselben gezeigt, wie aus dem Geistl. Re=
glement

glement mit mererm erhellet. Nun aber ehe Wir noch wegen der Einrichtung des Mönchsstandes Verordnungen machen, ist nötig, das Volk zu beleren, wann und von wem, auf was für Art, und aus was für Gründen, dieser Stand gestiftet worden, und das Mönchsleben angefangen habe, wie auch, bei was für Gelegenheit die Klöster ihren Anfang genommen.

Schon bei den Hebräern war ein Stand, der dem Mönchsstande einigermaßen gleich kam. Er hieß der Stand der Nazaräer, *Num*. VI. Allein ihr Gelübbe gieng nur auf eine gewisse Zeit, nicht auf immer: sie waren auch nicht eidlich dazu verpflichtet. Im Christentume haben gleichfalls sehr gute Gründe dem Mönchsstande seine Entstehung gegeben: was aber solcher nachher für Unheil in dem gemeinen Wesen angerichtet, und andern Religionsverwandten zum Aergerniß und zu Verunglimpfungen Anlaß gegeben, wissen Verständige zur Genüge; den übrigen aber soll es hier gemeldet werden.

§. 3.

Anfänglich ist zu wissen, was Mönch für ein Wort sei, wo man solches gebraucht habe, und ob das Mönchsleben überall möglich sei?

Das Wort Mönch ist griechisch, und bedeutet einen, der einzeln und für sich lebt, ohne mit andern Umgang und Verkehr zu haben. Es kann aber

aber auch das Mönchsleben eine Gesellschaft vieler
Brüder bedeuten, die von dem Umgange mit andern Menschen abgesondert sind.

§. 4.

Beim Anfange des Christentums entstand das
Mönchsleben aus zweien Ursachen.

Erstlich bei Leuten, die aus einem Gewissenstriebe die Einsamkeit suchten, ohne alle Leidenschaften, und ohne die Meinung dabey zu hegen, als ob
es nicht möglich sei, in dem Umgange der Welt
selig zu werden; (denn nach dieser Meinung würden nicht nur gute Regenten und andre weltliche
Bediente, die von Gott zu ihrem Amte berufen
sind, sondern auch die Kirchenlerer der drei ersten
Jarhunderte nach Christi Geburt, ja die Apostel
selbst, als die nicht im Mönchsstande gelebt haben,
vom Himmelreiche ausgeschlossen seyn, indem sich
zu der Apostel Zeiten nicht die geringste Spur vom
Mönchsleben findet, wie **Chrysostomus** *Homil.*
25 in Ep. ad *Ebr.* schreibt;) sondern welche bloß eine
ihnen angeborne Neigung zur Einsamkeit bestimmte, den Mönchsstand zu erwälen.

Andre aber, wie **Sozomenus** *Hist. Eccles.*
Lib. I. cap. 12 und **Nicephorus Kallistus** Lib.
VIII. cap. 39 schreiben, verbargen sich vor den damaligen Tyrannen und Verfolgern des christlichen
Glaubens, und suchten mit richtiger Auslegung
der Worte des Erlösers: **Wer alles um meinet**
wil-

II. Rußische Kirchengeschichte. §. 5.

willen verläßt ꝛc. bloß ihr Leben zu retten. In dieser Noth waren sie also wahre Mönche: denn sie verlangten nicht nur nichts von andern Menschen, sondern sie vermieden auch, daß andre nichts von ihnen hörten oder sähen, wie Sozomenus und andre bezeugen. Sie lebten in Palästina, Aegypten, Afrika, und andern sehr heissen Gegenden von Erdfrüchten, die ohne menschliche Arbeit von selbst wachsen, und ihnen zureichenden Unterhalt verschafften: sie hatten also weder Kleider noch Häuser noch sonst was nötig, nur Bücher ausgenommen. Doch arbeiteten sie auch mit ihren Händen, und ersetzten durch ihren Fleiß die Bedürfnisse, die ihnen das Erdreich nicht freiwillig darbot. Die alten Lebensbeschreibungen der Einsiedler, die uns Theodoret in seinem Buche *Philotheus* genannt, Johann Moschus, Palladius in seiner lausischen Geschichte, und andre aufgezeichnet haben, bestärken dieses zur Genüge. Klöster aber hatten sie nicht, sondern jeder lebte einzeln und für sich, wie oben gemeldet worden.

§. 5.

Die Klöster fiengen bei folgender Gelegenheit an. Als sich in der Kirche Kätzereien erhoben, wurden einige in Wüsteneien entwichene Mönche aus Unwissenheit auch von diesen Kätzereien angesteckt. Obbemeldte Mönche lebten nun zwar ganz einsam: bißweilen aber sahen sie sich einander von ungefehr, und hielten zu ihrer Erbauung freundschaftliche Unterredungen zusammen. Wie sie nun die Neuerungen in der Kirche sahen, fiengen sie an, traurig darüber zu werden, daß sich ein solches Uebel in der Welt hervorthäte: die Verständigsten unter ihnen aber dachten auf Mittel dem Uebel zu steuren, und fanden dieses fürs beste, daß sie nicht ganz einsam, sondern in Gesellschaft und unter gewissen Regeln lebten, damit die Käßereien und Zweifel der Brüder entschieden und gehoben werden könnten.

Solchergestalt war diß damals eine sehr gute Sache, welche unter andern insonderheit Basilius der Große, so wol wegen obbemeldter als verschiener andrer guten Gründe, beförderte, wie solches Sokrates Lib. IV. cap. 21. und der Kirchengeschichtschreiber Ruffinus Lib. II. cap. 9. von ihm bezeugen. Den wichtigsten aber unter allen Gründen entdeckt Basilius selbst in seinen Mönchsregeln, in der Antwort auf die 7te Frage, allwo er den Vorzug des gesellschaftlichen vor dem einsiedlerischen Leben mit vielen Gründen weitläuftig darthut, und zeigt, wie vielen Seelengefaren das einsame Leben ausgesetzt sei.

Die Klöster aber hatten die Mönche nirgends anders, als in eben diesen Wüsten; sie lebten auch nach eben den Regeln, wie die Einsiedler; sie verlangten nicht, von fremder Arbeit sich umsonst zu

nähren:

II. Rußische Kirchengeschichte. §. 6.

nähren: denn die Orte dieser Klöster waren von den Städten und andern weltlichen Wohnplätzen weit abgelegen. So lag das Kloster des heil. Basilius in einer Wüste der Landschaft Pontus. Und der heil. Chrysostomus nennt die Mönche jedesmal, so oft er von ihnen zu sprechen Gelegenheit hat, Berg=Einwoner: als in *Homil.* 43 in *Genes. Homil.* 73 in *Matth.* in seinen 3 Büchern gegen die, so den Mönchsstand lästern, und an andern Orten.

§. 6.

Daß aber die Mönche in diesen Klöstern nicht von fremder Arbeit zu leben verlangt, beweisen unzälige Zeugnisse. Chrysostomus *Homil.* 73 in *Matth.* schreibt, die Mönche hätten sich nicht nur selbst von ihrer eignen Arbeit ernährt, sondern auch viele Fremde bewirtet, und sich der Kranken angenommen, sie erquicket, ihnen Unterhalt geschafft, und ihnen aufgewartet. Basilius der Große schärfet in seinen Mönchsregeln, in der Antwort auf die 37ste Frage, den Mönchen die Pflicht zu arbeiten sehr ein, und zernichtet und bestrafet die Ausflucht derer, die nichts als Psalmen singen wollen: in der Antwort auf die 38ste Frage handelt er von denen den Mönchen anständigen Handarbeiten; und in der Antwort auf die 42ste Frage sagt er, die Mönche müßten die Armen von ihrer Arbeit versorgen, und nicht so wol für sich als für die Notleidenden arbeiten. Der heil. Isidor von Pelusium, in seinem 49sten Briefe an den Klostervorsteher Paulus, der viele Brüder unter seiner Aufsicht hatte, die aber Faullenzer waren, giebt demselben darüber einen scharfen Verweiß, und bestraft solches als eine ganz ungewönliche und ihrem Berufe zuwider laufende Aufführung. Wir lesen auch bei dem Kirchengeschichtschreiber Sokrates Lib. IV. cap. 18. daß einer von den alten frommen Mönchen im Sprichworte zu sagen pflegte: ein müßiger Mönch sei ein listiger Dieb.

§. 7.

Wir wissen auch, daß hundert Jare nachher, als der Mönchsstand seinen Anfang genommen, sich faule Mönche gefunden, die gerne müßig seyn, und von fremder Arbeit leben, und diesen ihren Müßiggang durch eine verkehrte Ausdeutung der Worte Christi Matth. VI. Sehet die Vögel unter dem Himmel an, sie säen nicht, sie erndten nicht, sie sammlen nicht in die Scheunen, und euer himmlischer Vater ernäret sie doch. Seid ihr nicht viel mer, denn sie, o ihr Kleingläubige! rechtfertigen wollten; allein diese ihre irrige Meinung ward von den waren Mönchen bald widerlegt, wie aus den Lebensbeschreibungen der alten Väter erhellet. In Afrika schrieb der berühmte Kirchenlerer Augustinus ein eignes Buch wider diese Müßigänger, und eiferte darinn sehr

wider

wider ihre falsche Lere, die eine so unerträgliche Käzerei in die Kirche brachte. Denn obbemeldte Worte unsers Heilands weisen uns nur dazu an, daß wir uns auf unsre Arbeit und Unternemungen nicht allzu sehr verlassen, sondern bei allem unsern Fleiße unsre Hoffnung auf die väterliche Vorsorge Gottes für uns sezen sollen. Das Arbeiten selbst aber verbietet Christus in diesen Worten keineswegs: denn an vielen Orten preiset uns die heil. Schrift solches nicht nur an, sondern sie besielt es auch. Besonders thut dieses der Erlöser Christus selbst an vielen Orten, und drohet benen, die den Armen nicht beigestanden, auf den Tag des Gerichts ewige Pein; und wie er selbst zum Tode gieng, erwies er seinen Jüngern den lezten Dienst, indem er ihnen die Füße wusch, und solches auch andern zu thun befahl. Dieser Dienst war sehr niedrig; allein er übertrifft nicht nur den heutigen, sondern auch den alten vollkommnen Mönchsstand: denn wenn die Alten gleich eine gute Absicht dabei gehabt, so war er doch nur von Menschen eingesezt, dahingegen jene Arbeit von Gott selbst befolen ist.

Hätten die Christen diesen Predigern der Faulheit Gehör gegeben, so hätten sie die heil. Schrift umgestoßen, die allen Menschen nach ihrem Berufe zu arbeiten besielt. Und da dieses Wort des Herrn: Sehet die Vögel unter dem Himmel, nicht bloß zu den Mönchen, sondern zu allen Menschen

ser wahnsinnigen Leute annehmen wollte, niemand arbeiten dürfen, sondern alle Menschen müßten solchergestalt freiwillig Hungers sterben. Man könnte hiervon so wol aus der heil. Schrift, als aus den Büchern der heil. Kirchenväter, eine Menge Beweise anführen: diese aber mögen uns schon genug seyn.

§. 8.

Nach der Zeit, als sich einige Landstreicher bei den griechischen Kaisern, und sonderlich bei ihren Gemalinnen, eingeschlichen hatten, fiengen sie an, nicht mehr in Wüsteneien, sondern in den Städten selbst, oder in den ihnen nächstgelegenen Gegenden, Klöster zu bauen, und foderten zu diesem eingebildeten gutem Werke eine Geldbeisteuer. Ja was noch schlimmer ist, sie wollten nicht mehr arbeiten, sondern sich von andrer Arbeit umsonst nähren. Wozu die Kaiser, ihrer Pflicht zuwider, auf deren Erfüllung sie am meisten hätten denken sollen, entweder von dem Scheine dieser eingebildeten Heiligkeit verblendet, oder durch andre Leidenschaften hingerissen, eine große Neigung blicken ließen, aber hiedurch größtenteils sich selbst den Untergang, und ihrem Volke viele Beschwerde zuzogen. Wie denn die Byzantische Geschichte bezeuget, daß an dem einzigen Kanale aus dem schwarzen Meere bis nach Constantinopel, der doch

nur

nur 30 Werſte lang war, 300 Klöſter, und an andern Orten gleichfalls, alle mit großen Einkünften geweſen ſind. Solchergeſtalt aber kamen ſie, ſo wol wegen ihrer übrigen Nachläßigkeit, als auch beſonders hiedurch, in ſolchen Verfall, daß ſie, als die Türken Conſtantinopel belagerten, nicht einmal 6000 Mann Soldaten aufbringen konnten.

§. 9.

Dieſes Uebel fieng auch, wie oben gemeldet worden, unter dem Schutze der Patriarchen bei uns, ſo wie zu Rom, an, ſich ſehr auszubreiten. Allein Gott entzog den vorigen Beherrſchern Unſers Reichs ſeine Gnade nicht ſo, wie den Griechiſchen: ſie waren nicht nachläßig, als ſie dieſen Ueberfluß der Geiſtlichen ſahen, ſondern erhielten ſie bei der Mäſſigkeit. Denn als man anfieng, unter verſchiedenen Namen Güter an die Klöſter zu verkaufen und zu verſchenken: ſo kam man ſolchem aus obbemeldten Urſachen vor. Und als im J. 1649 das Geſetzbuch gemacht wurde: ſo ward verboten, wie aus dem 17ten Kap. und beſonders aus dem 42ſten §. erhellet, daß niemand ſeine Güter unter keinerlei Vorwand an die Klöſter oder Geiſtlichen ſchenken oder verkaufen, die Geiſtlichen auch keine Güter käuflich oder auf irgend eine andre Art an ſich bringen ſollten, bei Strafe, daß ihnen ſonſt ſolche ohne Entgeld genommen werden ſollten. Im 43ſten §. wird denen, die ins Kloſter gehen, ſo wol männ-

lichen

männlichen als weiblichen Geschlechts, verboten, ihre Güter an das Kloster zu schenken, noch solche selbst weiter zu verwalten: denjenigen aber männlichen und weiblichen Geschlechts, die damals schon im Kloster waren, und eigne Güter hatten, die sie selbst verwalteten, wird nach dem 44sten §. untersagt, solche ihre Güter weiter zu verwalten und zu besitzen.

§. 10.

Nach dieser vorläufigen Erläuterung ist nun nötig, zu untersuchen, was für Masregeln hiebei zu nemen sind.

Anfangs entstehet die Frage: ob die Mönche bei uns ihrem Namen und Stande ein Genüge thun können? Nun lässet das Klima unsrer nördlichen Gegenden schlechterdings nicht zu, daß sie ohne eigne oder fremde Arbeit leben können, wie denn solches einem jeden in die Augen fällt. Es ist daher zu erwegen, wenn es doch nicht möglich ist, daß sie wahre Mönche seien, wie man sie, der Strenge unsers Himmelsstrichs ungeachtet, den waren Mönchen einigermaßen ähnlich machen könne.

Es gründet sich aber die Notwendigkeit der Klöster auf zwei Ursachen: I. das Gewissen derer, die zu dem Mönchsleben Neigung haben, zu befriedigen; II. wegen der Bischofswürde, weil es eine alte Gewonheit bei uns ist, solche keinen andern

dern als denen vom Mönchsstande zu erteilen, obgleich ehedem in den drei ersten Jarhunderten nach Christi Geburt keine Mönche gewesen sind.

§. II.

Da aber die Mönche, wie oben gesagt worden, in unsern Gegenden, der Kälte wegen, auf die Art wie die alten Mönche, schlechterdings nicht unterhalten werden können: so ist nötig, auf Mittel und Wege zu denken, wie sie auf eine andre Gott wohlgefällige und vor den Menschen unsträfliche und nicht ärgerliche Weise, zu unterhalten sind. Denn das heutige Leben der Mönche ist nur ein Schein, und ein Gegenstand der Lästerungen anderer Religionsverwandten, und wirket nicht wenig böses, weil der größte Teil derselben Faullenzer sind, der Müßiggang aber eine Wurzel alles Uebels ist, und jederman weiß, was für Aberglauben, Trennungen, ja auch Empörungen daher entstanden sind. Da auch bei uns die Mönche fast alle von gemeinem Stande sind: so ist klar, daß sie nichts zu verlassen haben, dem sie entsagen könnten, sondern sich vielmals ein gutes und bequemes Leben erwälen. Denn zu Hause sind sie auf eine dreifache Art zinsbar: sie müssen ihre Familie ernären, und auch der Krone sowol als ihren Erbherren gewisse Abgaben entrichten. Werden sie aber Mönche, so finden sie alles fertig: wenn sie auch noch selbst

ar-

arbeiten, so geschiehet doch solches freiwillig; und statt dreier Dienste, die sie vorher verrichtet haben, leisten sie jetzt nur einen einzigen. Geben sie sich Mühe, die heil. Schrift zu verstehen, oder andre zu unterweisen? Keineswegs. Sie beten aber, möchten einige sagen: allein das thun andre Leute auch. Der heil. Basilius hat diese Ausflucht schon widerlegt, wie oben gesagt worden.

§. 12.

Wem nutzen sie nun in dem gemeinen Wesen? In Warheit **weder Gott noch Menschen**, nach dem alten Sprichworte: denn die meisten laufen nur aus Faulheit, und um keine Steuern bezalen zu dürfen, ins Kloster, damit sie ihr Brod umsonst essen können. Es giebt aber für diese Müßiggänger eine andre geschäfftige, und dabei Gott wolgefällige, und nicht so verwerfliche Lebensart, die darinn besteht, daß sie den waren Armen, den unvermögenden Alten, und den Kindern dienen.

Deswegen befelen Wir der heiligsten Synode, sich nach folgender Vorschrift zu richten, und zwar in Absicht I. auf diejenigen, die aus Gewissenstriebe sich dem Klosterleben widmen; II. zum Besten der Kirche, damit man, nach alter Gewonheit, würdige Bischöffe aus dem Mönchsstande nemen könne.

§. 13.

§. 13.
Erſte Verordnung
für diejenigen, die bloß aus Gewiſſens=
triebe das Kloſterleben erwählen.

1. Die abgedankten Soldaten, die nicht mehr ar=
beiten können, und andre ware Arme, ſollen in
die Klöſter verteilt, die Anzal dieſer Armen nach
der Größe der Kloſtereinkünfte beſtimmt, und
nach dem Reglement für dieſelben Hoſpitäler er=
bauet werden.

2. Zur Bedienung derſelben ſollen Mönche beſtellt
werden; und zwar ſo, daß ein Drittel der
Mönche, je einer bei zween Abgedankten,
die beiden andern Drittel aber, je einer bei drei
oder vieren, oder noch beſſer, vom zweiten Drit=
tel, je einer bei dreien, und vom dritten Drittel
je einer bei vieren, die Aufwartung bekomme;
ſo daß diejenigen, die ſchwerer krank ſind, me=
rere, die aber weniger krank oder nur von Alter
ſchwach ſind, wenigere zur Bedienung haben:
oder wie man ſolches nach dem Reglement von
den Hoſpitälern zu beſtimmen für gut finden
wird. Die Mönche, die hiezu gebraucht wer=
den, ſollen nicht unter 30 Jahr alt ſeyn.

3. Denjenigen Mönchen, die von der zur Aufwar=
tung beſtellten Anzal übrig bleiben, ſollen die
Kloſterländereien zur Arbeit angewieſen werden,

damit sie sich ihr Brod selbst verdienen. Werden einige Aufwärter Stellen ledig, so sollen dieselbe mit solchen, die den Landbau abwarten, wieder besetzt werden: statt dieser aber, die das Land gebauet, sollen keine neue angenommen noch geweihet werden. Sind von diesen letztern gar keine mehr vorhanden, die zur Aufwartung an die Stelle der Abgegangnen kommen könnten: so sollen zur Aufwartung andre angenommen und geweihet werden. Eben so soll es auch mit den Nonnen gehalten werden, die keine Aufwartung haben: statt des Feldbaues sollen sie sich durch Handarbeiten ernähren, z. Ex. für die Manufacturen spinnen. Sie sollen in besondern Klöstern wonen, und aus solchen nie heraus gehen. Wärend des Gottesdienstes sollen sie in den Kirchen auf den Chören singen, wie schon von den Waisenklöstern gesagt worden, damit sie von denen, die in die Kirche kommen, nicht gesehen werden: und deßwegen soll man ganz enge Gitter vor den Chören machen.

4. Es sollen zwei Küchen seyn: eine für die Laien, und die andre für die Mönche.

5. Die zur Aufwartung bestellte Mönche sollen nicht besondre Zellen, sondern in den Krankenstuben selbst abgeteilte Zimmer haben.

6. Es

6. Es sollen keine besondere Sänger seyn, sondern die Priester und Diakone, die nicht die Kranken bedienen, sollen singen.

7. Die Priester und Diakone sollen die Armen so verteilen, daß immer zwei Mönche die Aufsicht über eine gewisse Anzal derselben haben, damit wenn den einen die Reihe trifft, den Gottesdienst zu verrichten, oder er krank wird, der andre indessen die Aufsicht führen, und dem Vorsteher des Klosters Bericht abstatten könne.

8. Der Vorsteher soll alle Tage zweimal unausbleiblich die Lazarete besichtigen: doch nicht immer zu einerlei Zeit, damit man nicht wisse, wenn solches geschehen werde.

9. Keiner soll für sich besondere Besoldung und Speise bekommen, sonder der Schatzmeister soll für alle überhaupt das Benötigte nach dem Reglement reichen.

10. Zu Schreibern und Verwaltern sollen Klosterbediente genommen werden, aber keine überflüßige.

11. Auf die Dörfer sollen keine Mönche hingesetzt, sondern die ältesten nur bisweilen zur Aufsicht über die Klosterbedienten hingeschickt werden.

12. Aus dem Kloster zu gehen, soll den Mönchen strenge verboten seyn: nur der Vorsteher, der Kellner, und der Schatzmeister, sollen die Freiheit dazu haben, wenn solches die Geschäffte des Klosters erfodern. Auf die Dörfer sollen alte Mönche, und zwar immer eben dieselben, zur Aufsicht über die Arbeiter hingeschickt werden, aus den großen Klöstern nicht über viere, und aus den kleinern nach Proportion. Den übrigen Mönchen aber soll das Ausgehen schlechterdings verboten seyn: denn da sie einmal die Welt verlaßen haben, so gebüret es ihnen nicht, wider dahin zurücke zu keren.

13. Die Nonnen sollen eben so wie die Mönche die Armen ihres Geschlechts bedienen. Gleichergestalt sollen etliche Klöster bestimmt werden, wo alle Waisen beiderlei Geschlechts ohne Unterscheid, sie mögen nun ihre Eltern verloren haben, oder unehlich seyn, oder dafür gehalten werden, angenommen werden sollen. Die Knaben sollen bis ins 7te Jahr unterhalten, und nachher in die errichteten Schulen geschickt werden: die Mädchen aber sollen lesen, und spinnen, nähen, und Spitzen knüppeln lernen, zu welchem Ende man aus Brabant einige Waisen, die diese Dinge in den Klöstern erlernt, verschreiben soll. In denjenigen Nonnenklöstern, wo

der=

dergleichen Waisen sind, soll man Gänge über die Straßen bis an die Kirchen, die über den großen Thorwegen zu seyn pflegen, machen, weil sie in diesen, und nicht in den Klosterkirchen, zum Gesange kommen sollen. Zum Singen sollen auch besondre Chöre gebauet werden. In den übrigen Nonnenklöstern aber ist es besser, daß die Priester und Diakone singen.

14. Wenn die Knaben ihr 7tes Jahr erreicht haben, sollen sie in besondre Häuser gethan werden; denn sie in den Klöstern zu lassen, ist nicht rathsam. Hierzu werden diejenigen Klöster nützlich gebraucht werden können, aus denen man die Mönche heraus gezogen. Für diese Waisen sollen auch Schulen errichtet werden, worinn sie in den Grundsätzen der Religion, und außerdem noch in der Rechenkunst und Geometrie, unterwiesen werden sollen.

§. 14.

Zweyte Verordnung

für die, so zum Besten der Kirche und in der Absicht, dereinst Bischöffe aus ihnen zu machen, unterhalten werden.

1. Es sollen an zweien Orten Seminaria errichtet, und dazu ein Haus hier und ein andres in Moskau

… erbauet, oder auch ein abgelegenes Kloster, aus dem man die Mönche herausgezogen, dazu genommen werden.

2. Die, so in diesen Seminarien biß in ihr 30stes Jahr Unterricht genossen, sollen in eben diesem Hause, wo sie erzogen worden, wieder Kinder unterrichten.

3. Nach dem 30sten Jahre sollen diejenigen, die sich dem Mönchsstande gewidmet, (denn die andern können weltliche Priester werden), in das Newski=Kloster genommen werden, und in demselben zur Probe ein dreijähriges Noviciat aushalten, das aber so eingerichtet werden muß, daß sie dadurch von dem Bücherlesen und andern gelerten Uebungen nicht zu weit entfernt werden. Denn diejenigen Mönche, die man als Lerer brauchen will, können nicht alle Mönchsregeln erfüllen. Ihre wesentliche Arbeit, sich selbst und dereinst andre zu unterrichten, kann sie schon genugsam beschäfftigen.

4. Diejenigen, die geweihet worden, sollen wechselsweise zehenmal hinter einander in dem Speisesaale predigen.

5. Nachher soll man die, so auf diese Art des Predigens gewohnt geworden, an den Sonn= und Fest=

Festtagen in der Kirche des Newski-Klosters, wie auch in der Kirche des St. Petersburgischen Seminarii, jeden nach der Reihe, predigen lassen.

6. Wenn sie zehenmal in diesen Kirchen geprediget haben, sollen sie gleichfalls wechselsweise in den St. Petersburgischen und Moskowischen Hauptkirchen, ein jeder da, wo er unterrichtet worden, predigen.

7. Weil aber das abwechselnde Predigen, besonders wenn der Prediger zehen oder noch merere sind, nicht oft an einen kömmt: so soll man ihnen noch überdem eigne Arbeiten auftragen; als Bücher übersetzen, und von nützlichen Materien Abhandlungen schreiben.

8. Außerdem sollen alle Tage Vor- und Nachmittags jedesmal zwei Stunden ausgesetzt werden, in denen sie in die gemeinschaftliche Klosterbibliothek gehen, die Leben der alten Kirchenlerer und dergleichen lesen, und was ihnen darinn merkwürdig scheinen wird, aufschreiben sollen.

9. Alle sollen angehalten werden, ihre eigne Pflichten, die Gesetze des Staats und die Regeln der alten Kirchenversammlungen, nach ihrer Kraft und nach ihrem Gebrauche kennen zu lernen.

10. Nächst

...ye einen geschickten Mann zum Aufseher und Director haben, der ihre Predigten, ehe sie gehalten werden, wie auch ihre Uebersetzungen und eigne Aufsätze durchsehe, verbessere, und seine Meinung davon gebe; der auch wisse, was sie in der Bibliothek lesen und aufschreiben, und über alles, was sie lesen, übersetzen und verfassen, ein Register führe.

11. Eben derselbe Director soll dem Archimandriten von allen unter seiner Aufsicht stehenden Mönchen Bericht abstatten, ob jeder fleißig sei oder nicht; wie weit einer gekommen sei, oder woran es ihm fele; wie seine Sitten und seine Lebensart beschaffen sei; was man von ihm für Hoffnung habe? und von ihren Bemühungen dem Archimandriten Verzeichnisse mitteilen.

12. Auf die Verbrechen der Untergebenen sollen nach Verschiedenheit derselben, je nachdem solche in Faulheit, Ungehorsam, Zänkereien, Trunkenheit und dergleichen bestehen, besondre Strafen und Erniedrigungen gesetzt, und solche von dem Archimandriten nach der Anklage des Directors bestimmt werden.

13. Es

13. Es soll zur allgemeinen Regel festgesetzt werden, daß wenn einer von denen zur gelerten Classe gehörigen Mönchen dergestalt in den Grund verdorben seyn sollte, daß er sich durch wiederholte Züchtigungen nicht beßere, und folglich des Priesteramtes gänzlich unwürdig zu seyn schiene, ein solcher auf immer in ein gemeines Kloster zur Bedienung der Kranken geschickt werden solle.

14. Diese Mönche sollen im Essen und Trinken, wie auch in der Kleidung, vor andern ungelerten Mönchen etwas zum voraus haben.

15. Diejenigen Mönche, welche sich nach dem Zeugnisse des Archimandriten und des Directors durch Fleiß, Geschicklichkeit und gute Sitten hervorthun, sollen zu Archimandriten bei ansehnlichen Klöstern, zu Directorn des Alexander-Newski-Klosters und der Seminarien in St. Petersburg und Moskau, ja selbst zu Bischöfen erwälet werden. Wie aber keiner zum Bischofe, Archimandriten oder Director erhoben werden kann, ohne daß solches an die Synode gelange: also soll auch die Synode gehalten seyn, darüber Unsre Genehmhaltung zu vernemen.

§. 16.

§. 16.

Was übrigens dieses betrifft, daß die Hospitäler gut unterhalten, die Waisen gehörig unterwiesen, keine überflüßige Mönche angenommen, und den Mönchen aus den Klöstern zu gehen, untersagt werde: so sollen die weltlichen Befelshaber in den Städten darauf sehen, daß Unsern obigen ersten Verordnungen in allem genau nachgelebt werde, und die Mönche nicht einander wechselsweise zum Nachteil derselben unterstützen.

Diese Ukase ist von dem Kaiser eigenhändig unterschrieben den 31 Jan. 1724.

III.

III.
RITVS
CIRCA
ELECTIONEM ET INAVGV-
RATIONEM EPISCOPORVM ET
ARCHIEPISCOPORVM IN RVSSIA
OBSERVARI SOLITI

SECVNDVM EXEMPLAR A. 1725
PETROPOLI TYPIS EXPRESSVM
LATINE CONVERTIT

CYRIACVS KONDRATOWICZ
ACADEM. SCIENT. INTERPRES.

RITVS
CIRCA
ELECTIONEM ET INAVGVRATIO-
NEM EPISCOPORVM ET ARCHIEPI-
SCOPORVM IN RVSSIA OBSER-
VARI SOLITI.

§. 1.

Cum neceſſitas poſtulaverit, eligere Epiſcopum aut Archiepiſcopum, alicui vacuæ ſedi epiſcopali præficiendum: primum quidem in Sancta Dirigente Synodo dijudicant per vota, & quilibet Synodalium Membrorum propria manu ſcribit in ſchedula, quem tali officio dignum judicaverit. Quo facto multis inſuper de hoc negotio habitis conſiliis, eligunt duos candidatos, & electos deferunt ad Sereniſſimam Imperatoriam Majeſtatem, ad decernendum, quemnam ex his duobus candidatis Epiſcopum aut Archiepiſcopum juſſerit conſtituendum. Poſtquam reſcivit Synodus Imperatoriæ Majeſtatis voluntatem: futuri Epiſcopi deſignatio fieri ſolet ſequenti modo.

§. 2.

§. 2.

Invitantur omnes Archiepiscopi & Episcopi, quotquot commorantur in urbe, sede imperii, ad Sanctam Dirigentem Synodum: quibus congregatis, primus Archiepiscoporum imponit cervici suo Epitrachilon & recitat orationem, quæ incipit: *Benedictus Deus noster.* Ceteri recitant: *Rex cœli* &c., *Trisagion, & Orationem dominicam.* Archiepiscoporum primus concludit: *Quoniam tuum est regnum* &c. Cæteri legunt TROPARION: *Benedictus es Christe, Deus noster, qui sapientes peccatores demonstrasti, & misisti illis Spiritum Sanctum, & per hos cepisti totum orbem: Amator hominum, gloria Tibi!* gloria & nunc &c. CONDACION: *cum de cœlo descenderit, linguas confudit, dividens gentes Altissimus; cum autem igneas linguas distribuerit, in unitatem omnes convocavit, ut concorditer celebremus Spiritum Sanctissimum.*

§. 3.

Deinde Archiepiscoporum primus legit sequentem ECTENIAN:

Miserere nostri, Deus, secundum magnam misericordiam Tuam. Oramus, Domine, exaudi, miserere!

Præterea oramus pro piissima Domina nostra Imperatrice &c.

Præterea oramus pro Sancta Dirigente Synodo.

III. Rußische Kirchengesch. §. 4.

Præterea oramus pro Summe reverendo Archimandrita aut Hieromonacho N. N., *nuper electo in Episcopum civitatum* N. N., *quas Deus conseruet.*

Præterea oramus pro omnibus fratribus & pro cunctis christianis. Exclamatio: *Quoniam misericors & hominum amator Deus et, sapientia honoratior Cherubim: Gloria & nunc* &c. *Domine miserere!* quæ ultima verba ter repetuntur. *Domine benedic!*

Deinde remissionis oratio sequens: *Qui sub specie ignearum linguarum de cœlo misit Sanctissimum Spiritum sanctis suis discipulis & apostolis, Christus verus Deus noster, propter preces gloriosissimæ suæ matris & divi gloriosique prophetæ præcursoris & baptistæ Johannis, & Sancti* (cujus nomen eo die in calendario scriptum reperitur), *& omnium Sanctorum, ut misereatur nostrum, & saluet nos, uti bonus est & amator hominum.*

§. 4.

Postea fit electo declaratio per primarium, qui est a secretis hoc modo:

Reuerende Pater Archimandrita aut Hieromonache N. N.!

Serenissima & Potentissima Magna Domina Imperatrix CATHARINA ALEXE-

JEWNA, *Ruſſiæ omnis Autocrator, ſingulari & proprio Suo Edicto juſſit, & Sancta Ruſſiæ omnis Dirigens Synodus benedictionem impertit, ut Tu, vir sancte, ſis Epiſcopus civitatum N. N., quas conſervet Deus.*

Electus ad hæc reſpondet:

Quandoquidem Sereniſſima & Potentiſſima Magna Domina CATHARINA ALEXEJEWNA, *Ruſſiæ omnis , juſſit, & Sancta Ruſſiæ omnis Dirigens Synodus me dignum judicavit, ut hanc provinciam ſuſciperem: gratias ago, & ſuſcipio, nec quicquam contradico.*

§. 5.

His peractis Archiepiſcopi & Epiſcopi occupant ſedes in circulum diſpoſitas, & in medio ſui collocant electum; cantores autem cantant: *Vivat multos annos piiſſima Imperatoria Majeſtas, Sancta Dirigens Synodus, & Electus.* Poſt hæc aſſurgens Epiſcoporum primus, benedictionem impertit Electo ſimulacro crucis, quod in manu gerit, & aſpergit eum conſecrata aqua: denique omnes diſcedunt domum.

Et hæc quidem deſignatio fit horis matutinis ante celebrationem Liturgiæ.

§. 6.

Veſpera ante diem, quo inauguratio peragenda eſt, pulſantur ſecundum ſtatuta eccleſiaſtica

ſtica campanæ, & congregantur fideles ad preces vigiliarum: dum conitur oda nona, ſonus majoris campanæ editur. Ad inaugurationem autem peragendam dimidia prima diei hora fit ſonitus omnium campanarum.

Sub veſperam diei ad inaugurationem peragendam deſtinati, res ſequentem in modum præparantur. Ex adverſo ambonis ſine ſuggeſtus eo loco, quo in templum ingreſſus patet, exſtruitur theatrum ad hanc rem præparatum, & tegitur pannis, & ſtatuuntur in eo cathedræ præſentium in urbe Epiſcoporum. In medio autem templi juxta ambonem pavimento imponitur ſignum aquilæ unicipitis, habentis alas expanſas, pedibus recte inſiſtentis. Sub pedibus aquilæ poſita eſt civitas propugnaculis & columnis, ita ut aquila iſtis columnis infcendiſſe videatur. Cavetur autem ſedulo, ne quis aquilam pedibus conculcet.

Sciendum præterea de locis inaugurationis Epiſcopalis, quot gradibus conſtans cuique Epiſcoporum theatrum exſtrui debeat. Metropolitis 8 gradus aſſignati ſunt, Archiepiſcopis 6, Epiſcopis 4.

§. 7.

Conveniunt Epiſcopi & cæteri omnes in templum cathedrale, & juxta ordinem ſacris veſtibus induti aſcendunt in theatrum, aſſiſtentibus Archichimandritis, Abbatibus, Protopopis & omnibus Clericis.

Deinde Episcopi jubent, ut unus Protopopa & unus Protodiaconus adducant sacris initiandum. Hi capite honorem exhibentes & osculantes manus Episcoporum, accipiunt ex altari sacris initiandum omnibus sacris vestimentis indutum, & adducant eum, ad caudam aquilæ. Hic ter inclinato capite honorem Episcopis exhibet initiandus. Protodiaconus primum accessum electo pandens, dicit sequentia clara voce:

Adducitur Deo dilectus Electus & Confirmatus Archimandrita aut Hieromonachus N. N., *Sacris initiandus Episcopus* aut Archiepiscopus aut Metropolita *civitatum* N. N., *quas Deus conseruet.*

§. 8.

Electo autem tenente suis manibus sacra scripta orthodoxæ fidei, dicit primus Archiepiscopus:
Cur huc venisti? quid a nostra tenuitate postulas?
Respondet Electus, dicens:
Manuum impositionem Episcopalem gratiæ Sanctissimæ.
Interrogat iterum primus Archiepiscopus, dicens:
Quomodo credis?
Electus recitat clara voce Symbolum sanctæ fidei:
Credo in unum Deum &c.

Hoc

Hoc finito Archiepiscopus benedicens illi manibus transversis, dicit:

Gratia Dei Patris & Domini nostri Jesu Christi & Spiritus Sancti sit tecum.

§. 9.

Postmodum adducitur Electus ad medium aquilæ, Protodiacono prædicante accessum ejus, ut ante, his verbis: *Adducitur Deo dilectus* &c. Stantem Electum in medio aquilæ alloquitur Archiepiscopus, dicens:

Demonstra nobis copiosius, quomodo confiteris, & quid credis de incarnatione Filii & Verbi Dei, quæ est in una hypostasi?

Electus clara & alta voce omnibus audientibus ex tabulis scriptis, quas in manibus tenet, recitat sequentia:

Credo in unum Deum patrem, omnipotentem creatorem cœli & terræ, visibilium omnium & invisibilium, carentem principio, & non genitum, & non a causa progressum, sed causam Filii & Spiritus. Credo & in unigenitum ejus Filium, non effluxive & ante temporum initia ex illo genitum, consubstantialem Patri, & per quem omnia facta sunt. Credo & in Spiritum Sanctum, ab eodem Patre procedentem, & una eademque gloria fulgentem, consubstantialem ipsi & dignitate æqualem, æque gloriosum creaturæ creatorem. Credo quoque

tradi-

traditionibus de Deo & rebus divinis, quæ extant in sola catholica & apostolica ecclesia. Confiteor unum baptismum in remissionem peccatorum; expecto resurrectionem mortuorum, & vitam futuri Sæculi. Amen. Aliter autem de his argutantes tanquam falso sapientes diris devoveo: Arium & asseclas fatuæ hæreseos ipsius; Macedonium etiam & illos, qui cum eo recte vocati sunt Pneumatomachi; Nestorium quoque & cæteros hæreticorum principes, & cum illis sentientes reprobo, & diris devoveo, & clare prædico alta voce: omnibus hæreticis anathema! ubicunque locorum hæreticis anathema! *Dominam autem nostram Deiparam Mariam proprie ac vere talem profiteor, quæ genuit carnaliter unum ex Trinitate, Christum Deum nostrum, quæ mihi ut sit adiutrix, protectrix & conservatrix omnibus diebus vitæ meæ oro. Amen.*

Illico Archiepiscopus Initiando transversis manibus benedicens loquitur:

Gratia Spiritus Sancti sit tecum, illuminans & confirmans, & intelligentiam præstans tibi omnibus diebus vitæ tuæ.

§. 10.

Dein adducitur Electus ad caput aquilæ, præconium exhibente Protodiacono tertii accessus: *Adducitur Deo dilectissimus Electus* &c. Electo autem stanti super caput aquilæ, dicit primus Archiepiscopus:

De-

Demonstra quoque nobis, quomodo teneas canones Sanctorum Apostolorum & sanctorum Patrum.

Electus respondet.

Præter sanctæ fidei confessionem meam promitto, me præstiturum esse Canones sanctorum Apostolorum, & septem œcumenicorum atque piorum provincialium Conciliorum, quæ ad conservationem rectarum traditionum instituta fuerunt. Et quotquot diversis temporibus & annis ab iis, qui sanctam orientalem orthodoxam Ecclesiam vere defenderunt, Canones & sancta decreta constituta sunt, hæc omnia firmiter ac constanter ad extremum vitæ meæ halitum usque me observaturum esse, hac mea promissione testor: & quidquid illi receperint, id ego quoque recipio; quidquid autem illi rejecerint, ego quoque rejicio.

Præterea quoque concordiam ecclesiasticam promitto me conservaturum & firmiter retenturum, commissum meæ curæ populum fideliter instituturum, nullo pacto quidquam sensurum, quod orthodoxæ orientali Christianæ religioni contrarietur, omnibus diebus vitæ meæ obediendo morem gesturum, semper Sanctæ dirigenti totius Russiæ Synodo, uti legitimæ potestati, a pie defuncto & aeterna memoria digno Imperatore PETRO M. *constitutæ, & a feliciter imperante Imperatoria Majestate cum bono jussu confirmatæ; illustrissimis Metropolitis, Archiepiscopis & Episcopis fratribus meis*

in

in omnibus rebus adstipulaturum, simulque ordinem tuiturum secundum leges diuinas aeque ac canones sanctorum Apostolorum & sanctorum Patrum, & amorem spiritualem ex animo erga illos habiturum, & uti fratres honoraturum esse. Promitto etiam in timore Dei & sincero corde creditum mihi gregem fideliter me administraturum, & ab omni mala suspicione, & a Latinismo, & ab aliis omnibus haeresibus servaturum. & instituturum esse cum omni cura & diligentia.

Insuper hoc meo scripto testor, me non propter promissum neque datum aurum & argentum hanc provinciam suscepisse, quippe qui neque dedi quidquam cuipiam propter assequendam hanc dignitatem, nec etiam cuilibet aliquid promisi; sed gratis accepi benevolentia Serenissimae & Potentissimae Dominae nostrae Imperatricis CATHARINAE ALEXEJEWNAE, Autocratoris omnis Russiae, & electione Sanctae Dirigendis Synodi. Facultatibus vero suis hanc dignitatem assequentes exauctoratione dignos esse judico, sicut Simonem Magum, possessionibus corporalibus gratiam hanc assequi praesumentem.

Praeterea quoque fidem do, me nihil facturum contra divinos & sacros Canones, quod fieri a me non debet, etiamsi viri magna auctoritate praediti, aut multitudo populi me ad id adigant, etiamsi mihi mortem minitentur & praecipiant, ut tale aliquid facerem. Neque *in aliena Diœcesi alicujus Metropolitæ, Archiepiscopi, aut Episcopi Liturgiam peracturum, siue alia Sacra perfecturum, absque permissione Præsulis istius Diœceseos, præter concreditam mihi Diœcesin a Sancta dirigente omnis Russiæ Synodo.* Cumque qualicunque modo alicubi mihi *esse contigerit, neque Presbyterum neque Diaconum aliumue aliquem Clericum alienæ Diœceseos me sacris initiaturum, neque initiatos suscepturum in meam Diœcesin, absque litteris permissionis ab eorum Episcopis dari solitis.*

Etiam obstringo me, cum Sancta dirigens omnis Russiæ Synodus me ad aliquod concilium una cum fratribus meis aliisque Præsulibus vocaverit, me absque ulla excusatione & tergiversatione hinc Concilio interfuturum. Et quamuis viri magna auctoritate præditi vel multitudo populi me ab hoc proposito detinere vellent: me tamen non facturum esse irritam jussionem Sanctæ dirigentis omnis Russiæ Synodi.

Etiam promitto, me non suscepturum esse peregrinos mores in traditionibus ecclesiasticis cærimoniisque solitis, præsertim ubi Latini aliquid de novo instituerunt; sed conservaturum traditiones & cærimonias præscriptas omnes immutabiliter cum orientali ecclesia orthodoxa, & concorditer & unanimiter cum Sanctissima dirigente omnis Russiæ Synodo, & cum Sanctissimis quatuor Patriarchis, orientalis religionis conservatoribus & administratoribus. Me etiam sacris non initiaturum in una Liturgia presbyteros

Cum adversariis Sanctae Ecclesiae sapienter, regulariter, & mansuete me processurum & me gesturum, secundum dictum Pauli: *non oportet servum Dei rixis involui, sed mansuetum esse omnibus, didacticum, innocentem, cum mansuetudine admonentem contrarios, numquid dederit illis Deus resipiscentiam ad intelligendum veritatem.*

Monachos secundum praescriptas illis leges & canones in officio me retenturum esse, neque permissurum, illos vagari ex uno monasterio in aliud, aut intrare laicas domos, absque mea notitia & data scripta permissione: nisi aliquis casus inciderit exeundi propter urgentem necessitatem aut petitiones, vel propter commodum aliis inde futurum.

Templa superflua lucri causa de novo nec me ipsum exstructurum, nec aliis exstruendi facultatem permissurum, ne postea veniant in desolationem propter inopiam rerum necessariarum.

Item Presbyteros atque Diaconos aliosque clericos praeter necessitatem propter execrandam avaritiam numero me non aucturum, neque propter hereditatem sacris initiaturum, sed unice ad pascendam gregem, & ob verum commodum sanctae ecclesiae.

Pol-

Polliceor quoque, commissum meæ curæ gregem quovis anno, si id fieri possit, ad minimum præterlapsis duobus aut tribus annis, me ipsum more Apostolorum visitaturum & inspecturum: visitaturum autem non ob avaritiam & aucupandum honorem, sed apostolice & secundum Dominum, ut cognoscam, quomodo se habeant fideles in fide & operatione bonorum operum, præcipue vero sacerdotes: & eos me inspecturum diligenter, docturum, & prohibiturum, ne schismata, superstitiones, & contrarii Deo cultus succrescant; neve incognita & ab Ecclesia non examinata sepulcra pro sanctis habeantur aut cultu prosequantur.

Simulato dolo dæmoniacos, atque cum plicis, pedibus nudis, & solis indusiis vestitos incedentes, non solum verbo monebo, sed etiam ad civiles magistratus remittam. Curabo sedulo & prohibebo, ne sub specie pietatis simulata opera, sive id fit in statu civili ecclesiastico, pro veris agnoscantur. Cavebo ne imaginibus sanctis cultus Deo debitus exhibeatur, neve falsa illis miracula affingantur, quibus fit perversio veri cultus, & ansa datur adversariis reprehendendi orthodoxos: e contra studebo, ut colantur imagines secundum sensum sanctæ orthodoxæ Ecclesiæ, qui notatus est in Sancto Oecumenico Concilio Niceno II.

Negotiis sæcularibus me non implicabo, quacunque de causa id fieri possit, nisi aperta aliqua injustitia facta fuerit: de qua prius fontes

ad-

admonebo, postea scribam ad Imperatoriam Majestatem, & infirmos secundum Apostolum defendam. Ut paucis omnia complectar, obstringo me, & ut teneor promitto, me omnia facturum & fideliter observaturum, quæ scripta sunt in statutis Sanctissimæ Dirigentis omnis Russiæ Synodi, & quæ scribentur in Synodoli diplomate, quod a Sanctissima Synodo mihi dabitur, de commissa mihi administratione. Obediam quoque reliquis mandatis & statutis, quæ deinceps adstipulatione illius Sanctissimæ Synodi ad lubitum Imperatoriæ Majestatis constituentur, secundum quæ me diligentiam adhibiturum libenter exsequendi omnia, quæ mihi mandabuntur, cum omni obedientia spondeo, prospiciendo semper veræ & meræ veritati & justitiæ. Hæc autem omnia me facturum secundum conscientiam meam, non famulando acceptioni personarum, neque laborando invidia, inimicitia, pertinacia, avaritia, & ut brevi me expediam, nullis affectibus me captivando, sed cum timore Dei semper in memoria habendo horrendum ejus judicium cum amore Dei & proximi, ponendo omnibus cogitationibus verbis & operibus meis pro causa finali gloriam Dei, & salutem animarum humanarum, & ædificationem totius ecclesiæ, non quærendo, quæ mea sunt, sed quæ Domini Iesu.

Iuro quoque per Deum vivum, me semper in memoria retenturum horrendum eius verbum: *maledictus quisque, qui facit rem divinam cum*

negli-

negligentia. Itaque *in omni opere hujus vocationis meæ, ficut in opere Dei me verfaturum absque, ignauia cum omni diligentia, quantum vires meæ fuppetent, neque me fimulaturum alicujus rei infcitiam. Si autem circa rem aliquam dubium mihi occurrerit: tunc enixe me allaboraturum effe, ut intelligentiam & fcientiam ex Sacra Scriptura & Canonibus doctorum in Conciliis congregatorum adquiram.*

Si ex his a me promiffis in aliqua re prævaritus fuero, aut divinis Canonibus & ritui orientalis orthodoxæ Ecclefiæ, & Sanctiffimæ Dirigenti omnis Ruffiæ Synodo, minus obtemperantem & contrarium me geffero, five ad folitariam vitam me conferre voluero, deferendo commiffam mihi diœcefin, five quocunque alio modo Sanctiffimæ Dirigenti omnis Ruffiæ Synodo in aliqua re immorigerum me præftitero: confentio, ut illico priver omni mea dignitate & poteftate, absque ulla excufatione & tergiverfatione; tanquam probe gnarus, me eo tempore non amplius participem fore gratiæ & donorum cœleftium, quæ mihi in initiatione per impofitionem manuum a Sancto Spiritu data funt.

Iuro etiam per Deum omnia videntem, omnia hæc a me nunc promiffa non aliter me animo fentire, quam ore eloquutus fum, & eo quidem fenfu fcripta hic verba legentibus & audientibus oftendunt.

Omnia

Spiritus Sancti, nunc & semper & in Sæcula Sæculorum, Amen.

§. 13.

Post hæc omnes capiti ipsius imponunt dextras, primario recitante hanc orationem:

Dominator Domine Deus noster, qui per celeberrimum tuum Apostolum Paulum graduum & ordinum seriem ad subserviendum & ministrandum venerandis & illibatis mysteriis Tuis in sancto altari Tuo constitutis, primo Apostolis, secundo Prophetis, tertio doctoribus sanxisti: ipse omnium Domine hunc etiam suffragiis electum & Euangelicum jugum dignitatemque pontificalem subire dignum habitum per impositionem manuum nostrarum præsentiumque hic Coepiscoporum & Coadministratorum, adventu & virtute & gratia Sancti Tui Spiritus corrobora, sicut sanctos apostolos & prophetas corroborasti, sicut unxisti reges, sicut pontifices sanctificasti; & hujus pontificatum irreprehensum ostende, & omni honestate illum exornans, sanctum illum renuncia, ut quæ populi saluti expediunt postulet, & a Te exaudiri dignus fiat. Quia sanctificatum est nomen Tuum, & glorificatum tuum regnum, Patris & Filii & Spiritus Sancti, nunc & semper & in Sæcula! Amen.

§. 14.

§. 14.

Et dicto *Amen*, coordinantium unus Episcoporum submissa voce, a præsentibus eique responsuris Episcopis solum audienda, pronunciat hæc Diaconica:

In pace Deum oramus:

Pro superna pace & salute animarum nostrarum, Deum oramus.

Pro pace totius mundi, & integritate divinarum sanctarum ecclesiarum, & pro conjunctione omnium, Deum oramus.

Pro Sanctissima Dirigente Synodo, pro sacerdotio, auxilio, perseverantia, pace, salute corporali & æterna eorum, & pro opere manuum eorum, Deum oramus.

Pro servo Dei N. N. nunc promoto Episcopo (aut *Archiepiscopo*) *& pro salute ejus,* Deum oramus.

Ut hominum amator Deus purum & incontaminatum Pontificatum illi largiatur, Deum oramus.

Pro piissima & potentissima Magna Domina nostra Imperatrice CATHARINA ALEXEJEWNA, *& pro piissima Ma-*

Magna Domina Imperatoris filia ANNA PETROWNA *& pro conjuge eius, & pro piissima magna Domina Imperatoris filia* ELISABETHA PETROWNA, *& pro orthodoxo Magno Duce* PETRO ALEXEJEWICZO, *& pro religiosis filiabus Tzari, & pro Magnis Ducissis, & pro toto palatio, & militibus,* Deum oramus.

Pro hac urbe sede imperii, & pro omnibus ejus incolis, a Deo auxilia & defensionem petentibus, Deum oramus.

Pro liberandis nobis ab omni angustia, ira & necessitate, Deum oramus.

Protege, salva, miserere, & salva nos Deus Tua gratia.

Sanctissima, purissima, præbenedicta, gloriosa Domina nosta Deipara cum omnibus Sanctis commemorata, ipsos nos & alter alterum & totam vitam nostram Christo Deo commendamus.

§. 15.

Et cum hæc leguntur, primus Episcoporum, tenens manum suam impositam capiti huius, qui Episcopatui initiatur, orat hoc modo:

Do-

III. Rußische Kirchengesch. §. 15.

Domine, Deus noster! Quoniam impossibile est humanæ naturæ, substantiam divinam ferre, ideoque Tu providentia Tua compassibiles nobis Doctores, thronum Tuum obtinentes, & oblationem pro cuncto populo Tuo sanctificaturos, constituisti: Tu, Domine, & hunc, episcopalis gratiæ dispensatorem renunciatum, effice imitatorem Tui, veri pastoris, qui posuisti animam Tuam pro ovibus Tuis. Fac eum cæcorum ducem, lumen eorum qui ambulant in tenebris, insipientium præceptorem, doctorem infantum, luminare in mundo, ut animabus sibi commissis in præsenti vita salvatis assistat tribunali Tuo absque confusione, & ut magnam mercedem recipiat a Te pro Euangelii Tui prædicatione decertaturis præparatam. Tuum enim est misereri & salvare, Deus noster! Tibique gloriam offerimus Patri & Filio & Sancto Spiritui, nunc & semper & in Sæcula Sæculorum, Amen.

Et dicto *Amen* ponit Evangelium in sancta mensa, imponitque initiato Omophorion sive pallium, dicens: Ἄξιος. Simili modo Clerus cantat: Ἄξιος, ter.

Sin vero sedes novi Episcopi in eadem urbe est, induunt eum prius sacco, & ceteris vestimentis episcopalibus.

Postremo osculantur cum Archiepiscopi & Episcopi, & consueta acclamatione finita, conscendunt locum, qui est supra altare. Ille vero inter populum permanet usque ad lectionem textus praescripti ex epistolis Paulinis. Denique S. Liturgia celebratur.

§. 16.

Peractis Sacris divinis exuunt vestes in altari sancto, & adducitur initiatus ad primum Archiepiscopum, qui cum induit vestimentis Episcopalibus cum signo benedictionis, transversis manibus fieri solitae. Posthaec tradit ipsi Panagiam & manticam, cucullum & cidarin, nec non funiculum oratorium.

Tandem exeunt ad praeparatum theatrum, quo Protopopa & Protodiaconus adducunt initiatum in theatrum, & datur ipsi pedum pastorale, cum sequenti exhortatoria allocutione:

Illustrissime Archiepiscope aut Episcope N. N.

Quoniam optimus creator noster Deus voluit societatem humanam omni praestantia, sanctitate, & honestate donare, ut nos pro innumeris ejus nobis praestitis beneficiis & clementia glorificemus, & hymnis celebremus illum in tribus personis & in una Deitate existentem

tem continuo, quippe in eo omnia continentur, & in illo vivimus, movemur & sumus, iuxta doctrinam sancti Apostoli Pauli: idcirco con- constituta est aliorum in alios potestas & præ- fectura in nostra vita, & cœlo similis ecclesia- stica plenitudo ordinata est ad salutem & multam hominum utilitatem. Propterea & nunc gratia sanctissimi & vivificantis Spiri- tus Tu quoque electus es & inauguratus per nostram tenuitatem in Archiepiscopum (aut Episcopum) civitatum N. N., *quas Deus con- servet, ad perficiendum opus ministerii, & curam habeas pascendi ecclesiam Christi, quam acquisivit ille dulcissimus noster Salvator Christus suo sanguine, ut inspicias Christi gregem rationalem totius illius diœceseos abs- que ignavia, ut exemplum temet ipsum præ- beas omnium virtutum, & conserves dignita- tem pontificalem, ut decet in omnibus rebus, & ut habeas obedientiam semper Ecclesiæ Dei & Sanctissimæ Dirigenti Synodo omnis Russiæ, absque ulla contradictione: ut etiam concor- diam colas constanter cum fratribus tuis præ- sulibus, sicuti hic in templo Dei coram tota ecclesia promisso Te obstrinxisti, cum Tuæ manus subscriptione; quia de omnibus rebus secundum promissa Tua Christi Domini judi-*
cium

teros aut diaconos ad quodcunque officium binos, ternos, aut plures: sed in unaquaque Liturgia unum tantum presbyterum & diaconum me inauguraturum, & in ante consecratis Liturgiis unum duntaxat diaconum; ut moris est sanctae orientali ecclesiae, & sicut indicat doctrina sanctissimorum Patriarcharum & cum ipsis concordantium Archiepiscoporum & Episcoporum tam Magnae quam Parvae Russiae.

Praeterea credo & sentio, in Sacra coena Dominica fieri transsubstantiationem corporis & sanguinis Christi, sicut orientales & nostri Russici antiqui Doctores docent, influxu & operatione Sancti Spiritus, per invocationem Episcopi aut Presbyteri his verbis ad Deum Patrem orantis: „Perfice igitur panem istum honorificum corpus Christi Tui &c."

Promitto itidem & juro, me debere & secundum debitum velle, immo in posterum quoque omni diligentia annisurum esse, ut meae legitimae & verae Dominae, Serenissimae atque Potentissimae Imperatrici CATHARINAE ALEXEJEWNAE, *Autocratori totius Russiae &c., & post Eam legitimis Ejus heredibus, qui secundum libitum & absolutissimum Imperatoriae Majestatis potestatem nominati, aut in posterum nominandi, & suscipiendo Imperio digni habiti fuerint, fidelem ac obedientem subditum me praestem; ut omnia jura tam constituta, quam futuris temporibus constituenda, ad magnum Imperatoriae Majestatis imperium,*

po-

potentiam & robur pertinentia, pro optima mea scientia ac potestate, & quacunque ratione id fieri poterit, defendam ac tuear, imo si necesse fuerit, vitæ meæ non parcam. Quidquid ad fidele servitium & utilitatem Imperatoriæ Majestatis in quocunque casu pertinere potuerit, hoc summopere curabo, & ut id fiat, omni diligentia, animi adfectu, & feruore adjuvabo, quantum in potestate viribusque meis erit positum. Damnum vero Imperatoriæ Majestatis imminens, cujusmodi illud sit, quo horæ momento rescivero, non solum tempestive indicabo, sed etiam omnimode aversabor, impediam & non permittam, ut in effectum deducatur. Cum autem ad servitium aut ad utilitatem & commodum suæ Imperatoriæ Majestatis aliquid pertinens negotium, aut ad statum ecclesiasticum, aut quodcunque illud sit, quod in secreto habere mihi mandatum fuerit: hoc in perfecto secreto omnino me habebo, & nemini patefaciam, quem id scire non oportuerit, & cui non fuerit mihi potestas & permissio patefaciendi.

Pari modo me devincio, neminem me ex propria passione animi, aut propter rixas mecum aut cum meis subordinatis ortos, sive unum hominem, sive omnem ejus familiam, anathemate percussurum, neque a sacris ecclesiasticis exclusurum esse, nisi quis apertum se prævaricatorem & transgressorem præceptorum divinorum & contrarium Ecclesico hæreticum professus fuerit: & secundum verbum Christi non nisi
post

post tres admonitiones: ad quos fi obstinatum *se gesserit, nec ad frugem redire velit, unum tantum istum, non cum omnibus domesticis ejus, diris devoturum & ab Ecclesia exclusurum esse.*

Cum adversariis Sanctæ Ecclesiæ sapienter, regulariter, & mansuete me processurum & me gesturum, secundum dictum Pauli: *non oportet servum Dei rixis involui, sed mansuetum esse omnibus, didacticum, innocentem, cum mansuetudine admonentem contrarios, numquid dederit illis Deus resipiscentiam ad intelligendum veritatem.*

Monachos secundum præscriptas illis leges & canones in officio me retenturum esse, neque permissurum, illos vagari ex uno monasterio in aliud, aut intrare laicas domos, absque mea notitia & data scripta permissione: nisi aliquis casus inciderit exeundi propter urgentem necessitatem aut petitiones, vel propter commodum aliis inde futurum.

Templa superflua lucri causa de novo nec me ipsum exstructurum, nec aliis exstruendi facultatem permissurum, ne postea veniant in desolationem propter inopiam rerum necessariarum.

Item Presbyteros atque Diaconos aliosque clericos præter necessitatem propter execrandam avaritiam numero me non aucturum, neque propter hereditatem sacris initiaturum, sed unice ad pascendam gregem, & ob verum commodum sanctæ ecclesiæ.

Pol-

Polliceor quoque, commiſſum meæ curæ gregem quovis anno, ſi id fieri poſſit, ad minimum præterlapſis duobus aut tribus annis, me ipſum more Apoſtolorum viſitaturum & inſpecturum: viſitaturum autem non ob avaritiam & aucupandum honorem, ſed apoſtolice & ſecundum Dominum, ut cognoſcam, quomodo ſe habeant fideles in fide & operatione bonorum operum, præcipue vero ſacerdotes: & eos me inſpecturum diligenter, docturum, & prohibiturum, ne ſchiſmata, ſuperſtitiones, & contrarii Deo cultus ſuccreſcant; neve incognita & ab Eccleſia non examinata ſepulcra pro ſanctis habeantur aut cultu proſequantur.

Simulato dolo dæmoniacos, atque cum plicis, pedibus nudis, & ſolis induſiis veſtitos incedentes, non ſolum verbo monebo, ſed etiam ad civiles magiſtratus remittam. Curabo ſedulo & prohibebo, ne ſub ſpecie pietatis ſimulata opera, ſive id ſit in ſtatu civili eccleſiaſtico, pro veris agnoſcantur. Cavebo ne imaginibus ſanctis cultus Deo debitus exhibeatur, neve falſa illis miracula affingantur, quibus fit perverſio veri cultus, & anſa datur adverſariis reprehendendi orthodoxos: e contra ſtudebo, ut colantur imagines ſecundum ſenſum ſanctæ orthodoxæ Eccleſiæ, qui notatus eſt in Sancto Oecumenico Concilio Niceno II.

Negotiis ſæcularibus me non implicabo, quacunque de cauſa id fieri poſſit, niſi aperta aliqua injuſtitia facta fuerit: de qua prius fontes

Beyl. I.   H   ad-

admonebo, postea scribam ad Imperatoriam Majestatem, & infirmos secundum Apostolum defendam. Ut paucis omnia complectar, obstringo me, & ut teneor promitto, me omnia facturum & fideliter observaturum, quæ scripta sunt in statutis Sanctissimæ Dirigentis omnis Russiæ Synodi, & quæ scribentur in Synodoli diplomate, quod a Sanctissima Synodo mihi dabitur, de commissa mihi administratione. Obediam quoque reliquis mandatis & statutis, quæ deinceps adstipulatione illius Sanctissimæ Synodi ad lubitum Imperatoriæ Majestatis constituentur, secundum quæ me diligentiam adhibiturum libenter exsequendi omnia, quæ mihi mandabuntur, cum omni obedientia spondeo, prospiciendo semper veræ & meræ veritati & justitiæ. Hæc autem omnia me facturum secundum conscientiam meam, non famulando acceptioni personarum, neque laborando invidia, inimicitia, pertinacia, avaritia, & ut brevi me expediam, nullis affectibus me captivando, sed cum timore Dei semper in memoria habendo horrendum ejus judicium cum amore Dei & proximi, ponendo omnibus cogitationibus verbis & operibus meis pro causa finali gloriam Dei, & salutem animarum humanarum, & ædificationem totius ecclesiæ, non quærendo, quæ mea sunt, sed quæ Domini Iesu.

Iuro quoque per Deum vivum, me semper in memoria retenturum horrendum eius verbum: maledictus quisque, qui facit rem divinam cum

negli-

negligentia. Itaque *in omni opere hujus vocationis meæ, ficut in opere Dei me verfaturum absque, ignauia cum omni diligentia, quantum vires meæ fuppetent, neque me fimulaturum alicujus rei infcitiam. Si autem circa rem aliquam dubium mihi occurrerit: tunc enixe me allaboraturum effe, ut intelligentiam & fcientiam ex Sacra Scriptura & Canonibus doctorum in Conciliis congregatorum adquiram.*

Si ex his a me promiffis in aliqua re prævaritus fuero, aut divinis Canonibus & ritui orientalis orthodoxæ Ecclefiæ, & Sanctiffimæ Dirigenti omnis Ruffiæ Synodo, minus obtemperantem & contrarium me geffero, five ad folitariam vitam me conferre voluero, deferendo commiffam mihi diœcefin, five quocunque alio modo Sanctiffimæ Dirigenti omnis Ruffiæ Synodo in aliqua re immorigerum me præftitero: confentio, ut illico priver omni mea dignitate & poteftate, absque ulla excufatione & tergiverfatione; tanquam probe gnarus, me eo tempore non amplius participem fore gratiæ & donorum cœleftium, quæ mihi in initiatione per impofitionem manuum a Sancto Spiritu data funt.

Iuro etiam per Deum omnia videntem, omnia hæc a me nunc promiffa non aliter me animo fentire, quam ore eloquutus fum, & eo quidem fenfu fcripta hic verba legentibus & audientibus oftendunt.

H 2 *Omnia*

& opere executurum esse ad extremum usque halitum vitæ meæ propter futura bona, confirmo meo jure jurando. Sit mihi *scrutator cordium Deus promissionis meæ testis, hæc me sincere dicere! Quodsi autem falso proloquor, aut non secundum conscientiam meam, sit mihi idem justissimus vindex!*

In vera autem & sincera administratione & operatione muneris mei sit idem ipse Salvator Iesus Christus mihi adiutor, cui simul cum Patre & Spiritu Sancto sit gloria & potentia, honor & adoratio, nunc & semper et in Sæcula Sæculorum! Amen.

§. II.

His peractis benedicit ei primus Archiepiscopus dicens:

Gratia Spiritus Sancti per meam tenuitatem extollit te a Deo dilectum Archimandritam aut Hieromonachum N. N. Episcopum civitatum N. N. quas Deus conservet.

Electus autem inclinato ter capite reverentiam suam testatur Episcopis, eorumque manus, postquam a Protodiacono adductus est, osculatur. Et sic descendit e theatro, & honorem exhibet capite inclinato. Archiepiscoporum autem primus transversis manibus signum crucis exprimit, dicitque: *Gratia Spiritus Sancti sit tecum!*

Dein-

III. Rußische Kirchengesch. §. 13.

Deinde adducitur ille in aquilam, & cantores cantant: *Vivat multos annos Imperatoria Majeſtas, Sanctiſſima Synodus, & Electus.*

Tandem Archiepiſcopi & Epiſcopi gratulantur Imperatoriæ Majeſtati.

§. 12.

Poſt cantatum *Trisagion* adducitur a Protopopa & Protodiacono Sacris initiandus ad ſacram januam, & ſuſcipitur a Præſule in ſanctum altare ad ſanctam menſam, ubi mox flectit genua ſua cum ceteris Epiſcopis, qui accipiunt ſanctum Euangelium, & hoc explicatum imponunt transverſis literis capiti ejus, tenentes ex utraque parte.

Demum dicit primus Archiepiſcoporum ita, ut omnes audire poſſint: *Divina gratia ſemper infirmos curans, & deficientes complens, manu ducit. te Deo dilectum Archimandritam* aut Hieromonachum N. N. *electum Epiſcopum* aut Archiepiſcopam *civitatum* N. N. *quas Deus ſervet. Oremus ergo pro eo, ut veniat ſuper eum gratia Sanctiſſimi Spiritus.*

Et dicunt Presbyteri: *Domine, miſerere!* ter.

Dum autem Epiſcopi tenent Euangelium, primarius ſignat in capite inaugurandi Epiſcopi crucis tria ſigna, benedictionis gratia, hæc pronuncians verba: *In nomine Patris & Filii &*

Spiritus Sancti, nunc & semper & in Sæcula Sæculorum, Amen.

§. 13.

Post hæc omnes capiti ipsius imponunt dextras, primario recitante hanc orationem:

Dominator Domine Deus noster, qui per celeberrimum tuum Apostolum Paulum graduum & ordinum seriem ad subserviendum & ministrandum venerandis & illibatis mysteriis Tuis in sancto altari Tuo constitutis, primo Apostolis, secundo Prophetis, tertio doctoribus sanxisti: ipse omnium Domine hunc etiam suffragiis electum & Euangelicum jugum dignitatemque pontificalem subire dignum habitum per impositionem manuum nostrarum præsentiumque hic Coepiscoporum & Coadministratorum, adventu & virtute & gratia Sancti Tui Spiritus corrobora, sicut sanctos apostolos & prophetas corroborasti, sicut unxisti reges, sicut pontifices sanctificasti; & hujus pontificatum irreprehensum ostende, & omni honestate illum exornans, sanctum illum renuncia, ut quæ populi saluti expediunt postulet, & a Te exaudiri dignus fiat. Quia sanctificatum est nomen Tuum, & glorificatum tuum regnum, Patris & Filii & Spiritus Sancti, nunc & semper & in Sæcula! Amen.

§. 14.

III. Rußische Kirchengesch. §. 14.

§. 14.

Et dicto *Amen*, coordinantium unus Episcoporum submissa voce, a præsentibus eique responsuris Episcopis solum audienda, pronunciat hæc Diaconica:

In pace Deum oramus:

Pro superna pace & salute animarum nostrarum, Deum oramus.

Pro pace totius mundi, & integritate divinarum sanctarum ecclesiarum, & pro conjunctione omnium, Deum oramus.

Pro Sanctissima Dirigente Synodo, pro sacerdotio, auxilio, perseverantia, pace, salute corporali & æterna eorum, & pro opere manuum eorum, Deum oramus.

Pro servo Dei N. N. nunc promoto Episcopo (aut Archiepiscopo) *& pro salute ejus*, Deum oramus.

Ut hominum amator Deus purum & incontaminatum Pontificatum illi largiatur, Deum oramus.

Pro piissima & potentissima Magna Domina nostra Imperatrice CATHARINA ALEXEJEWNA, *& pro piissima*

Magna Domina Imperatoris filia ANNA PETROWNA *& pro conjuge eius, & pro piissima magna Domina Imperatoris filia* ELISABETHA PETROWNA, *& pro orthodoxo Magno Duce* PETRO ALEXEJEWICZO, *& pro religiosis filiabus Tzari, & pro Magnis Ducissis; & pro toto palatio, & militibus*, Deum oramus.

Pro hac urbe sede imperii, & pro omnibus ejus incolis, a Deo auxilia & defensionem petentibus, Deum oramus.

Pro liberandis nobis ab omni angustia, ira & necessitate, Deum oramus.

Protege, salva, miserere, & salva nos Deus Tua gratia.

Sanctissima, purissima, praebenedicta, gloriosa Domina nosta Deipara cum omnibus Sanctis commemorata, ipsos nos & alter alterum & totam vitam nostram Christo Deo commendamus.

§. 15.

Et cum hæc leguntur, primus Episcoporum, tenens manum suam impositam capiti huius, qui Episcopatui initiatur, orat hoc modo:

Do-

III. Rußische Kirchengesch. §. 15.

Domine, Deus noster! Quoniam impossibile est humanæ naturæ, substantiam divinam ferre, ideoque Tu providentia Tua compassibiles nobis Doctores, thronum Tuum obtinentes, & oblationem pro cuncto populo Tuo sanctificaturos, constituisti: Tu, Domine, & hunc, episcopalis gratiæ dispensatorem renunciatum, effice imitatorem Tui, veri pastoris, qui posuisti animam Tuam pro ovibus Tuis. Fac eum cæcorum ducem, lumen eorum qui ambulant in tenebris, insipientium præceptorem, doctorem infantum, luminare in mundo, ut animabus sibi commissis in præsenti vita salvatis assistat tribunali Tuo absque confusione, & ut magnam mercedem recipiat a Te pro Euangelii Tui prædicatione decertaturis præparatam. Tuum enim est misereri & salvare, Deus noster! Tibique gloriam offerimus Patri & Filio & Sancto Spiritui, nunc & semper & in Sæcula Sæculorum, Amen.

Et dicto *Amen* ponit Evangelium in sancta mensa, imponitque initiato Omophorion sive pallium, dicens: Ἄξιος. Simili modo Clerus cantat: Ἄξιος, ter.

Sin vero sedes novi Episcopi in eadem urbe est, induunt eum prius sacco, & ceteris vestimentis episcopalibus.

Postre-

Poſtremo oſculantur cum Archiepiſcopi & Epiſcopi, & conſueta acclamatione finita, conſcendunt locum, qui eſt ſupra altare. Ille vero inter populum permanet usque ad lectionem textus præſcripti ex epiſtolis Paulinis. Denique S. Liturgia celebratur.

§. 16.

Peractis Sacris divinis exuunt veſtes in altari ſancto, & adducitur initiatus ad primum Archiepiſcopum, qui eum induit veſtimentis Epiſcopalibus cum ſigno benedictionis, transverſis manibus fieri ſolitæ. Poſthæc tradit ipſi Panagiam & manticam, cucullum & cidarin, nec non funiculum oratorium.

Tandem exeunt ad præparatum theatrum, quo Protopopa & Protodiaconus adducunt initiatum in theatrum, & datur ipſi pedum paſtorale, cum ſequenti exhortatoria allocutione:

Illuſtriſſime Archiepiſcope aut Epiſcope N. N.

Quoniam optimus creator noſter Deus voluit ſocietatem humanam omni præſtantia, ſanctitate, & honeſtate donare, ut nos pro innumeris ejus nobis præſtitis beneficiis & clementia glorificemus, & hymnis celebremus illum in tribus perſonis & in una Deitate exiſtentem

*tem continuo, quippe in eo omnia continentur,
& in illo vivimus, movemur & sumus, iuxta
doctrinam sancti Apostoli Pauli: idcirco con-
constituta est aliorum in alios potestas & præ-
fectura in nostra vita, & cœlo similis ecclesia-
stica plenitudo ordinata est ad salutem &
multam hominum utilitatem. Propterea &
nunc gratia sanctissimi & vivificantis Spiritus Tu quoque electus es & inauguratus per
nostram tenuitatem in Archiepiscopum* (aut
Episcopum) *civitatum* N. N., *quas Deus conservet, ad perficiendum opus ministerii, &
curam habeas pascendi ecclesiam Christi, quam
acquisivit ille dulcissimus noster Salvator
Christus suo sanguine, ut inspicias Christi
gregem rationalem totius illius diœceseos absque ignavia, ut exemplum temet ipsum præbeas omnium virtutum, & conserves dignitatem pontificalem, ut decet in omnibus rebus, &
ut habeas obedientiam semper Ecclesiæ Dei &
Sanctissimæ Dirigenti Synodo omnis Russiæ,
absque ulla contradictione: ut etiam concordiam colas constanter cum fratribus tuis præsulibus, sicuti hic in templo Dei coram tota
ecclesia promisso Te obstrinxisti, cum Tuæ
manus subscriptione; quia de omnibus rebus
secundum promissa Tua Christi Domini judi-*
cium

cium subiturus es, sicuti vicissim pro perversa administratione aut neglectione commissi Tibi muneris, & si Ecclesiæ Dei inobedientem Te præstiteris, incides in legitimam excommunicationem.

Ideo cave facias quidquam mali aut injuriæ; arma Te oratione & ieiunio, ne scandalum præbeas aliis. Sis sicut bonus miles Iesu Christi & bonus minister Sacramentorum Dei. Ab omnibus abstine, juxta doctrinam sancti Apostoli Pauli, dicentis: certa virtute, ab omni abstine. *Sub hac namque cautela nostra tenuitas Tibi Episcopo* (aut Archiepiscopo) *sincero corde pedum pastoratus Episcopalis Tibi committimus, ut bene pascendo gregem Christi accipias immarcescentem coronam gloriæ, & acquiras cum his, qui pascuntur a Te, regnum cœlorum omni gaudio plenum in infinita Sæcula.*

Multos igitur annos & prospera sanitate utens vive Episcope N. N. civitatum N. N., quas Deus conservet! Sis potens per gratiam Domini Dei, & per intercessionem sanctissimæ virginis Deiparæ Mariæ, & omnium Sanctorum: quibus & preces Tuas effundas pro piissima & potentissima Magna Domina noſtra Imperatrice CATHARINA ALE-XEJEWNA, *& pro tota Imperatoriæ Majeſtatis familia, pro orthodoxo Senatu, pro præfectis militum & civitatum & pro toto Chriſtum amante exercitu, ut tranquillam & pacificam vitam transigamus cum omni honeſtate & pietate, & ut ſupremam beatitudinem aſſequamur, glorificantes Patrem & Filium & Sanctum Spiritum, nunc & ſemper & in Sæcula Sæculorum, Amen.*

§. 17.

Poteſt etiam Archiepiſcopus primarius, committendo pedum inaugurato novo Epiſcopo aut Archiepiſcopo hac breviori uti exhortatione:

Accipe pedum, ut paſcas commiſſum Tibi gregem Chriſti, ita ut obedientibus fias pedum & firmamentum, inobedientes autem eodem pedo coerceas, & in officio obedientiæ contineas.

His peractis abeunt omnes, comitantibus inauguratum Protopopa & Protodiacono domum ejus.

§. 18.

Hic proceſſus de electione & initiatione Epiſcopi aut Archiepiſcopi ad normam veterum

Eu-

Euchologiorum Græci & Slavonici, & ut moris fuit tempore Magnorum Dominorum Regum, & Magnorum Ducum, & tempore illuftriffimorum Metropolitarum omnis Ruffiæ confcriptus & probatus, mandatoque Sereniffimæ Magnæ Dominæ Imperatricis CATHARINAE ALEXEJEWNÆ, Auctocratoris omnis Ruffiæ, permiffu autem Sanctiffimæ Dirigentis omnis Ruffiæ Synodi, typo expreffus in *Typographia Petropolitana* 1725.

IV.
Peters III.
Ukase
die Kirchen-
und
Klöster-Einkünfte
betreffend
vom 16 Febr. und 21 März 1762

Von

Von Gottes Gnaden
Wir Peter der Dritte
Kaiser und Selbstherrscher
von ganz Rußland ꝛc. ꝛc. ꝛc.

§. 1.

Da Unsre geliebteste Muhme, die große Frau und Kaiserin, **Elisabeth Petrowna**, höchstseeligen und glorwürdigsten Andenkens, bei ihrer ungeheuchelten Gottesfurcht und Frömmigkeit, auch dafür Sorge getragen, daß der geistliche Stand nicht durch weltliche Sorgen beschweret werde, sondern vielmer seine ganze Aufmerksamkeit auf die Erfüllung seiner Pflicht richten könne, indem diejenigen, welche sich diesem Stande widmen, der Welt gänzlich zu entsagen verbunden sind, um ihre und die ihrer Führung anvertraute Seelen nur geistlich zu weiden; und Dieselbe Ihre landesmütterliche Sorgfalt auch auf alle übrige getreue Untertanen in gleicher Maaße erstrecket: so hat Dieselbe, wie die heil. dirigirende Synode, vermittelst eines

Extracts aus dem Protocoll der an Ihro Kaiserl. Majt. Hofe errichtet gewesenen Conferenz vom 6 October 1757, bekannt gemacht worden, bei Dero höchsteigener Gegenwart in ermeldter Conferenz den 30 Sept. gedachten Jares 1757, in Erwägung zu ziehen geruhet, wie die Klöster, da sie doch ihre Einkünfte auf nichts anders, als auf die ihnen vorgeschriebene Ausgaben verwenden dürfen, hievon nur unnötige Beschwerden haben, weil sie für die Einsammlung derselben und für die Verwarung des Ueberschusses Sorge tragen, und zu dem Ende die Mönche oft hin und her und an solche Orte verschicken müssen, wo keine Kirchen sind, und folglich kein ordentlicher Gottesdienst gehalten werden kann.

§. 2.

Dieser Ursachen wegen, und damit die Klöster ihre Einkünfte mit mererer Bequemlichkeit aus den Klostergütern bekommen möchten, und diejenige, welche sich dem Klosterleben gewidmet, aller weltlichen Geschäffte entlediget würden, wurde der Synode sowohl als dem Senate, an ermeldetem Tage, durch einen aus der Conferenz mitgeteilten Extract kund gemacht, daß Ihro Kaiserl. Majt. gedachten 30 Sept. bei Dero allerhöchsten Anwesenheit in der Conferenz, aus höchsteigenem landesmütterlichen Gutbefinden und

höchst-

höchst erleuchteter Einsicht, geruhet hätten, wegen dieser aus den Gütern zu erhebenden bischöflichen und Klöstereinkünfte unverzüglich folgende Verordnung festzusetzen:

1. Daß ermeldte Ländereien nicht von Klosterbedienten, sondern von abgedankten Staabs- und Oberofficiern, verwaltet;

2. Die Abgaben dieser Güter eben so wie von den adelichen Landgütern angeschlagen;

3. Solche neue Einkünfte gänzlich für die Klöster erhoben; dabei aber

4. Zugesehen werden solle, daß von solchen nicht mehr ausgegeben werde, als was nach dem festgesetzten Staat bestimmt ist, der Ueberschuß aber überall besonders aufgehoben, und ohne Ihro Kaiserl. Majt. ausdrücklichen Befehl nichts davon zu anderem Gebrauche verwandt werden solle, so daß Ihro Kaiserl. Majt. jedesmal wissen könnten, wie viel in Cassa vorhanden, und also zum Bau der Klöster davon assigniren könnten.

5. Da den Klöstern auferlegt worden, abgedankte Soldaten zu unterhalten, dieses aber schon einige Jare von denselben nicht geschehen ist: so soll diesen Klöstern für jedes Jar, da sie keine unterhalten haben, so viel an Gelde, als sie der

Unterhalt der bestimmten Anzal von Soldaten in diesen Jaren würde gekostet haben, auszuzalen auferlegt, auch ins künftige järlich für solche bestimmte Anzal das Geld erhoben, und sodann

6. Von denen für die verflossenen Jare eingekommnen Geldern Invaliden=Häuser errichtet, der Ueberrest aber in die Bank niedergelegt werden, um von den Interessen und denen zum Unterhalte der Abgedankten aus den Klöstern järlich zu erhebenden Geldern selbige Invaliden zu unterhalten.

§. 3.

Wie nun Ihre Majt., Unsere in Gott ruhende geliebteste Frau Muhme, die Kaiserin **Elisabeth Petrowna**, da Sie die Gottesfurcht mit dem Nutzen des Vaterlandes glücklich vereinigte, und die eingeschlichnen Mißbräuche und Vorurteile von den waren Glaubensartikeln und Hauptsätzen unsrer rechtgläubigen morgenländischen Kirche weislich unterschied, für zuträglich gefunden, die Mönche, als Leute, welche diesem zeitlichen Leben entsaget haben, von weltlichen und irdischen Sorgen zu befreien; und dem zufolge eine dem ganzen Reiche so ersprießliche Verordnung wegen der Verwaltung der bischöflichen und Klostergüter, zu machen geruhet, die ohne Rücksicht auf die übrigen großen Taten Ihro Majt. und auf Dero Wohltaten gegen

das

das Vaterland ganz allein und vollkommen zureichen könnte, Dero glorreiches Gedächtniß Ihrem Vaterlande unsterblich zu machen: als haben Wir, da Wir ohnlängst Selbst im Senate zugegen waren, Unsre Willensmeinung und Befehl dahin erklärt, daß bemeldte Verordnung unverzüglich und gemeinschaftlich mit der Synode zur Vollziehung gebracht werde.

§. 4.

Jedennoch haben Wir, sowol in Betracht der Wichtigkeit dieser Sache, als auch damit die Zeit nicht abermals mit unnützen Beratschlagungen und Anfragen über eine so gerecht als vorsichtig abgethane Sache vergeblich zugebracht werde, hiemit dem Senate noch nachdrücklicher anbefelen wollen, daß obbemeldte Verordnung Ihro Majt. der Kaiserin **Elisabeth Petrowna** wegen der Verwaltung der bischöflichen und Klostergüter, die der Synode und dem Senate extractsweise aus dem Protocoll der Conferenz vom 6 October bemeldten Jars kund gethan worden, von nun an und aufs eheste, nach dem genauen und waren Inhalte angeführter Extracte, ohne die geringste Ausname völlig ins Werk gesetzt, und beständig ohne Veränderung zur Erfüllung gebracht, und bei Publication dessen, so wol dieser Unser Befehl, als auch obbemeldte Protocolltocollextracte, in Unserm ganzen Reiche bekannt gemacht werden sollen.

§. 5.

Uebrigens finden Wir noch für nötig, die Ukase Unsers hochgeliebtesten Herrn Großvaters, Kaisers **Peters** des Großen, glorwürdigsten Andenkens, welche dahin gehet, daß niemand ohne besondern ausdrücklichen Befehl in die Klöster aufgenommen werden soll, und welche zu jedermanns Nachricht hiebei folgt*, nach ihrem ganzen Inhalte und Sinn hiemit zu bestätigen: und befelen demnach, diese Sr. Kaiserl. Majt. allerhöchste Ukase sowol in Groß= als Klein=Rußland unverändert und in solcher Maße zu befolgen, daß sowol von den Uniaten niemand zum Mönche geweiht, als auch von denen aus Polen, Griechenland, der Wallachei, Moldau und Georgien, und mit einem Worte anderswoher aus den angränzenden Ländern ankommenden schon geweihten Mönchen keiner angenommen, noch aufs neue geweiht, und in die Klöster von Groß= und Klein=Rußland aufgenommen werde.

Wie Wir denn zu besto vollkommenerer Erfüllung obbemeldter Verordnung Unsrer geliebtesten
Frau

---

* Es ist eben diejenige, die wir in dem nächstvorhergehenden Abschnitt mitgeteilt haben.

Frau Muhme, der Kaiserinn **Elisabeth Petrowna**, und dieser Unsrer Ukase hiemit folgendes befelen:

§. 6.

I. Zur Verwaltung aller Güter, die sowol der Synode, den Bischöfen, Klöstern und Hauptkirchen, als den übrigen Kirchen und Einsiedler-Klöstern zugeschlagen sind, soll, unter der Aufsicht Unsers Senats in Moskau ein Oekonomien-Collegium, und in St. Petersburg ein von diesem Collegio abhängendes Comtoir errichtet, und von Unserm Senate mit den gehörigen Instructionen versehen werden. Von demselben soll zur Verwaltung und Aufsicht über dieselbe, und um die Bauern gegen alle Beeinträchtigungen zu schützen, in jedem Gouvernement und in jeder Provinz ein hiezu geschickter Staabsofficier, in den kleinern Städten aber, wo sich dergleichen Güter nur in geringer Anzal finden, ein Oberofficier gesetzt, und ihm zufolge der aus Unserm Senate ergangnen Ukase die nötigen Verhaltungsbefehle erteilet werden; die vorigen Aufseher aber, die nicht nur aus den Mönchen und andern geistlichen Personen, sondern auch aus den Klosterbedienten genommen waren, sollen künftig nicht mehr zugelassen, und die es jetzo sind, alle abgeschafft werden.

11. Von nun an und künftighin soll von allen diesen Synodal-bischöflichen und Klosterbauern, so wie auch von denen, die den Haupt- und übrigen Kirchen und den Einsiedler-Klöstern zugehören, außer dem Kopfgelde von 7 Griven (70 Kopejken), statt aller andern Abgaben, die vorher von ihnen für die Bischöfe, Klöster, Haupt- und übrigen Kirchen und Einsiedeleien eingenommen worden, nur noch die Abgabe von 1 Rubel auf jede Mannsperson, nach der bei letzterer Revision befundenen Anzal derselben, auf eben die Art erlegt werden, wie die Hofbauern, und von der heiligsten dirigirenden Synode die Synodalbauern, auch nachgehends alle Kronbauern auf diese Rubelsteuer angesetzet worden. Mit dieser ihnen nun auferlegten Rubelsteuer soll in der zweiten Hälfte dieses Jars 1762 der Anfang der Einfoderung gemacht, und solche von den Bauern zugleich mit dem Kopfgelde in den Städten, wo sie bißher dieses Kopfgeld zu bezalen pflegten, auf einmal und auf eben die Art, wie sie von den Kronbauern erhoben wird, erlegt werden. Und dieserwegen sollen die auf diesen Gütern befindliche Aecker, die die Bauern bißher für die Bischöfe, Klöster, Haupt- und andre Kirchen und Einsiedeleien gebauet haben, an diese Bauern abgegeben, die hievon überbleibende Felder aber,

die

die von diesen Bauern auch vordem nicht haben versehen werden können, sondern an andre vermietet worden, von denen zur Aufsicht darüber gesetzten Officieren an diejenige, die solche verlangen, zur Heuer ausgethan werden. Gleichergestalt sollen auch die Pachtgelder, die aus denen auf diesen Gütern befindlichen Mühlen, Fischereien, Salzwerken und verheuerten Feldern einkommen, an die vorgesetzten Staabs- und Oberofficiere in eben den Städten, wo die Kopfsteuer gewönlicher Weise entrichtet wird, bezahlt werden. Alle bemeldte Rubelsteuer und Pachtgelder aber soll das Oekonomie-Collegium unter seiner völligen Aufsicht haben.

§. 8.

III. Von bemeldten aus den Klostergütern zu erhebenden Geldern soll das Oekonomie-Collegium jedem Kloster, zum Unterhalte aller Vorsteher und Ordenspersonen, wie auch der Kirchen- und übrigen Bedienten, nach dem von Unserm herzlich geliebtesten Herrn Großvater, höchstseeligen und glorwürdigsten Andenkens, Kaiser **Peter dem Großen**, im J. 1724 den 22 May, ausdrücklich approbirten Stat, und nach dem von Sr. Kaiserl. Majt. bestimmten Gehalte, für die gegenwärtige Anzal der in diesen Klöstern jetzt vorhandenen Orbensleute, sowol die Besoldungen an Gelde, als auch das ihnen bestimmte Getreide, nach dem Marktpreise jeglichen Orts, in Gelde auszalen.

Die Bedienten bei diesen Klöstern vom Bauernstande sollen nach eben diesem von Sr. Kaiserl. Majt. im J. 1724 errichteten State, weder von der Kopf= noch Rubelsteuer ausgenommen seyn; und soll ihnen, nach der gemeinschaftlich vom Senat und der Synode den 4 May 1724 wegen der bischöfflichen Bedienten gemachten Verfügung, eine Besoldung gereicht werden, von der sie sowol die Kopf= als Rubelsteuer an die Güter, zu denen sie nach der Revision gehören, für sich bezalen sollen.

Es bleibet aber den Klöstern frei, in denen ihnen zugehörigen Wäldern durch ihre Klosterknechte zum Gebrauche des Klosters allerhand Bau= und Brennholz zu fällen, auch durch selbige fischen, Heu schlagen und Vieh hüten zu lassen; desgleichen behalten die Klöster ihre Lust= und Küchengärten, Viehweiden und Wiesen, nur die Bauerfelder ausgenommen, nebst ihren Fischereien, weil auch die Fischer nach dem State ein Jahrgehalt genießen. Doch bleiben von den Wiesen bei Klöstern von der ersten Klasse nicht mehr als 50 Desätinen, und bei den übrigen nach Proportion. Wie viel aber

eigent=

eigentlich an Wiesen sowol als Fischereien, und in welcher Entfernung bei den Klöstern gelassen werden solle: darüber hat das Oekonomie - Collegium nach geschehener Untersuchung dem Senate einen Vorschlag zu thun, damit die überflüßigen und allzuweit abgelegenen zur Heuer ausgethan werden können.

§. 9.

IV. Außer allem diesem sollen an jedes Kloster für die Bedürfnisse der Kirchen, zu allerhand Ausbesserungen der Gebäude, zur Fütterung der Pferde, für Eisen und Kolen, und überhaupt den Klostervorstehern zu Bier und Branntewein an den Festtagen, und zu Bewirtung der Reisenden, zu jeder Bedürfniß ins besondere, nach ofterwähntem von Sr. Kaiserl. Majt. im J. 1724 errichteten State, die vollen Summen ausgezalt werden.

Wobei nur diese Vorsicht zu gebrauchen, daß dergleichen Ausgaben bei den Klöstern die aus den Gütern einkommende Renten nicht übersteigen. Und dieserwegen soll mit denjenigen Klöstern, die nur wenige Güter besitzen, nach Inhalt der ausdrücklichen Ukase Kaisers **Peters** des Großen, höchstseeligen und glorwürdigsten Andenkens, vom 30 Decemb. 1701, verfaren werden, durch welche ausdrücklich anbefolen worden, daß an diejenigen Klöster,

ster, wo die Mönche und Nonnen die volle Summe der bestimmten Besoldung nicht aus den Gütern erhalten, so viel abgegeben werden solle, als sie vordem an allerhand Einkünften zu genießen gehabt, von Kirchen = und Klosterbedienten aber nicht' merere bei den Klöstern gelassen werden sollen, als die nur schlechterdings unentberlich sind.

Zufolge eben dieser Ukase sollen auch diejenigen Klöster und Einsiedeleien, die keine Güter haben, und auch aus der Kasse nichts bekommen, fernerhin sich auf eben die Art, wie bißher, unterhalten, weßhalb ihnen auch die Felder, Fischereien und übrige Vorteile, in deren Besitze sie bißher gewesen, gelassen werden sollen.

Die durch die vorigen Ukasen verschiedenen Klöstern, Haupt = und andern Kirchen zuerkannte Gnadengelder, die denselben bißher ausgezalt worden, sollen ihnen auch künftig nach der Ukase ausgezalt werden; und welche Haupt = oder andere Kirchengüter besitzen, die sollen von den Einkünften, die nunmehr, gleich den übrigen geistlichen Renten, das Oekonomie = Collegium aus diesen Gütern erhebet, eine besondere Besoldung erhalten.

§. 10.

V. Was den bischöflichen Stand betrifft: so befelen Wir aus allerhöchstem Wohlwollen, und

damit

damit sie zu ihrer vollkommnen Zufriedenheit die Würde ihres Amts beobachten können, ihnen aus der Generalsumme der Einkünfte von den bischöflichen und Klostergütern zum Unterhalte folgendes auszusetzen: nämlich

1. Den Erzbischöfen zu Moskau, Nowgorod und St. Petersburg, als von ansenlichen Städten, für ihre Personen, jeglichem 2500 Rubel; zu der ihrem Stande und der Beschaffenheit ihrer Diöcese gemäßen Unterhaltung ihrer Häuser aber, und für die bei ihnen sich aufhaltende Mönche und andre Bediente von verschiedener Art, wie auch zu den Bedürfnissen und Verbesserungen der Kirchen- und Wonhäuser u.s.w. 2500 Rubel: folglich in allem 5000 Rubel.

2. Den übrigen sämtlichen 23 Erzbischöfen und Bischöfen aber, die Diöcesen haben, für ihre Personen jedem 1500 Rubel; und für die zu ihrem obbemeldeten State gehörigen andern Ausgaben, 1500 Rubeln: in allem also 3000 Rubeln järlich.

3. Zum Unterhalte der Seminarien aber in allen 26 Diöcesen, für jegliches järlich 3000 Rubeln: doch solchergestalt, daß, wo wegen Größe des Seminarii unumgänglich eine größere Summe erfodert wird, (so wie in der Nowgorodischen Diöcese

Diöcese biß auf 7000 Rubeln im State angesetzt sind), in andern aber sich die Zal kleiner
befinden wird, die Gelder nach Beschaffenheit
der Seminarien unter sie verteilet werden. Wes-
wegen in jeder Diöces über diese Gelder, wie
sie eingehen, und wieder ausgegeben werden,
Buch und Rechnung geführt, und solche mit
Anzeige der Anzal der Lerenden und Lernenden
alle Jare an Oekonomie-Collegium zur Revision
gesandt werden sollen, damit diese Gelder zu
nichts anders als zum Gebrauche der Seminarien verwandt werden.

4. Die in der heiligsten Synode sitzende 3 Erzbischöfe sollen ausserdem noch eine Zulage jeder
von 2000 Rub. järlich erhalten; die übrigen
Mitglieder aber, so wol in der Synode, als
in Moskau in der Synodalkanzlei, nebst den
darunter stehen Orten und Bedienten, sollen
zufolge der im J. 1742 von der Synode festgesetzten Verordnung besoldet werden: und namentlich in der Synode die 2 Archimandriten järlich 1000 Rubel; der Protopop 600 Rubel; in
Moskau aber in der Synodalkanzlei, der Bischof 750 Rub., der Archimandrit 500 Rub.,
und der Protopop 300 Rubel.

5. Die Kanzlei- und übrige Bedienten aber, wie
auch die in den Consistorien und bem Synodal-
hause

hause befindliche Mitglieder, sollen bis auf künftige Errichtung eines Stats so bleiben, wie sie ißo sind: nur die Kanzlei des Synobal=Oekonomiedepartements ausgenommen, aus der die weltlichen Bedienten, so viel ihrer nötig sind, in das zu errichtende Oekonomiecollegium versetzt werden sollen.

6. Den Archimandriten, denen namentlich im State vom J. 1724 von Sr. Kaiserl. Majest., Kaiser **Peter dem Großen**, an Gelde jedem 100 Rub und 8 Czetwert Getreide järlich zugestanden worden, verordnen Wir allergnädigst zu ihrer mereren Zufriedenheit, und zwar denen von der ersten Klasse der 10 unmittelbaren Klöster jedem 500 Rub. järlich, den übrigen aber von der zweiten Klasse 200 Rub., und den letzten von der dritten Klasse jedem järlich 150 Rubel. Wornach auch alle im State bestimmte Klosterausgaben in drei Klassen eingeteilt werden sollen.

§. II.

VI. Alle bisher auf eingegangene Klagen wegen überflüßiger Abgabe, Beschwerungen und Erpressungen von denen Bauern, wie auch über derselben Ungehorsam und Widerspänstigkeit, an verschiedenen Orten niedergesetzte Comißionen und Unter-

ten, (nur diejenige ausgenommen, welche Todtschlag betreffen), befelen Wir aufzuheben und zu zernichten. Denn was für Einkünfte aus denselben Gütern den Klöstern haben zufließen sollen, darüber ist keine ausdrückliche Verfügung vorhanden gewesen: nun aber, da sie auf gewisse Abgaben angeschlagen sind, werden sie unter der Verwaltung des Collegii und der vorgesetzten Officiere stehen. Doch was außer denen für die Klöster abgelieferten Einkünften von den Klosterbedienten den Bauern zu viel abgefodert seyn wird, soll durch die zur Verwaltung der Güter gesetzten Officiere beigetrieben, und den Bauern unverzüglich zurück gegeben werden.

VII. Die Abgaben für die Trauscheine, welche bisher unter der Verwaltung der Synode gestanden, sollen künftig an eben dieses Collegium kommen.

VIII. Wenn jemand von den vorgesetzten Officieren, bei denen auf diesen Gütern befindlichen Mühlen, Fischereien, Salzwerken, verheuerten Feldern und andern, ohne was von den Bauern erhoben wird, und ohne derselben geringste Beschwerde, bloß durch seinen Fleiß und Vorsorge, eine Verbesserung der Einkünfte macht: so befelen Wir,

solchem

ſolchem den zehenten Teil von dieſen durch ihn gemachten Verbeſſerungen zu gute kommen zu laſſen.

§. 12.

IX. Und weil die aus dieſen Kloſtergütern zum Unterhalte abgedankter Soldaten beſtimmte und andre übergebliebene Einkünfte der abgewichnen Jare, wie die heiligſte Synode dem Senate ſelbſt zu erkennen gegeben, unmöglich mehr ausfindig gemacht werden können; indem man weder Schriften noch Rechnungen darüber hat, und dieſe Einkünfte der verwichnen Jare ſelbſt nicht mehr vorhanden ſind; daher auch obbemeldte Unſrer geliebteſten Frau Muhme, der Kaiſerin **Eliſabeth Petrowna,** Verordnung von Errichtung der Invalidenhäuſer und Unterhaltung der Abgedankten, ihre Bewerkſtelligung nicht erhalten kan:

So befelen Wir, die Koſten zu Unterhaltung der jetzt bei den Klöſtern befindlichen Abgedankten, und deren die aufs neue dahin geſchickt werden ſollen, ſo wie auch die Armengelder und Prieſterbeſoldungen, kraft der ſpeciellen Ukaſe Unſers Großvaters höchſeligen und glorwürdigſten Andenkens, Kaiſers **Peter des Großen,** vom 12 Aug. 1724, aus dieſen Kloſtereinkünften zu beſtreiten, und die durch obbemeldete Unſre Verordnungen den Abgedankten, die gar keine Bedienung haben, bis an ihren Tod ausgeſetzte Gnadengelder, ſo wie

Beyl. I.   K   auch

auch die Kosten der durch Unsre Verordnungen anbefolenen Kirchenbau-Besserungen, welche bisher aus den Einkünften des Stats genommen worden, gleich den Armen- und Invalidengeldern aus diesen übergebliebenen Klostereinkünften zu nemen. Welches hiemit in Unserem ganzen Reiche kund gemacht wird.

>Das Orginal ist von Sr. Kaiserl. Maj. eigenhändig unterschrieben worden den 16 Febr. und 2 März 1762.

L. S.

Gedruckt (Rußisch und Deutsch) zu St. Petersburg beim Senate.

V. Pe-

V.
Peters des Großen
Geistliches Reglement

---

aus der

zu Petersburg 1721 deutsch gedruckten
Ausgabe.

Geiſtliches Reglement

auf hohen Befehl und Verordnung des von Gott gegebenen und mit Weisheit ausgezierten Herrn Zaren und Großfürſten

Peters des erſten

Kaiſers von ganz Rußland ꝛc. ꝛc. ꝛc.

und mit Bewilligung der ganzen heiligen dirigirenden Synode der Rechtglaubigen Rußiſchen Kirche, welche durch Sr. Zariſchen Majeſt. Bemühung, mit Einſtimmung und Beirath des geiſtlichen Standes von ganz Rußland, wie auch des dirigirenden Senats, den 14ten Febr. 1721 in der Reſidenz St. Peterburg errichtet worden, publicirt, und gedruckt
in der St. Peterburgiſchen Buchdruckerei, 1721, den 16 Sept.

―――――――――――

§. 1.

Von Gottes Gnaden

Wir Peter der erſte, Zar und Selbſthalter von ganz Rußland ꝛc. ꝛc. ꝛc.

Indem Wir, unter vielen andern, nach Erfoderung der Uns von Gott verliehenen Gewalt, Uns obliegenden Sorgen um die Verbeſſerung unſrer Nation und andrer uns unter-

Unsre Augen wenden, und in selbigem viel Unordnung und ein großes Gebrechen in Verrichtung seines Amtes warnemen: empfinden Wir in Unserm Gewissen eine billige Furcht, daß Wir vielleicht gegen den Höchsten, woferne Wir, nachdem Wir dessen hülfreiche Hand in Einrichtung so wohl des Militär= als Civilstandes so vielfältig gespüret, die Verbesserung des geistlichen Standes versäumen sollten, undankbar scheinen, und ohne Entschuldigung bleiben möchten, wenn der gerechte Richter über eine so große Uns anvertraute Verwaltung von Uns Red und Antwort fodern wird.

Derohalben haben Wir, nach dem Beispiel der gottesfürchtigen Regenten, welche vormals sowohl im Alten als Neuen Testamente gelebet, die Sorge wegen besserer Einrichtung des geistlichen Standes unternommen. Und weil Wir hiezu kein besseres Mittel ausfinden können, als eine Collegialregierung; sintemal eine einzelne Person selten von Affecten frei ist, und weil diese Würde nicht erbet, selbige um so viel mehr vernachläßiget: so errichten Wir ein **geistliches Collegium**, das ist, ein geistliches Collegialdirectorium, welches nach beigehendem Reglement alle geistliche Geschäffte in der Kirche von ganz Rußland besorgen soll.

Wir befelen demnach allen Unsern getreuen Untertanen, wes Standes sie seyn mögen, geistlichen

und

zu halten, und von demselben in geistlichen Sachen Urteil, Resolution, und Entscheidung zu begeren, auch mit desselben Ausspruch sich begnügen zu lassen, und dessen Befelen in allem gehorsam zu seyn: bei Vermeidung schwerer Strafe, dergleichen denen, so sich andern Collegiis widersetzen oder ungehorsam sind, dictiret ist.

Es lieget aber gedachtem Collegio ob, dieses Reglement künftighin mit neuen Verordnungen vollständiger zu machen, wie solches die Umstände und verschiedene Vorfälle erfodern möchten. Doch soll solches nicht ohne Unsre Bewilligung geschehen.

Zu diesem geistlichen Collegio bestellen Wir folgende Mitglieder: als einen Präsidenten, 2 Vicepräsidenten, 4 Räthe, und 4 Assessoren. Weil auch in dem 7ten und 8ten Punct des ersten Teils dieses Reglements gedacht wird, daß der Präsident dem Gerichte seiner Mitbrüder, nämlich eben desselben Collegii, unterworfen sei, wenn er ein schweres Verbrechen begangen: so wollen Wir, daß er auch in dem Collegio nur Eine Stimme von gleicher Giltigkeit, wie die andern, haben solle.

Es sollen aber alle Glieder dieses Collegii bei Antretung ihres Amtes einen Eid bei dem heil. Evangelio, nach nächstfolgender Eidesformul, ablegen. Gegeben in St. Petersburg, den 25 Jan. 1721.

Peter.

Eid der Glieder des geistlichen Collegii.

Ich Endesbenannter gelobe und schwöre zu Gott dem Allmächtigen vor seinem heil. Evangelio, daß ich schuldig, und meiner Schuldigkeit gemäß willens bin, und mich auf alle Weise befleißigen werde, in allen Beratschlagungen, Gerichten, und andern Verrichtungen dieser geistlichen dirigirenden Versammlung jederzeit die eigentliche aufrichtige Warheit und Rath zu suchen, und in allem sowohl nach denen im geistlichen Reglement festgesetzten Verordnungen, als auch nach denjenigen, so künftighin etwa durch einstimmigen Schluß dieses geistlichen Directorii, und mit Bewilligung Sr. Zarischen Majestät gemacht werden möchten, zu handeln. Alles dieses will ich nach meinem Gewissen, ohne Ansehen der Person, Haß, Feindschaft, oder Eigensinn, und mit einem Worte, ohne mich von einer Leidenschaft gefangen nemen zu lassen, in der Furcht Gottes, das gerechte Gericht Gottes beständig im Gedächtnis habend, mit aufrichtiger Liebe gegen Gott und den Nächsten verrichten; und allen meinen Gedanken, Worten und Werken die Ehre Gottes,

tes, die Seligkeit der Menschen Seelen, und die Erbauung der gesammten Kirche zum Endzweck setzen, und nicht suchen, was mein, sondern was des Herrn Jesu Christi ist.

Ich schwöre auch bei dem lebendigen Gotte, daß ich in beständiger Erinnerung seines erschröcklichen Worts: **Verflucht sei jedermann, der des Herrn Werk nachläßig treibt,** in allen Geschäfften, so dieser dirigirenden Versammlung aufstoßen möchten, mich unverdrossen mit allem Fleiße, nach meinem äußersten Vermögen als in Gottes Werk betragen, und alle meine Vorteile und Bequemlichkeiten hintan setzen, auch mich nicht stellen werde, als verstünde ich die Sache nicht: sondern falls ich auch ein anderes nicht begreifen sollte, will ich mich auf alle Weise bemühen, aus der heil. Schrift, den Canonen der Concilien, und der Uebereinstimmung der alten und großen Kirchenlerer, davon Nachricht und Belerung einzuziehen.

Ich schwöre ferner bei dem allmächtigen Gott, daß ich will und schuldig bin, meines angebornen und waren Zaren und Herrn, **Peters des ersten,** Selbstherrschers von ganz Rußland 2c. 2c., und nach Jhm Sr. Zarischen Majest. rechtmäßigen Nachfolgern, welche nach Dero Willen und souverainen

nannt und der Besitzung des Throns gewürdiget werden möchten; ingleichen Ihro Maj. der Zarin Katharina Alexejewna, treuer, aufrichtiger und gehorsamer Knecht und Untertan zu seyn, und allezeit Ihro Zarischen Maj. hohen Souveraineté, Macht und Gewalt zugehörige sowohl legitimirte als künftig noch zu legitimirende Gerechtsame und Prärogativen, nach äußerstem Verstande, Kraft und Vermögen zu bewaren und zu verteidigen, auch hierinnen auf erfordernden Fall meines Lebens nicht zu schonen.

Ueber dieses werde ich mich äußersten Fleißes bemühen, alles dasjenige zu befördern, was zu Sr. Zarischen Maj. treuen Diensten und Vorteilen in allen Fällen gereichen kann; und hingegen, was Sr. Zarischen Majestät Interesse, Präjudiz, Schaden oder Verlust verursachen möchte, so bald mir Nachricht davon zukömmt, nicht allein zeitig entdecken, sondern auch auf alle Art und Weise abzuwenden, und nicht zu verstatten suchen.

Wenn mir auch ein Geheimniß anvertrauet würde, zum Dienst und Nutzen Sr. Zarischen Majestät, oder der Kirche, oder was Art sonsten es seyn möchte, welches ich

ge-

geheim zu halten Befel bekäme: so will ich solches vollkommen geheim halten, und niemand entdecken, dem es nicht zu wissen gebühret, oder zu offenbaren mir befolen ist.

Ich erkenne auch hiermit eidlich für den obersten Richter dieses geistlichen Collegii den Monarchen von ganz Rußland, **Ihro Zarische Majestät Selbst**, unsern allergnädigsten Herrn.

Auch schwöre ich zu dem allsehenden Gott, daß ich alles dieses, was ich anjetzo gelobet, in meinem Hertzen nicht anders erkläre, als wie ich es mit den Lippen bekenne, und daß ich es in eben dem Sinne und Verstand annehme, in welchem die hier niedergeschriebene Worte den Lesenden und Hörenden selbst vorkommen.

Dieses bekräftige ich mit meinem Eide. Gott, du Herzenskündiger, sei du mein Zeuge dieser meiner Zusage, daß sie aufrichtig sei: wofern sie aber betrüglich und wider mein Gewissen wäre, so sei dißfalls gegen mich ein gerechter Richter und Rächer!

Zum Schlusse dieses meines Eides küsse ich die Worte und das Kreuz meines Erlösers. Amen!

§. 3.

Reglement
oder Ordnung des geistlichen Collegii,

wornach dasselbe so wol seine eigene, als auch anderer, nicht allein geistlichen Stände, sondern auch weltlicher Personen Pflichten, in so ferne diese der Geistlichen Jurisdiction unterworfen sind, zu achten, und nach welchem es in Ausfertigung Seiner Geschäffte zu verfaren hat.

Dieses Reglement wird, nach der Zal der 3 anmerkungswürdigen und Direction bedürftigen geistlichen Notwendigkeiten, in 3 Teile geteilt, als nämlich:

1. Beschreibung und wichtige Ursachen einer solchen Regierung.

2. Die darunter gehörige Geschäffte.

3. Der Directoren Pflicht, Amt und Gewalt.

Der Grund aber einer solchen Einrichtung, nämlich das Gesetz Gottes, welches uns in der Heil. Schrift vorgetragen wird, ingleichen die in den Concilien festgesetzte Canones der Heil. Väter, wie auch die bürgerlichen Gesetze, welche mit dem Worte Gottes übereinstimmen, haben hier nicht Raum, sondern müssen in einem besondern Buche ausgeführt werden.

§. 4.

§. 4.

Erster Teil,
Was das Geistliche Collegium sei, und was man für wichtige Ursachen habe, eine solche Regierung anzuordnen.

Ein dirigirendes Collegium ist nichts anders, als eine dirigirende Versammlung, wenn gewisse Dinge nicht Einer Person allein, sondern vielen, welche dazu tüchtig und von der hohen Obrigkeit verordnet sind, zu verwalten anvertrauet worden.

Ein anders ist ein Collegium, so nur auf eine Zeitlang errichtet wird; ein anders aber ein beständiges. Das erste ist, wann wegen eines oder merever Geschäffte, die zu gleicher Zeit zu entscheiden sind, einige dazu tüchtige Personen bestellet werden: dergleichen sind in der Kirche die Synoden; im Staate die außerordentlichen Inquisitionstribunäle und Rechtsversammlungen. Ein beständiges Collegium ist, wann zur Aufsicht oder Verwaltung einiger gewisser Geschäffte, welche entweder beständig, oder wenigstens oft, im Waterlande vorfallen, eine hinlängliche Anzal Männer verordnet wird. Dergleichen war das geistliche Synedrium in der Kirche des alten Testaments, und das bürgerliche Gerichte der Areopagiten zu Athen,

und

höfe oder Dikasteria.

Dergleichen Versammlungen findet man auch in vielen alten und neuen Staten. Und auf eben dieselbe Weise hat der Großmächtigste Zar von ganz Rußland, zum Vorteil des ihm unterworfenen Vaterlandes, unterschiedliche Collegia, nach dem Unterscheid der Geschäffte und Bedürfnisse des Reichs, im J. 1718 höchstweislich angeordnet. Indem er nun, als ein christlicher Monarch und Beschützer des rechten Glaubens und aller guten Ordnungen in der Kirche, auch auf die Mängel des geistlichen Standes sein Augenmerk gerichtet, und in demselben eine bessere Einrichtung zu treffen gewünschet: hat Er ein geistliches Collegium zu errichten geruhet, welches das, was der Kirche zum Vorteil gereichen könnte, fleißig und unabläßig beobachten sollte, damit alles ordentlich zugehe, und kein unordentliches Wesen einreisse; wie des Apostels Wunsch, oder vielmer der Wille Gottes selbst, ist.

§. 5.

Damit aber niemand in den Gedanken stehen möge, als ob diese Einrichtung unbequem sei, und Eine Person besser die geistlichen Angelegenheiten einer ganzen Gemeine besorgen könne, so wie ein jeder Bischof insbesondere die in seiner Diöces vorfallende bischöfliche Geschäffte besorgt: so wollen wir
einige

einige wichtige Ursachen vorausseßen, welche klar erweisen, daß eine beständige Collegial-Verwaltung, gleich einem beständigen Synodo oder Synedrio, viel vollkommner und besser sei, als die Verwaltung, welche einer einzelnen Person anvertrauet wird; sonderlich in einem monarchischen Reiche, dergleichen Rußland ist. Dann

I. läßt sich die Warheit klärer finden, wenn eine ganze Versammlung sich darüber bespricht, als von einer einzelnen Person. Es ist ein altes Sprichwort: die leßten Gedanken sind klüger als die ersten; wie vielmer müssen denn nun vieler Personen Gedanken über eine Sache klüger seyn, als eines einzelnen Menschen Gedanken? Es trägt sich zuweilen zu, daß in einer schweren Sache ein Einfältiger etwas erblickt, was ein gelerter und scharfsinniger Mann übersieht. Daher ist auch eine Collegial-Regierung sehr nötig, als in welcher unterschiedliche Köpfe die vorgelegte Sache erwegen: denn solchergestalt erreichet der eine, was dem andern zu hoch ist; was der eine nicht sieht, erblickt der andere. Und also wird eine zweifelhafte Sache deutlicher und geschwinder erläutert, und was darinn verordnet werden muß, zeigt sich ohne große Schwierigkeit.

II. So wie nun bei einer Collegial-Regierung die Kraft, etwas einzusehen, schärfer ist: also haben auch ihre Resolutionen mehr Nachdruck; denn

ein

beſſer, und lenket das Herz mehr zur Unterwürfigkeit, als die Befele einer einzelnen Perſon. Die Monarchen beſitzen zwar eine ſouveraine Gewalt, welcher gehorſam zu ſeyn, Gott ſelbſt um des Gewiſſens willen befielet: dennoch haben ſie ihre Räthe, nicht nur um die Warheit deſto beſſer zu unterſuchen, ſondern auch damit unbändige Leute ſie nicht verläumden können, als ob ſie dieſes oder jenes mehr mit Gewalt und aus Affecten, als nach Gerechtigkeit und warer Beſchaffenheit der Sachen, verordneten. Wie vielmer muß ſolches in Regierung der Kirche ſtatt haben, als welche gar nicht monarchiſch, ſondern vielmer den Vorgeſetzten verboten iſt, über das Volk zu herrſchen? Denn wenn bei ſo geſtalten Dingen eine einzelne Perſon etwas verordnet; ſo können boshafte Leute auch nur durch Verläumbung dieſer einigen Perſon die Verordnung ſchwächen: welches nicht ſo leicht angeht, wenn ſothane Verordnung aus der Beratſchlagung einer ganzen Verſammlung herfließt.

III. Dieſes hat um ſo viel mer Kraft, wenn ein ſolches Collegium, das die Regierung führt, unter einem ſouverainen Monarchen ſteht, und von demſelben eingeſetzt iſt. Denn daraus ſiehet man klärlich, daß das Collegium nicht eine Faction ſei, die ſich wegen ihrer beſondern Intereſſen durch eine geheime Verbindung zuſammengethan; ſondern daß

es

es aus Personen bestehe, die sich auf des Monarchen Befel und Beratschlagung mit andern zum gemeinen Besten versammlen müssen.

IV. Ist auch dieses ein wichtiger Punct, daß wenn Eine Person allein die Regierung führt, wegen unumgänglich notwendiger Verrichtungen oder Krankheiten, so derselben zustossen, die Geschäffte vielen Langwürigkeiten und Verzögerungen unterworfen seyn können, und wenn dieselbe Person stirbt, gänzlich liegen müssen. In einer Versammlung hingegen, wenn auch gleich die vornemste Person abwesend wäre, arbeiten dennoch die übrigen Mitglieder, und bleiben also die Affairen in einem nie unterbrochnen Gange.

V. Der größte Vorteil aber bestehet darinne, daß in einem solchen Collegio keine Affecten, Arglist und Bestechungen statt haben können: denn wie wollten sich so viele Personen, zu Lossprechung der schuldigen oder Verdammung der unschuldigen Partei, verbinden können? Und wann auch Einer unter ihnen mit Haß oder Feindschaft gegen eine Partei eingenommen ist; so sind doch der andre, dritte, und folgende von solchen Affecten frei. Wie können auch Bestechungen allda einreissen, da die Sachen nicht nach Ansehen, sondern nach rechtmäßigen und wichtigen Gründen abgeurteilet werden, und ein jeder, wenn er keinen zu Rechte giltigen Grund seines Urteils vorbringen kann, sich vor den

Beyl. I. 〻 andern

für Bezalung spreche? Dieß ist um so viel leichter zu verhintern, wenn das Collegium mit solchen Leuten besetzt wird, die sich ganz und gar nicht mit einander heimlich verbinden können: als nämlich, wenn es Leute von verschiedenem Stande und Beruf, Bischöfe, Aebte, Prioren und weltliche Geistliche sind. Denn so ist gewiß nicht abzusehen; wie sich einer unterstehen sollte, dem andern sein schelmisches Vorhaben zu entdecken; geschweige denn, daß sie sich vereinigen könnten, Unrecht zu thun.

VI. Gleichergestalt hat auch ein Collegium einen freien Geist, die Gerechtigkeit zu handhaben: denn es darf sich nicht so, wie eine einzelne Person, vor dem Zorn der Mächtigen fürchten; weil es auch nicht so leicht ist, so vielen Personen, und zwar von verschiedener Function, beizukommen, als Einem Menschen.

VII. Ferner ist auch ein großer Vorteil, daß man von einer Regierung, die durch eine Versammlung geführet wird, nimmer so viel Lermen und Aufrur für das Vaterland zu besorgen hat, als von einem Oberhaupte des geistlichen Standes entstehen kann. Dann der gemeine Mann versteht den Unterscheid der geistlichen und souverainen weltlichen Gewalt nicht, sondern wird durch die große Ehre und Würde, so man dem obersten Hirten giebt, von Verwunderung dergestalt eingenommen,

daß

daß er denkt, ein solches Oberhaupt sei ein andrer Landesherr, in gleicher Würde mit dem Monarchen, oder auch noch größer als derselbe; und der geistliche Stand mache eine besondre und vortrefflichere Monarchie aus. Da nun der gemeine Mann für sich selbst bereits also zu raisoniren pflegt: was kann nicht daraus entstehen, wenn grundlose Discurse herrschsüchtiger Geistlichen darzu kommen, und Feuer an solches Stroh legen? Durch dergleichen Meinungen werden einfältige Herzen dergestalt verkehrt, daß sie nicht so wohl auf ihren Monarchen, als auf ihren Oberhirten, in allen Dingen ihre Augen richten. Hören sie dann, daß diese beide Streitigkeiten mit einander haben: so fallen sie alle mehr dem geistlichen als dem weltlichen Oberhaupte, wiewohl blindlings und mit höchster Torheit, bei, und unterstehen sich wohl, für das erstere zu streiten und zu rebelliren, in der betrüglichen Meinung, daß sie für Gott selbst fechten, und ihre Hände nicht verunreinigen, sondern heiligen würden, wenn sie selbige zum Blutvergießen ausstrecken. Diese des gemeinen Manns Meinung sehen sonst nicht einfältige aber arglistige Leute herzlich gerne: und weil sie ihren Herrn im Herzen hassen, nemen sie sodann ihrer Zeit wahr, ihre Bosheit auszuüben, wenn der Landesherr mit dem Oberhirten zerfallen ist, und entblöden sich nicht, unter dem Vorwand eines Eifers für die Kirche,

strecken, und das einfältige Volk zu einer so gottlosen That als zum Werke des Herrn aufzumuntern. Was sollte nun dann nicht geschehen, wenn der Hirte selbst mit einer solchen Meinung von sich verblendet ist, und nicht ruhen will? Es ist schwer auszusprechen, wie viel Unglück hieraus zu entstehen pflegt. Dieß sind keine bloße Gedanken: leider! hat sich solches mehr als einmal in verschiedenen Reichen in der That selbst bewiesen. Man sehe nur in die Geschichte von Constantinopel nach Justinians Zeiten zurücke, so werden sich viele dergleichen Beispiele finden. Ja der Papst selbst ist durch kein andres Mittel zu solcher Macht gelangt: so daß er nicht allein das Römische Reich gänzlich aufgehoben, und sich davon ein großes Stück angemaßet, sondern auch andre Reiche zu verschiedenen malen erschüttert, und auf die Spitze ihres Untergangs gebracht: daß wir der Unsern Landen vormals angedroheten Unternemungen anjetzo nicht gedenken. Ein solches Uebel findet keinen Platz, wenn die geistlichen Geschäffte durch eine Versammlung dirigiret werden. Denn in derselben hat niemand, ja nicht einmal der Präsident selbst, eine besondre und das Volk in Verwunderung setzende Herrlichkeit; niemand hat eine besondre Pracht und Ansehen; niemand kann eine hohe Meinung von ihm haben, und kein
Schmeich-

Schmeichler kann ihm unmäßige Lobeserhebungen beilegen, weil alles Gute, was bei solcher Collegial-Regierung geschiehet, nicht dem Präsidenten allein zugeschrieben werden kann. Selbst der Name Präsident hat nichts hochtrabendes in sich, und bedeutet nichts mehr, als einen Vorsitzer, daher dann weder er selbst von sich, noch andre von ihm, hohe Gedanken haben können. Wenn der gemeine Mann überdieß siehet, daß sothane Collegial-Regierung auf des Monarchen Befel und mit Beirath des Senats angeordnet ist: so bleibt er um so viel mer in Gehorsam, und lässet alle Hoffnung faren, von dem geistlichen Stande in seiner Rebellion gestärkt zu werden.

VIII. Wächset der Kirche und dem Reich von solcher Collegial-Regierung dieser Vorteil zu, daß nicht allein die Beisitzer, sondern auch der Präsident selbst, wenn er etwas großes versieht, dem Gerichte seiner Amtsbrüder eben desselben Collegii unterworfen ist: dahingegen wo ein Hirte gleichsam en Souverain regiert, solches nicht also geschehen kann, weil er sich von den ihm subordinirten Bischöfen nicht richten lassen wird. Sollte er auch dazu gezwungen werden: so wird dennoch dergleichen Gericht bei dem gemeinen Volke, daß von der Rechtmäßigkeit desselben nicht urteilen kann, und blindlings zu urteilen pflegt, für verdächtig und verwerf-

man um Eines bösen Patriarchen willen ein Allgemeines Concilium berufen muß; welches eines Teils nicht anders als mit großer Belästigung des Vaterlandes und mit schweren Kosten geschiehet; andern Teils aber jetziger Zeit, da die Morgenländischen Patriarchen unter dem Türkischen Joche leben, und die Türken anjetzo Unser Reich mehr als vor Zeiten fürchten, ganz und gar nicht werkstellig gemacht werden kann.

IX. Schließlich ergiebt sich in einer solchen Collegial-Regierung eine Schule des Kirchenregiments. Dann durch die Mitteilung vieler und verschiedner Raisonnemens, Ratschläge und regelmäßiger Beweißtümer, dergleichen die häufigen Geschäffte erfordern, kann ein jeder Beisitzer mit leichter Mühe die geistliche Politik erlernen, und durch die tägliche Erfarung einen rechten Begriff bekommen, wie das Haus des Herrn am besten verwaltet werden könne. Dahero werden sich die Beisitzer dieses Collegii zu den bischöflichen Würden mehr als andre geschickt machen: und solchergestalt wird nächst göttlicher Hülfe die Ungeschliffenheit in Rußland auch von dem geistlichen Stande bald hinwegfallen, so daß man sich davon alles Gute zu versprechen hat.

§. 6.

Zweiter Teil
von denen unter solche Regierung gehörigen Geschäfften.

Wenn man die Geschäffte in Betrachtung ziehet, welche in dem geistlichen Collegio abgethan werden sollen: so zeigen sich derselben zweierlei Arten.

Einige gehen insgemein die ganze Kirche an, und alle so wohl geistliche als weltliche Stände, und alle deren hohe und niedrige Ordnungen, wie auch die gemeinen Kirchenbedienten: in deren Betracht man beobachten muß, ob auch alles nach der Vorschrifft der christlichen Religion eingerichtet sei, oder ob etwas, so derselben zuwider, geschehe; ingleichen, ob es nicht irgendwo an dem, einem jeden Christen nötigen Unterrichte fele, wovon unten ein merers gesagt werden soll.

Andere gehen einige Stände insbesondere an. Diese Stände aber sind fünferlei: 1. Bischöfe, 2. Priester, Diakone und andre Kirchenbediente; 3. Mönche, 4. Schulen, und die darin befindlichen Lerer und Schüler, wie auch die Prediger; 5. Weltliche Personen, so fern dieselben geistlichen Unterricht vonnöten haben: als wegen unzuläßiger und verbotener Heiraten, und anderer Geschäffte,

Was nun bei allen diesen am meisten in Acht zu nemen ist, soll im folgenden nach der Ordnung angezeiget werden.

§. 7.

I. Allgemeine Geschäffte.

Hier muß man, wie oben bereits angeführet worden, auf zwei Stücke Achtung geben:

1. ob alles ordentlich und nach der Vorschrifft der christlichen Religion zugehe, und ob nicht irgendwo was geschehe, so mit derselben streitet?

2. ob ein genugsamer **Unterricht im Christentum** im Schwange gehe?

§. 8.

Bei dem ersten Stück sind folgende Puncte zu betrachten:

1. muß man die neu gemachten **Akathisten** und andre Officia und Gebetsformeln, deren sonderlich zu unsern Zeiten eine nicht geringe Anzal in Kleinrußland aufgesetzt worden, untersuchen, ob nämlich diese Aufsätze der heil. Schrift gemäß sind, oder ob sie etwas derselben entgegen laufendes, oder auch sonst etwas ungeziemliches und unnützes Geschwätze enthalten?

II. Glei-

II. Gleichergestalt muß wegen der vielfältigen Gebete eine Ordnung gemacht werden, weil dieselbe, wenn sie auch schon an sich selbst richtig wären, dennoch nicht einem jeden zu verrichten obliegen, und nach dem Belieben eines jeden in seinem Hause, nicht aber in der Kirche als Kirchengebete gebraucht werden können, damit mit der Zeit nicht ein Gesetz daraus gemacht, und der Menschen Gewissen nicht damit beschweret werden.

III. Muß man auch die Leben der Heiligen nachsehen, ob nicht unter denselben einige fälschlich und ohne Grund erdichtete, oder der christlichen rechtgläubigen Lere zuwiderlaufende, oder auch unnütze und lächerliche Erzälungen, sich befinden. Dergleichen Mährchen muß man widerlegen und verbieten, zugleich aber das Falsche, so sich darinnen findet, anzeigen. Denn es finden sich freilich dergleichen offenbare lügenhaffte und mit der gesunden Lere streitende Historien: als z. E. in dem Leben des Euphrosini von Pleßkov die Abhandlung von dem zweifachen Singen des Halleluja ein offenbar falsches und von einem Taugenichts erdichtetes Werk ist, worinn, außer der thörichten Lere von Verdoppelung des Halleluja selbst, Sabellische, Nestorische und andre Irrtümer mehr gefunden werden. Und ob auch schon der Verfasser hierinn aus Unwissenheit gesündigt: so liegt dennoch der geistlichen Regierung ob, dergleichen erdichtete Dinge

gesunder Speise Gift vorzusetzen; insonderheit weil der gemeine Mann zwischen Rechts und Links keinen Unterscheid zu machen weiß, sondern alles, was er nur in Büchern findet, mit Eifer und Hartnäckigkeit behauptet, und sich daran hält.

IV. Insonderheit aber muß man diejenigen Erfindungen sorgfältig untersuchen, welche die Menschen zu einem schlimmen Lebenswandel führen, und ihnen ein betrügliches Mittel zur Seeligkeit zu gelangen vorbilden. Als z. E. daß man am Freitage nicht arbeiten, sondern denselben feiern müsse; und daß die Pätniza (Freitag) sich über diejenigen, die ihren Tag nicht feiern, sehr erzürne, und sie mit schweren Bedrohungen angreife; ingleichen zu Erlangung vieler geistlichen und leiblichen Güter. Ferner, daß man einige Officia vor andern werth halten soll: als die Meſſe auf den Tag der Verkündigung Mariä, die Frühmette auf Oſtern, und die Vesper auf Pfingſten. Dieſe Puncte werden nur zum Beiſpiel angeführt, wiewohl ſie ſonſten wenigen und zwar nur einfältigen Leuten ankleben. Ob man aber auch nur für wenige, ja gar nur einen einzigen Bruder bekümmert ſeyn muß, damit derjenige nicht geärgert werde, um deſſen willen Chriſtus geſtorben iſt: ſo finden ſich dennoch dergleichen andre Leren, welche auch von ehrbaren Leuten aus Unwiſſenheit für

glaub=

glaubwürdig gehalten werden, und folglich schädlich sind. Dergleichen ist die Tradition des Peczerischen Klosters in Kiew, daß wer nur daselbst begraben würde, ob er schon auch in der Unbußfertigkeit gestorben, dennoch selig werden müsse. Wie weit aber diese oder dergleichen Mährchen von dem Wege der Seligkeit ableiten, wird ein jeder gewissenhafter Mann, der auch nur ein wenig in der rechtglaubigen Lere unterrichtet ist, nicht ohne Seufzen bekennen müssen.

V. Möchten sich auch vielleicht einige untaugliche und wohl gar schädliche Cärimonien finden. Es verlautet, daß in Klein-Rußland ein Bild mit fliegenden Haren unter dem Namen der heil. Pätniza (Freitag) in einer Kirchenprocession herumgeführt, und demselben, unter der Hoffnung eines daher zu erlangenden Nutzens, (wofern dieser Bericht anders wahr ist), vor der Kirche von dem Volke Ehre angethan, und Geschenke gegeben würden. An einem andern Orte singen die Priester mit dem Volke eine Litanei unter einer Eiche, deren Zweige sodann der Priester dem Volke zur Benediction austeilt. Es muß daher untersucht werden, ob dieses wirklich also geschehe, und ob die dasigen Bischöfe darum wissen? Denn diese und andre dergleichen Dinge, wo sich solche finden, verführen das Volk zu einer offenbaren und schändlichen Abgötterei.

VI. Muß

Heiligen examiniren, wenn sich dergleichen irgendwo hervorthun sollten, an denen man zu zweifeln Ursach hätte: denn hierinn wird viel Schelmerei getrieben, wovon wir nur einige auswärtige Exempel anführen wollen. Der Leib des heil. Märtyrers Stephan liegt zu Venedig im Benedictiner-Kloster in der Vorstadt, in der St. Georgenkirche: und eben derselbe wird auch in der St. Lorenzkirche in der Vorstadt zu Rom gezeigt. Ingleichen finden sich in Italien viel Nägel von dem Kreuze Christi, Milch von der Mutter Gottes, und andre dergleichen Raritäten. Man muß zusehen, ob sich nicht auch bei uns dergleichen Narrenspossen äußern.

VII. Wegen der heil. Bilder muß dasjenige beobachtet werden, was der Eid der Bischöfe vor der Weihung dießfalls besagt.

VIII. Ferner muß man Sorge tragen, daß das nicht mehr geschehe, was vormals im Schwange gieng: daß nämlich, wie verlautet, einige Bischöfe, um verarmten oder neu zu erbauenden Kirchen aufzuhelfen, an wüsten Plätzen, oder auch bei Brunnen, heil. Bilder aufsuchen lassen, und nur aus dem einzigen Grunde, weil man dergleichen Bilder allda gefunden, ein Zeugniß ausgestellt, daß sie wundertätig wären.

IX. Es

IX. Es ist auch bei dem Kirchendienste dieser böse, schädliche, und Gott ganz mißfällige Gebrauch eingeschlichen, daß man die Officia und andre Kirchengebete in zwei oder mereren Stimmen absingt; dergestalt, daß eine Mette oder Vesper zerteilt, und zugleich von vielen gesungen, oder auch viel Litaneien zugleich von vielen Sängern und Lectorn geendiget werden. Dieß hat in der Faulheit der Klerisei seinen Ursprung, und ist zwar zur Gewonheit worden, muß aber notwendig abgeschafft werden.

X. Ferner findet sich dieser sehr schändliche Gebrauch, daß man, wie verlautet, entfernten Personen Gebete durch Leute, welche sie abgeschickt, in einer Münze zusendet. Dieß wird zur Nachricht angemerkt, damit man dann und wann nachfragen könne, ob solches annoch geschehe. — Jedoch es ist unnötig, allen dergleichen Unfug hier zu erzälen. Mit Einem Worte, was nur Aberglaube genannt werden kann, das ist, was überflüßig, zur Seligkeit nicht dienlich, und nur von Heuchlern ihres Vorteils wegen erdacht ist, das gemeine Volk aber bethöret, und gleich dem Treib-Schnee dasselbe verhintert, den geraden Weg zur Warheit zu gehen: alles solches gehört unter diese Absicht als ein allgemeines Uebel, indem es sich in allen Ständen findet. Obiges aber wird nur zum

Bei-

chen Dinge verhüten könne.

Und dieses ist die **erste** Art der allgemeinen Geschäffte.

§. 9.

Die **andre** Art der allgemeinen Geschäffte ist, wie oben bereits gemeldet worden, daß man fleißig Achtung gebe, ob wir auch genugsamen Unterricht zur Besserung im Christentum unter uns haben.

Denn obgleich gewiß ist, daß die heil. Schrift ein vollkommnes Gesetz, und die zu unsrer Seligkeit nötigen Anweisungen, in sich enhält, wie der Apostel sagt 2 Tim. III. Alle Schrift, von Gott eingegeben, ist nütz zur Lere, zur Strafe, zur Besserung, zur Züchtigung in der Gerechtigkeit, daß ein Mensch Gottes sei vollkommen, zu allen guten Werken geschickt: so braucht man doch vollkommner Männer Handleitung, weil viele gar nicht lesen können, auch von denen, welche es können, wenige im Stande sind, das was zur Seligkeit am nötigsten ist, aus der Schrift zusammen zu suchen. Denn deßwegen ist der Hirtenstand von Gott eingesetzt, damit sie die ihnen anvertraute Heerde aus der heiligen Schrift unterrichten.

Dieweil aber in Ansehung der großen Menge Volks, so sich zu der Rußischen Kirche bekennet,
allzu=

allzuwenig Priester vorhanden sind, die die Leren und Gebote der heil. Schrift dem Volk auswendig vorpredigen können: so ist eine unumgängliche Notwendigkeit, daß man einige kurze und auch dem gemeinen Manne deutliche Bücher zur Hand neme, welche alles, was zum Unterricht des Volkes nötig ist, in sich enthalten; und daß solche Bücher dem Volke an Sonn- und Festtagen in der Kirche stückweise vorgelesen werden.

Ob nun wol dergleichen Bücher schon in genugsamer Anzal vorhanden sind, nämlich die Homologie oder das rechtgläubige Glaubensbekänntniß, wie auch einiger heiligen großen Kirchenlerer eregetische und moralische Homilien: so ist dennoch ein solcher Unterricht für das ganze insonderheit aber das gemeine Volk nicht bequem. Denn das Glaubensbekenntniß ist fürs erste ein ziemlich großes Buch, und kann also dem gemeinen Manne nicht im Gedächtnisse bleiben; und sodann ist es auch nicht in gemeiner Sprache geschrieben, so daß einfältige Leute es nicht wol verstehen können. Gleichergestalt sind die Bücher großer Kirchenlerer, des Chrysostomus, Theophylakts, und andrer, in griechischer Sprache geschrieben, und in derselben allein verständlich; die Navonische Uebersetzung hingegen ist sehr dunkel, und haben auch gelerte Leute Mühe, selbige zu verstehen, einfältige und gemeine Leute aber können dieselbe nicht erreichen:

dieser Lerer viele hohe theologische Geheimnisse und andre Dinge, so dieselben dazumal nach den Neigungen verschiedener Völker, und nach den damaligen Zeitumständen, vortragen müssen, welches aber ein Einfältiger itzo zu seinem Nutzen nicht anwenden kan. Dem gemeinen Mann hingegen muß dasjenige, was allen insgemein und einem jeden insbesondre nach seinem Beruf obliegt, öfters eingepräget werden. Ueberdiß kann man dergleichen Bücher nicht in allen Dorfkirchen, sondern in den Stadtkirchen, und zwar nur in denen, die etwas begütert sind, anschaffen.

Weil man nun der menschlichen Schwachheit zu Hülfe kommen muß; so hält man billig dafür, daß es schon für eine hinlängliche Unterweisung gehalten werden könne, wenn ein jeder die Hauptleren unsers Glaubens, und den Rath Gottes von unsrer Seligkeit, wie auch die Gebote Gottes, inne hat, damit er vom Bösen ablasse, und gutes thue; und daß wenn jemand, nachdem er solche Unterweisung empfangen, dennoch verkehrt bleibt, er selbst vor Gott ohne Entschuldigung seyn werde, nicht aber der Hirtenstand, als welcher seiner Seligkeit wohl vorgestanden.

Daher wird nötig seyn, 3 kleine Bücher abzufassen: eines von den vornemsten Leren unsers Glaubens, wie auch von dem Gesetze Gottes, das

in

in den zehen Geboten enthalten ist; das andre von den besondern Pflichten eines jeden Standes; und ein drittes, in welchem verschiedener heiliger Kirchenlerer deutliche Predigten, sowol von den Hauptleren, als auch insonderheit von den Tugenden und Lastern, und besonders von den Pflichten eines jeden Standes, zusammengetragen sind. In dem ersten und andern, sollen die Beweistümer aus der heil. Schrift selbst genommen, und kurz und deutlich vorgetragen werden; das dritte aber bekräftigt die ersten beiden aus den heiligen Vätern.

Das Lesen gedachter Bücher kann am besten auf folgende Weise geschehen, wenn man alle Sonn- und Festtage bei der Frühmette ein kleines Stück aus dem ersten, und ein andermal aus dem zweiten Buche wechselsweise, bei der Messe aber eine Homilie aus dem 3ten Buche von eben derselben Materie liest, daß, was des Morgens gehöret worden, dessen Bekräftigung bei der Messe gehöret werde. So bleibt solches desto fester im Gedächtnisse.

Die Bücher sollen aber dergestalt abgeteilt werden, daß man sie alle Vierteljahr auslesen kann: denn also höret der gemeine Mann alles, was ihm zu wissen nötig ist, viermal im Jahr, und kann das Gehörte desto besser behalten. Auch können die Kinder das erste und andre Buch gleich anfangs mitlernen, wenn sie im ABC unterrichtet werden.

Beyl. I.　　　　　M　　Ob

so haben sie doch alle drei in einem mäßigen Bande Raum, so daß man sie mit geringen Kosten anschaffen, und nicht allein in der Kirche, sondern auch zu Hause, bequem brauchen kann.

Bis hieher haben wir von den **allgemeinen** Geschäfften gehandelt. Anitzo müssen wir auch die besondern Pflichten der Bischöfe, Mönche, und andrer etwas betrachten.

§. 10.
II. Pflichten der Bischöfe.

Hiebei ist folgendes zu wissen nötig.

I. Muß ein jeder Bischof die General- und Provincial-Concilia bei sich haben, und fertig wissen, was dieselben verordnen, und was sowol der ganzen Geistlichkeit insgemein, als auch des Bischofs besondern Pflichten sind, welches ohne fleißige und öftere Lesung nicht geschehen kann.

II. Muß er insonderheit die Grade der Blutsfreundschaft und Verwandtschaft wissen, und welche eine Heirat leiden können, oder nicht: so wol nach den göttlichen Gesetzen 3 Mos. XVIII, als auch nach den Kirchengesetzen, Canonen, und Zarischen Verordnungen. Dieß muß er selbst wissen, und sich darinn auf niemand verlassen, ob er auch wol sonst einen in diesen Sachen erfarnen Mann bey sich hätte.

III. Und

III. Und weil itzt bemeldte beide Pflichten ohne fleißiges Lesen nicht erfüllt werden können, und man öfters nicht weiß, ob einer oder der andre ein Liebhaber vom Lesen ist: so sollen alle Bischöfe vom geistlichen Collegio Befel bekommen, bei ihrer Tafel allezeit ein Stück von denen sie angehenden Canonen lesen zu lassen. Welches niemals unterlassen werden soll, außer dann und wann an hohen Festtagen, oder wenn vorneme Gäste zugegen sind, oder aus andern rechtmäßigen Ursachen.

IV. Kömmt einem Bischofe ein schwerer Casus vor, worinn er für sich nicht finden kann, was zu thun sei: so soll er fürs erste an den nächsten Bischof, oder an einen andern gelerten Mann schreiben, und sich desfalls bei ihm Raths erholen. Wäre es nun damit nicht richtig gestellt; so soll er hievon an das geistliche Collegium in der Residenz St. Peterburg deutlich und umständlich berichten.

V. Es sind einige Canones, worinn den Bischöfen verboten wird, sich lange außer ihrem Sprengel aufzuhalten, wie ein jeder aus den Concilien wissen muß. Fällt nun eine unumgängliche Notwendigkeit vor, die einen Bischof außer seiner Diöces aufhält, als nämlich, wenn die Reihe, in der Residenz die Kirchendienste zu versehen, an ihn kömmt, oder eine rechtmäßige Ursache, ingleichen wenn ihm eine schwere Krankheit zustößet, die ihm ganz und gar nicht zuläßet, seine Geschäffte abzuwar-

sender): so soll er außer den gewönlichen Bedienten, die seinen häuslichen Geschäfften vorstehen, einen Abt oder Prior, der verständig und guten Wandels sei, zu den Affairen verordnen, und diesem noch etliche erfarne Männer vom Klosterstande oder weltliche Priester zu Hülfe geben, die ihm alle Vorfallenheiten in seiner Abwesenheit schriftlich, und in seiner Krankheit mündlich, wofern er anders Schwachheit halber solches anzuhören im Stande ist, vortragen müssen. Fiele aber diesen Committirten etwas vor, das sie nicht zu entscheiden wüßten: so sollen sie auf gleiche Weise, wie kurz vorher den Bischöfen selbst anbefolen worden, davon an das geistliche Collegium referiren.

VI. Ein gleiches sollen auch die Bischöfe denen unter ihrer Aufsicht stehenden Aebten, Prioren, Gardianen, und Pfarrern zu thun anbefelen, wann sie von einer schweren Krankheit befallen, oder durch eine erhebliche Ursache außer ihrem Kloster oder Kirchspiel aufgehalten werden.

VII. Falls aber ein Bischof durch hohes Alter oder eine unheilbare Krankheit dergestalt entkräftet würde, daß keine Hoffnung mehr zur Besserung übrig, und ihm ganz und gar unmöglich wäre, seinem Amte ferner vorzustehen: so soll er, über obgedachte Bestellung außerordentlicher Commissarien, solches an das geistliche Collegium einberichten.

ten. Wollte auch der Bischof selbst solches nicht thun, so sind die Commissarien schuldig zu referiren. In dem geistlichen Collegio aber soll überlegt werden, was deßfalls zu thun sei; ob man ihm einen Administrator zusenden, oder einen andern Bischof für seine Diöces ordiniren müsse.

VIII. Ferner muß ein Bischof dasjenige wol in Acht nemen, was zu beobachten er bei seiner Consecration eiblich versprochen; nämlich darauf sehen, daß die Mönche nicht unordentlich herumschweifen, daß man keine überflüßige Kirchen, wozu keine Parochien gehören, baue, daß den heil. Bildern keine Wunder angedichtet werden 2c. Imgleichen muß er auf die enthusiastischen Warsager, und auf die todten Körper, von denen man keine Zeugnisse beibringen kann, wohl Acht geben. Damit nun alles dieses besser in Gang gebracht werde, muß er in den Städten verordnen, daß die Angeber, oder die besonders dazu bestellten Ordnungsaufseher, gleichsam als geistliche Fiscäle solches observiren, und ihm, dem Bischofe berichten, ob sich nicht etwas dergleichen irgendwo hervorthue: bei Strafe der Degradation, wofern sie solches verhelen wollten.

IX. Zu Verbesserung der Kirche wäre sehr zuträglich, daß ein jeder Bischof in oder bei seinem Hause eine Schule hätte für Priesterkinder, oder andre, so zum Priesterstande bestimmet sind. Bei einer

und ehrbaren Mann zum Schulmeister haben, der die Kinder nicht allein rein, klar und deutlich lesen lehre, welches zwar nötig aber nicht hinlänglich ist, sondern auch dieselbige anweise, wie sie das was sie lesen, verstehen sollen, und ihnen, wofern es möglich, die beiden Büchlein von den Glaubensleren und von den Pflichten aller Stände, wenn sie herauskommen, auswendig lernen ließe. Wenn einer unter den Schülern ganz dumm, oder zwar scharfsinnig, aber verkerten Herzens, hartnäckig, und von ganz unüberwindlicher Faulheit wäre: so soll derselbe nach genugsamer Prüfung aus der Schule entlaßen, und ihm alle Hoffnung zum Priesterstande abgeschnitten werden.

X. Dergleichen in den bischöflichen Schulen unterrichtete Lehrlinge sollen, wenn ihrer mit göttlicher Hülfe eine genugsame Anzal vorhanden seyn wird, einig und allein zu Priestern, oder wenn sie den Klosterstand erwälen, zu Aebten und Prioren befördert werden; es sei dann, daß sich bei einem oder anderm eine wichtige Hinterniß finde. Wofern aber ein Bischof einen in diesen Schulen unterrichteten Menschen ohne rechtmäßige Ursache übergehen, und einem andern, der nicht allda studieret, eine priesterliche Klosterwürde conferiren wollte: so soll derselbe Bischof in die Strafe verfallen

falls dictiren wird.

XI. Damit auch die Eltern dieser Kinder nicht über die große Unkosten murren können, so sie auf die Lehrmeister, Anschaffung der Bücher, und Unterhaltung ihrer Söhne, welche sie weit von ihrem Hause zur Schule schicken, wenden müssen: so sollen die Kinder ohne Entgeld unterichtet und gespeiset werden, und ihre Bücher umsonst von dem Bischofe bekommen. Solches kann folgender Gestalt bewerkstelliget werden: Die vornemsten Klöster einer jeden Diöcese sollen den 20ten Teil ihres Getreides, und die Kirchenländereien, wo welche sind, den 30sten Teil desselben zur Schule geben. Auf wie viele Personen nun solches Getreide zur Speise und andern Notwendigkeiten, worunter aber die Kleidung nicht gerechnet wird, hinreicht: so viele Schüler und dazu behörige Bedienten sollen auch unterhalten werden. Den Lehrmeister selbst aber soll der Bischof aus seiner Cassa mit Kost und Besoldung versehen, wie solches das geistliche Collegium nach Beschaffenheit des Orts verordnen wird.

XII. Diese Schatzung, so auf die Kirchen und Klöster gelegt wird, kann dieselben im geringsten nicht ärmer machen, wofern sie nur selbst gute und fleißige Aufsicht haben. Dahero sollen sie alle Jahr ihrem Bischofe Rapport geben, wie viel Getreide

zusehen, wo das Getreide geblieben, welches sie über ihre Notdurft übrig behalten. — Zu dem Ende sollen auch die Rechnungen, oder Bücher der Einname und Ausgabe aller vornemen Klöster aus ganz Rußland, in das geistliche Collegium eingesandt werden. Es ist aber von den ordentlichen Ausgaben die Rede, und nicht von außerordentlichen, so zuweilen vorfallen: als z. Ex. was auf nötige Gebäude gewandt werden muß, und dergleichen. Jedoch soll das geistliche Collegium auch von den außerordentlichen Ausgaben eines jeden Klosters, in Ansehung der Bedürfnisse und Einkünfte desselben, einen vernünftigen Ueberschlag machen.

XIII. Damit auch die Bischöfe sich nicht beschweren mögen, daß es ihnen zu kostbar fallen, einen oder mehr Lerer zu versorgen: so wird ihnen hiemit untersagt, nicht übrig viel Bediente zu halten; außer den nutzbaren Gebäuden, als Mülen und dergleichen, keine unnütze Gebäude aufzuführen; sich nicht mehr Meßgewänder oder andre Kleider machen zu lassen, als ihre Würde erfodert. Es sollen aber zu desto besserer Einrichtung dieser Sache, die Bücher der Einname und Ausgabe der Bischöfe im geistlichen Collegio liegen. Was sonst die Lehrmeister und die Information betrift, findet sich unten an seinem Orte.

XIV.

XIV. Ein jeder Bischof muß das Maas seiner Ehre wissen, und nicht allzuhohe Gedanken davon hegen. Denn es ist ihnen zwar ein sehr großes Amt, aber sonst gar keine besondre Ehre, in der heil. Schrift beigelegt. Der Apostel verwirft die Meinung der Korinther, welche sich mit ihren Hirten viel dünkten, und sagt, daß das Hirtenamt alles Gedeihen und Frucht von der Wirkung Gottes in der Menschen Herzen zu erwarten habe. Ich, spricht er, habe gepflanzt, Apollo hat begossen, und Gott hat das Gedeihen dazu gegeben, und schließt daher, daß keinem Menschen von solchem Wachstume einiger Ruhm zukomme: also, fährt er fort, ist weder der da pflanzet etwas, noch der da begießet, sondern Gott, der das Gedeihen dazu giebt. An eben demselben Orte nennt er die Hirten Diener Gottes, und Haushalter über das Geheimniß, wofern sie nur in ihrer Verwaltung treu verbleiben. Denn den Hirten kommt nur das äußerliche Werk zu, das Predigen, Vermanen, Verbieten, es sei zu rechter Zeit oder zur Unzeit, und die Cärimonien der heil. Sacramente zu verrichten: das innerliche aber, die Herzen der Menschen zur Buße und Aenderung des Lebens zu bekehren, ist Gottes alleine, welcher solches durch seine Gnade vermittelst der Hirtenworte und Austeilung der Sacramente, als durch Werkzeuge, auf eine unsichtbare Weise bewirket.

die allzu große Pracht der Bischöfe in etwas niedergelegt werde, und sie sich, so lange sie gesund sind, nicht unter den Armen führen, noch zulassen mögen, daß die unter ihrer Aufsicht stehende Brüder sich vor ihnen bis zur Erde beugen, haben aber eine Arglist darunter verborgen, indem sie entweder ein Amt dadurch zu erschnappen suchen, dessen sie unwürdig sind, oder ihre Gottlosigkeit und Schelmerei damit bedecken wollen. — Gewiß ist es, daß das Hirtenamt, wenn es nur wohl geführt wird, ein zwar äußerliches aber nicht geringes Werk, und gleichsam eine Gesandtschaft Gottes sei. Es befielet auch Gott, die Aeltesten, die wohl fürstehen, zweifacher Ehre werth zu halten, sonderlich die da arbeiten am Wort und in der Lere. 1 Tim. V. Jedoch muß solche Ehre mäßig und nicht überflüßig oder fast der königlichen gleich seyn. Ja auch mäßige Ehre sollen die Hirten nicht selbst suchen, noch von denen, über welche sie gesetzt sind, erzwingen, sondern mit derjenigen, die man ihnen freiwillig giebt, sich begnügen.

§. II.

XVI. Daraus folgt auch, daß ein Bischof im Gebrauch der **Bindeschlüssel**, d. i. der Absonderung und des Bannes, nicht zu hitzig und geschwinde, sondern langmütig und wohlbedächtig

ver-

verfaren müsse. Denn Gott hat diese Gewalt zur Erbauung gegeben, und nicht zur Zerstörung, sagt der Apostel 1 Kor. X. Und das Absehen eben dieses Heidenlerers war, den öffentlichen Missetäter zu Korinth dem Satan zu übergeben, zur Züchtigung des Fleisches, auf daß sein Geist selig werde, 1 Kor. V.

Um aber diese Gewalt wohl zu gebrauchen, muß man zweierlei Dinge wohl beobachten: 1. was für eine Sünde eine so große Strafe verdiene? und 2. wie ein Bischof darinn verfaren müsse?

Die Sünde muß man folgendergestalt beurtheilen: Wenn jemand Gottes Namen, die heil. Schrifft oder die Kirche öffentlich lästert, oder sonst ein öffentlicher Sünder ist, und sich seiner Uebeltaten nicht schämet, sondern vielmer rühmet; oder ohne rechtmäßige Ursachen Beicht und Abendmal länger als Ein Jar versäumt; oder auch sonst etwas thut, womit er das Gesetz Gottes öffentlich verspottet und verlachet: so wird derselbe, wenn er nach zweifacher Ermanung in seiner Hartnäckigkeit und Hoffart verharret, einer so großen Strafe schuldig geachtet. Denn niemand verdienet schlechterdings durch eine Sünde den Bann, sondern dadurch, daß er Gottes Gericht und die Gewalt der Kirche, mit großer Aergerniß der schwachen Brüder, öffentlich und hochmütig verachtet, und also einen Stand der Atheisterei zu erkennen giebt.

Hier-

gende Weise verfaren werden: Erstlich sendet der Bischof seinen, des Missetäters, Beichtvater zu ihm, und läßt ihm unter vier Augen seine Sünde mit Sanftmut vorstellen, und ihn ermanen, von seinen gottlosen Taten abzulassen; und weil er durch seine öffentliche Sünde und Hochmut die Gemeine geärgert, so soll ihn sein Beichtvater ermanen, daß er die auferlegte Pönitenz annemen, und öffentlich vor dem Volke communiciren möge, damit seine Bekerung jedermann kund, und das Aergerniß gehoben werde, er auch nicht zu dem wieder, was er ausgespichen, zurückkere. Nimmt dieses der Sünder an, verspricht und thut, was ihm befolen wird: so hat der Bischof seinen Bruder gewonnen, und darf wider ihn nichts vornemen. — Gehet diese Abschickung fruchtlos ab: so lässet ihn der Bischof einige Zeit hernach höflich zu sich bitten, und wiederholt ihm eben dieselben Vermanungen, und zwar ihm Beiseyn des Beichtvaters, der zum erstenmale bei ihm gewesen. Gehorchet er sodann, so ist der Bruder errettet. — Will er aber zu dem Bischofe nicht kommen: so schickt derselbe eben den Beichtvater mit einigen andern ehrbaren Männern geist- und weltlichen Standes, sonderlich aber seinen Freunden, an ihn, und läßt ihn, wie zum erstenmal vermanen. Läßt er sich dann lenken, und folget dieser Vermanung: so ist die Sache damit
zu

zu Ende. — Falls er auch nach dieser Vermanung unbändig und hochmütig bleibt, kann man die Abschickung nochmals wiederholen.

Liefe aber dieses alles fruchtlos ab; so läßt der Bischof an einem Feiertage in der Kirche dem Volke durch den Protodiakonus, mit diesen oder dergleichen Worten, davon Nachricht geben:

Der euch bekannte Mensch N. N. hat die Kirche durch eine solche öffentliche Sünde geärgert, führet sich dabei als ein Verächter des Zorns Gottes auf, und hat seiner Hirten nochmals wiederholte Ermanungen spöttlich in den Wind geschlagen. Derohalben ersuchet euer Hirt N. N. eure Liebe väterlich, daß ihr alle insgesamt den barmherzigen Gott anflehet, daß Er sein verstocktes Gemüth erweiche, und ihm das Herz rein mache, und zur Buße lenke. Ihr, die ihr in naher Bekanntschaft mit ihm stehet, erinnert und bittet ihn, ein jeder insbesondre und alle insgesamt mit allem Fleiß, daß er Buße thue. Saget ihm auch, daß wenn er unbußfertig und ein Verächter bleibe, biß zu einer gewissen Zeit, (welche nach Befinden der Sache bestimmet werden muß), er von der Gemeinschaft der Kirche abgesondert werden werde.

Bleibt

geacht, gleichwol hartnäckig und verstockt: so schreitet der Bischof noch nicht zum Banne, sondern referirt zuförderst von allem, was vorgegangen, an das geistliche Collegium. Wenn er nun von diesem eine schriftliche Erlaubniß bekommt; thut er den öffentlichen Sünder in Bann, und lässet durch den Protodiakonus diese oder dergleichen Formul öffentlich vor dem Volke in der Kirche ablesen:

Nachdem malen der euch bekannte Mann N. N. durch eine solche öffentliche Uebertretung des Gesetzes Gottes die Kirche geärgert, und seines Hirten mermalige Vermanungen, so ihn zur Buße leiten sollten, verachtet, letzthin auch die ihm öffentlich in der Kirche angekündigte Absonderung, wofern er sich nicht bekeren würde, in den Wind geschlagen, und noch anitzo in seiner Verstockung beharret, ohne einige Hoffnung der Bekerung von sich zu geben: so sondert ihn hiermit unser Hirte, nach Christi Befel, vermöge der von Ihm gegebenen Gewalt, von der Christlichen Gemeine, und schneidet ihn als ein unnützes Glied von dem Leib der Kirche Christi ab, und zeiget allen Rechtglaubigen an, daß er an den göttlichen Gnadengeschenken, die uns durch

das

das Blut unsers Erlösers und Herrn Jesu Christi erworben sind, keinen Teil habe, biß er warhaftig und von Herzen Buße thut. Daher ist ihm der Eintritt in die Kirchen verboten und untersagt: noch viel weniger aber kann er an dem heiligen und erschrecklichen Geheimnisse des heil. Abendmals, weder in der Kirche, noch an einem andern Ort, noch in seinem Hause, Teil nemen.

Sollte er aber heimlich, oder öffentlich, oder auch mit Gewalt in die Kirche dringen; ladet er noch größere Verdammniß auf sich: vielmer aber, wenn er durch List oder gewaltsamer Weise an den heil. Sakramenten Teil zu nemen sich unterstünde. Die Priester aber sollen ihm auf alle Weise den Eintritt in die Kirchen verbieten. Wäre er aber so stark, daß sie ihm solches nicht wehren könnten: so sollen sie alle Kirchendienste die Messe ausgenommen, abbrechen, biß er wieder herausgegangen seyn wird. Gleichfalls sollen die Priester weder mit Gebeten noch Segen, noch mit den heil. Sakramenten zu ihm ins Haus gehen, bei Verlust ihrer Priesterwürde. Es sei aber hiermit jedermann kund, daß er N. N. allein für seine Person unter diesen Bann gehöre,

nicht

nicht aber seine Frau, Kinder oder übrige Hausgenossen, (es sei denn, daß einige von ihnen seiner Gottlosigkeit nacheifern, und wegen dieses auf ihn gelegten Fluchs hoffärtiger Weise und öffentlich die Kirche zu schmähen sich unterstehen würden.)

Diese oder dergleichen Formel des Banns, welche in des Collegii Resolution angegeben wird, soll nach der Verlesung an die Kirchtüren angeschlagen werden. Ob solches aber an der Kathedralkirche allein, oder an alle Kirchen der Diöces geschehen soll, muß das Collegium bestimmen.

Käme dann der in Bann gethane nachgehends zur Erkenntniß, und wollte seine Reue bezeugen: so muß er solches entweder in eigener Person, oder falls er krank wäre, durch andre ehrliche Männer in der Kirche vor dem Bischofe verrichten, und, nebst Bekänntniß seiner Sünden und hochmütigen Verachtung, denselben um Auflösung des Bannes bitten. Hierauf legt ihm der Bischof einige Fragen vor: ob er warhafte Reue trage, damit ihm seine Sünde vergeben werde, aus Furcht vor dem Zorne Gottes, und in Ansehung der göttlichen Barmherzigkeit? ob er glaube, daß die Macht der Hirten, zu binden und zu lösen, nicht eitel und nichtig, sondern mächtig, wirklich und fürchterlich sei? ob er verspreche, ein gehorsamer Sohn der

Kir-

Kirche zu seyn, und die Macht der Hirten nicht mehr zu verachten? Wenn er nun hierauf öffentlich geantwortet, so daß es jedermann verstehen kann: so tröstet ihn der Bischof, er soll festiglich auf Gottes Barmherzigkeit sein Vertrauen setzen, und lieset alsdenn die Auflösung des Bannes über ihm her. Ferner giebt er ihm einige Leren von Besserung des Lebens (dergleichen Reden inskünftige abgefaßt werden können), und befielt ihm, an einem gewissen Gnadenfeiertage, nachdem er vorher seinem Beichtvater gebeichtet, zur Communion zu kommen.

Will aber der in Bann gethane noch nicht Buße thun, sondern spottet des Bannes, oder thut dem Bischof und andern Geistlichen Verdruß an: so soll der Bischof solches dem geistlichen Collegio melden, welches dann nach vorhergängiger Untersuchung des Verlaufs der Sache, den weltlichen Arm, von dessen Ressort der Sünder ist, oder auch Se. Zarische Majt. selbst, inständigst um Verwaltung der Gerechtigkeit ersuchet.

Vornämlich bindet das Collegium den Bischöfen aufs schärfste ein, daß sie so wenig den Bann, als dessen Auflösung, um ihres eigenen Vorteils oder andern besondern Interesse willen verhängen, und in einem so wichtigen Werke nicht das suchen mögen, was ihr, sondern was Jesu Christi ist. Diß ist nun das rechtmäßige, dem

Worte Gottes gemäße, und unverdächtige Verfaren in gedachter Sache.

Bis hieher haben wir vom **Bann** geredet, welches eine Versöhnung ist, und eine Strafe, so dem Tode gleich zu achten. Denn durch den Bann wird der Mensch von dem Leibe Christi, nämlich der Kirche Christi, abgeschnitten, und bleibt dazu ein Unchriste, entfernt von der Erbschaft aller Güter, die uns der Heiland durch seinen Tod erworben. Denn dieses erhellet aus dem Worte Gottes: er sei dir als ein Heide oder Zöllner, und einen solchen muß man dem Satan übergeben, und dergleichen andre Sprüche.

Es hat aber die Kirche noch eine geringere Strafe, welche man **Absonderung** und Untersagung nennt. Diese besteht darin, daß die Kirche den Sünder nicht öffentlich in den Bann thut, und von der Heerde Christi vertreibt, sondern nur durch Ausschließung von der Gemeinschaft der Christglaubigen in gemeinsamen Gebeten demütiget, nicht in das Haus Gottes gehen läßt, und ihm auf einige Zeit die Communion untersagt. Mit Einem Wort: durch den Bann wird der Mensch einem Getödteten gleich; und durch die Absonderung oder Untersagung einem Arrestanten.

Beispiele von Beiden, sowol der größern als der kleinern Strafe, findet man in den Conciliis, allwo die Käßer in den Bann gethan, diejenigen
aber

aber, die die Concilienschlüsse übertreten, mit der Absonderung gestraft werden.

Die Sünde, welche diese geringere Strafe nach sich zieht, ist zwar eine große und offenbare Missetat, aber nicht von der Art der öffentlichen frevelhaften Sünden, welche oben angezeiget worden. Als z. Ex. wenn jemand öffentlich unordentlich lebet, lange nicht zur Kirche kommt, eine ehrbare Person öffentlich beleidiget oder schimpft, und nicht um Verzeihung bitten will. Einen solchen muß der Bischof entweder selbst oder durch den Beichtvater vermanen, daß er seine Reue darüber öffentlich bezeuge. Will er solches nicht thun: so kann ihn der Bischof, ob er schon keinen besondern Hochmut oder Verachtung blicken ließe, durch die Absonderung demütigen, ohne deßfalls die große Abkündigung durch den Protodiakon geschehen zu lassen, sondern er darf nur allein das Verbrechen des Sünders und seine Absonderung durch einen Zettel anzeigen. Hiezu hat der Bischof auch nicht nötig des geistlichen Collegii Bewilligung einzuholen; sondern er hat freie Macht und Gewalt, solches für sich zu thun: nur daß es nicht aus Paßion, sondern nach fleißiger Untersuchung und nach Befinden der Sache geschehe. Denn wenn der Bischof diese Strafe gegen jemand unschuldig verhänget hätte, und dieser beim Collegio über ihn klagen würde:

so soll er, der Bischof, nach Befinden des Collegii gestrafet werden.

§. 12.

XVII. Oben Num. VIII. §. 10. ist gesagt worden, daß die Bischöfe darauf sehen müssen, ob auch die Priester, Mönche ꝛc. ihre Schuldigkeit thun; und daß sie deswegen geistliche Fiscäle verordnen möchten. Weil aber solches nicht genug ist, indem die Fiscäle, um ihre Woltäter zu favorisiren, oder auch weil sie bestochen sind, vieles verhelen können: so muß jeder Bischof billig alle Jahre, oder doch wenigstens alle zwei Jahre, einmal herumreisen, und seine Diöces besuchen. Außer vielen andern finden wir desfalls ein großes Beispiel an dem Apostel Paulus, wie solches zu ersehen aus *Act*. XIV, 21. 22. XV, 36. *Rom*. I, 11. 12. 1 *Cor*. IV, 12. *Thess*. III, 10-12.

Zu besserer Einrichtung dieser Visitation können folgende Regeln dienlich seyn:

1. Scheint der Sommer zu dergleichen Visitation viel bequemer zu seyn, als der Winter, weil alsdenn weder der Bischof, noch die Kirche welche er visitirt, so viel Proviant und andre Notwendigkeiten brauchen. Fische und Pferdefutter ist auch alles wolfeiler; und kann der Bischof die Zeit über nahe bei der Stadt auf dem Felde stehen, damit er die Priesterschaft oder auch die Bürgerschaft nicht

die Stadt arm ist.

2. Den andern oder **dritten** Tag nach seiner Ankunft soll der Bischof die Stadt- und Landpriester zusammenfodern, und eine Messe lesen, und nach Verrichtung des Amts mit allen Priestern zugleich für die Gesundheit und Siege des Großmächtigsten Monarchen, um Verbesserung und Wolfart der Kirche, um Bekerung der Abtrünnigen, um gesunde Witterung, Fruchtbarkeit des Landes rc. eine Litanei absingen; wie dann ein besondrer Canon, der alle diese Anliegenheiten enthält, abgefaßt werden soll.

3. Nach Endigung dieses Gesangs soll er eine Rede an die Priesterschaft und das Volk halten, von rechtschaffener Buße, und von den allgemeinen Pflichten, sonderlich aber den Pflichten des Priesteramtes. Anbei soll er abkündigen, daß ein jeder, welcher eine geistliche Anliegenheit oder einen Gewissenszweifel hätte, oder an der Klerisei etwas unrichtiges wahrnäme, ihm solches entdecken solle. Und weil nicht jeder Bischof geschickt ist, eine saubere Rede aufzusetzen: so soll das geistliche Collegium eine solche Rede entwerfen, die die Bischöfe in den zu besuchenden Kirchen ablesen können.

4. Kann der Bischof auch heimlich bei den untern Kirchenbedienten, oder wen er sonst für geschickt ansieht, nachfragen, wie die Priester und Dia-

Diakonen leben. Und ob man wol nicht allen Berichten alsobald glauben muß: so findet er doch dadurch mehr Gelegenheit, die Sache zu untersuchen und zu verbessern.

5. So lang der Bischof die bei ihm angebrachte Sache nicht geendiget, soll er selbst niemand zu Gaste bitten, noch auch, wenn er selbst gebeten würde, bei jemand zu Gaste gehen: damit er sich nicht durch das gute Tractament bethören lasse, oder auch nur Argwon gegen sich errege, als ob er parteiisch urteile, weil er an einem oder andern Orte wohl contentiret worden.

6. Ist aber eine Sache, die wegen Abwesenheit der Zeugen oder andrer Hindernisse halber mehr Zeit erfoderte: so soll er solche notiren, und die völlige Entscheidung bis auf seine Nachhausekunft verschieben; und solches darum, damit er sich nicht allzulang an Einem Ort aufhalte, und Zeit gewinnen möge, seine ganze Diöces zu besuchen.

7. Will der Bischof Gäste bitten: so muß er das ganze Tractament aus seiner Cassa bestreiten, und keine Schatzung auf die Priesterschaft und Klöster legen. Er mag sich auch deßfalls nicht mit seiner Armut entschuldigen: denn es ist ja keine Schuldigkeit, sondern stehet in seinem Belieben, ob er tractiren will, oder nicht.

8. Es können zwar ein und andre Dinge, wie auch die Auffürung der Priesterschaft sowol als der

Pfarr-

Pfarrkinder, vor dem Bischofe verheelet werden, ob sie sonst wol das ganze Volk weiß: weshalb sich auch der Bischof insgeheim und mit guter Art darnach erkundigen muß. Dieses aber kann ihm unmöglich verborgen bleiben, ob der Priester die obgedachten Unterweisungsbücher an Feiertagen liest. Sollte sich nun ein Priester finden, der solches aus Faulheit versäumte: so soll ihn der Bischof in Gegenwart der übrigen Priester dafür nach Befinden der Sache strafen.

9. Es soll ferner der Bischof sich bei der Priesterschaft sowol als andern Leuten erkundigen, ob nicht irgendwo Aberglaube im Schwange gehe? ob sich nicht fanatische Warsager blicken lassen? ob nicht jemand aus schändlicher Gewinnsucht falsche Wunder erdichte, welche er, bei heiligen Bildern, Brunnen und Quellen, geschehen zu seyn vorgebe ꝛc. Und dergleichen Narrenspossen soll er unter Androhung des Banns, wann sich jemand hartnäckig widersetzen würde, verbieten.

10. Er muß auch nachforschen, wie die nahgelegene Klöster, falls solche vorhanden, regiert werden. Jedoch kann er besser dahinter kommen, wenn er sich in den Städten und Dörfern bei den Priestern und Weltlichen darnach erkundiget, als in den Klöstern selbst.

11. Damit aber der Bischof nicht vergesse, was er in den Kirchen und Klöstern, die er visitiret, zu beob-

beobachten habe: so soll er die unten folgende Pflichten der Mönche und Priester abgeschrieben bei sich haben.

12. Auch muß der Bischof seinen Bedienten aufs schärfste einbinden, daß sie sich in den zu besuchenden Städten und Klöstern ordentlich und nüchtern auffüren, und kein Aergerniß geben, sonderlich von den Priestern und Mönchen kein überflüßiges Essen und Trinken oder Pferdefutter sodern. Um so vielmehr aber muß ihnen das Steten bei schwerer Strafe untersagt werden: denn die Bedienten der Bischöfe sind gemeiniglich ein sehr gieriges Volk, und wo sie sehen, daß ihr Prälat Gewalt hat, legen sie sich mit großem Uebermut und Unverschämtheit wie die Tatarn aufs Rauben.

13. Ferner muß ein jeder Prälat, von welchem Range er auch immer wäre, Bischof, Erzbischof, oder Metropolit wissen, daß er dem geistlichen Collegio als seiner höchsten Obrigkeit subordinirt ist, und daher dessen Befelen gehorchen, dessen Gerichte sich unterwerfen, und mit dessen Verordnungen zufrieden seyn müsse. Derohalben wenn er von seinen Amtsbrüdern, einem andern Bischofe, beeinträchtiget wird: muß er sich nicht selbst rächen, weder durch Verläumbung, noch durch Ausbreitung seiner Feler, ob es schon die Warheit wäre, noch auch mit Aufhetzung mächtiger geist- oder weltlichen Personen gegen ihn; insonderheit aber darf er

sich

sich nicht unterstehen, ihn in den Bann zu thun, sondern muß die ihm angethane Beeinträchtigung beim geistlichen Collegio anbringen, und daselbst Recht suchen.

14. Hieraus folgt auch dieses, daß jedem Abt, Prior, Guardian, Pfarrer, Diakono, oder andern Kirchenbedienten frei stehe, gegen seinen Bischof, wenn er von demselben ein beträchtliches Unrecht erlitten, bei dem geistlichen Collegio Recht zu suchen. Gleichergestalt wenn jemand mit seines Bischofs Ausspruche nicht zufrieden ist, stehet ihm frei, an das geistliche Collegium zu appelliren: und soll der Bischof dergleichen Appellanten oder Klägern diese Freiheit gönnen, sie nicht aufhalten, noch bedrohen, noch auch, nachdem sie nach dem geistlichen Collegio abgereißt sind, ihre Häuser versiegeln oder plündern lassen. Damit aber diß nicht etwa vielen zur Verwegenheit und Verachtung ihres Hirten Anlaß gebe: so soll das geistliche Collegium eine schwere Strafe darauf setzen, wenn sich jemand unterstehen sollte, durch falsche Anklage seinen Hirten zu turbiren, oder freventlich von dem Ausspruche seines Bischofs an das geistliche Collegium zu appelliren.

15. Endlich muß auch jeder Bischof zweimal im Jahr, oder wie es das Collegium sonst verordnen wird, Rapporte von dem Zustande und der Verwaltung seiner Diöces, in das geistliche Colle-

gium einsenden, ob alles in gutem Stande, oder ob irgendwo noch ein Mangel sei, dem er nicht abhelfen könne, und was ihn daran verhindere? Und wenn auch gleich alles in gutem Stande wäre, so muß der Bischof dennoch auch dieses berichten. Hat er aber dergleichen favorablen Bericht eingesandt, und man erführe durch einen andern Weg, daß einige abergläubische oder offenbar gottlose Dinge daselbst im Schwange giengen, der Bischof aber solche vorsetzlich verschwiegen, und nicht an das Collegium einberichtet hätte: so soll ihn das Collegium selbst deßfalls vor Gericht fodern, und wofern er dessen hinlänglich überführet wurde, ihm eine Strafe diktiren; worüber künftig eine Verordnung gemacht werden soll.

§. 13.

III. Von den Schulen, und den darinnen befindlichen Lerern und Lernenden.

Es ist weltkundig, wie schwach und unvollkommen die Rußische Armee gewesen, so lang sie keine regulirte Disciplin gehabt; und wie unvergleichlich hingegen ihre Stärke zugenommen, und über Verhoffen groß und furchtbar worden, sobald Unser Großmächtigster Monarch, Ihro Zarische Majestät Peter der Erste, dieselbe auf einen trefflichen Fuß gesetzt. Eben also ist es mit der

Archi-

Architectur, Medicin, Staats- und allen andern
Geschäfften, ergangen. So vielmer aber hat es
mit der Kirchenregierung eine gleiche Bewandniß:
wann kein Licht der Lerer vorhanden ist, so kann die
Kirche nicht wol regieret werden; und es ist unmöglich, daß nicht Unordnungen, und allerhand
lächerlicher Aberglauben, ja gar Spaltungen, und
die allernärrischsten Käßereien, daraus entstehen
sollten.

Es lautet sehr albern, wenn einige sagen, die
Gelersamkeit sei Schuld an den Käßereien. Denn
der alten Käßer zu geschweigen, die aus einer mit
Hochmut verknüpften Dummheit, und nicht aus
übriger Wissenschaft, in Irrtum verfallen sind,
als die **Valentinianer, Manichäer, Katharen,
Euchiten, Donatisten** ꝛc., deren Torheiten Ire-
näus, Epiphanius, Augustin, Theodor und andern beschrieben haben: so sind auch die Rußischen
Schismatiker nicht anders, als aus Ungeschliffenheit und Unwissenheit, so närrisch rasend worden.
Und ob auch jezuweilen gelerte Leute Urheber der
Käßerei werden, dergleichen **Arius, Nestorius**,
und einige andre gewesen: so hat sich doch ihre Käßerei nicht aus ihrer Gelersamkeit, sondern aus
Mangel des Verstandes in der heil. Schrift ent-
sponnen, ist aber nachgehends durch ihre **Bosheit**
und Hoffart zum Wachstum gekommen, und **stär-
ker** geworden; indem diese Laster ihnen nicht **zugelassen,**

laſſen, ihre alberne Meinungen abzulegen, ob ſie ſchon in ihrem Gewiſſen von der Wahrheit überzeugt geweſen. Wenn ſie nun auch gleich durch ihre Gelerſamkeit die Kraft bekämen, Sophismata zu ſchmieden: ſo würde doch derjenige, der ſolches Uebel ſchlechterdings der Gelerſamkeit zuſchreiben wollte, ebenfalls ſagen müſſen, daß wenn ein Arzt jemanden vergiebt, die Arzneikunſt daran Schuld ſei. Wenn aber ein diſciplinirter Soldat ſeinen Feind mit Verſtand und Herzhaftigkeit ſchlägt, ſo rüret ſolches von der Kriegsdiſciplin her. Sehen wir nun durch die Hiſtorie, als durch ein Fernglas, auf die vergangne Zeiten: ſo finden wir, daß in den finſtern Jarhunderten alles viel ſchlimmer geſtanden, als in denjenigen, die durch das Licht der Wiſſenſchaften erleuchtet geweſen. Bis in das 4te Säculum haben ſich die Biſchöffe nicht dergeſtalt aufblaſen dürfen, wie ſie hernach getan, ſonderlich der Conſtantinopliſche und der Römiſche: denn damals ſtunden die Wiſſenſchaften im Flor, woran es nachmals fehlte. Und wann die Gelerſamkeit der chriſtlichen Kirche oder dem Reiche ſchädlich wäre: ſo würden gewiß die beſten Chriſten nicht ſelbſt ſtudiret, ſondern vielmer andern das Studieren verboten haben. Wir ſehen aber im Gegenteil, daß alle unſre alte Kirchenlerer nicht allein in der heil. Schrift, ſondern auch in der auswärtigen Philoſophie ſich unterrichten laſſen: und die berühmrühmtesten Seulen der Kirche, vieler andern zu geschweigen, haben die auswärtigen Studia verteidiget; als z. Ex. der große Basilius in seiner Rede an die studierende Jugend, Chrysostomus in seinen Büchern vom Mönchsstande, Gregorius der Theolog in seinen Reden gegen Julian den Abtrünnigen. Man hätte von dieser Materie viel zu erinnern, wenn selbige der eigentliche Endzweck unsers Discurses wäre.

Denn ein guter und gründlicher Unterricht ist zu vielen Dingen nütze, sowol im Stat als in der Kirche, indem solcher eine Wurzel, Same und Grund von vielem Guten ist. Nur muß wol darauf gesehen werden, daß dieser Unterricht gut und gründlich sei.

Denn es giebt solche Wissenschaften, die auch diesen Namen nicht verdienen, und doch wol von Leuten, die sonst verständig, aber hierinnen unerfaren sind, für recht gute Studia gehalten werden. Gemeiniglich pflegt man zu fragen, in welchen Schulen dieser oder jener gewesen: höret man denn, daß er in der Rhetorik, Philosophie und Theologie studieret; so hält man denselben Menschen nur allein um dieser großen Worte willen sehr hoch, betriegt sich aber darinnen sehr oft. Denn auch unter guten Lehrmeistern studiren nicht alle wohl, teils wegen ihrer Unfähigkeit des Verstandes, teils wegen ihrer Faulheit; vielweniger können sie also etwas

was rechtes lernen, wenn der Lehrmeister in seinen Dingen schlecht oder gar nicht erfaren ist.

Es ist aber zu wissen, daß von dem 6ten bis in das 15te Sáculum, also beinahe 900 Jare hindurch, in ganz Europa fast alle Wissenschaften sehr schlecht und voller Mängel gewesen, so daß man auch bei den besten Schrifftstellern dieses Zeitraums zwar großen Verstand aber wenig Klarheit findet. Nach dem 14ten Jarhunderte aber thaten sich viele curieuse Leute hervor, und fand man also auch gelerte Professoren; und nach und nach kamen viele Akademien in großen und fast größern Flor, als die Alten zu Augusti Zeiten gewesen. Jedennoch bleiben auch viele Schulen in der Finsterniß stecken, so daß in denselben die Rhetorik, Philosophie und andre Wissenschaften und Lehren, Namen ohne Wesen sind. Die Ursachen davon sind vielfältig, welche hier der Kürze wegen mit Stillschweigen übergangen werden.

Diejenigen nun, die sich diesen Hirngespinstern und betrüglichen Wissenschaften ergeben, sind dümmer, als die gar nicht studiert haben. Dann weil sie in den Gedanken stehen, daß sie vollkommen sind, und alles was man nur wissen kann, begriffen haben, ob sie schon in der tiefsten Finsterniß sitzen: so denken sie nicht daran, daß sie etwas lesen oder mehr lernen wollen. Dahingegen ein Mensch, der wol studieret hat, mit seiner Gelersamsamkeit nie zufrieden ist, und nicht aufhört zu lernen, wenn er auch Methusalems Alter erreichte.

Hiebei ist das allerschlimmste, daß dergleichen superficielle Gelerte nicht allein unnütze, sondern auch ihren Freunden, dem Vaterlande und der Kirche sehr schädlich sind. Vor Hohen bemütigen sie sich über die maßen, jedoch aus böser List, um dadurch ihre Gnade zu erwerben, und ein Ehrenamt zu erschnappen: gleiches Standes Leute hassen sie, und wenn jemand wegen seiner Gelersamkeit gerühmt wird, so suchen sie ihn bei den Großen und vor dem Volke durchzuhecheln und zu schmähen. Weil sie sich zu großen Dingen Hoffnung machen, so sind sie zu Meutereien geneigt. Weil sie aus Unwissenheit sich im Reden leicht vergehen, dieselbe aber nicht an Tag geben wollen: so wollen sie ihre einmal behauptete Meinung niemals widerrufen; dahingegen unter verständigen Leuten die Regel fest gehalten wird: *sapientis esse, mutare sententiam.*

Dieses hat man voraus zu setzen für gut befunden, damit wann Ihro Zarische Majt. eine Akademie errichten wollten, das geistliche Collegium in Erwegung ziehen könne, was für Lerer es dazu bestellen, und welche Lehrart zu gebrauchen es ihnen anbefelen wolle: damit Se. Zarische Majt. Kosten nicht vergebens angewandt, und anstatt des verhofften Nutzens eine auslachungswürdige Sache dar-

daraus werde. Um aber hierinn vorsichtig und verständig zu verfaren, werden folgende Regeln nicht undienlich seyn:

§. 14.

I. Hat man zum Anfange nicht viel Lermeister vonnöten, sondern im ersten Jare sind einer oder zwei hinlänglich, um die Grammatik oder regelmäßige Wissenschaft der griechischen und lateinischen Sprache, oder auch beider Sprachen zugleich, zu leren.

II. Im andern, dritten und folgenden Jaren schreitet man zu den höheren Wissenschaften, lege aber auch die ersten, wegen der neu ankommenden Schüler nicht ganz und gar bei Seite: und deßwegen nimmt man mehr Lermeister an.

III. Muß man auf allerhand Art erforschen, wie weit ein Candidatus des Lehramts in der Schule in seinen Wissenschaften bewandert ist. Z. Ex. will man wissen, ob jemand der lateinischen Sprache recht kundig sei, so lasse man ihn einen rußischen Aufsaz ins Latein, und eine Stelle aus einem in der lateinischen Sprache berühmten Auctor ins Rußische übersetzen, und seine Arbeit durch gelerte Leute examiniren und censiren: also wird sich bald zeigen, ob er in seinem Werke vollkommen, oder mittelmäßig, oder weniger als mittelmäßig sei, oder gar nichts verstehe. Andre Wissenschaften haben

ihre

ihre besondre Proben, welche besonders beschrieben werden können.

IV. Wenn der Candidat in der verlangten Wissenschaft nicht geübt wäre, man könnte aber sehen, daß er einen scharfen Verstand hat: so ist diß ein Zeichen, daß er entweder aus Faulheit oder wegen schlechter Unterweisung nicht weiter kommen können. Dergleichen Leuten soll man aufgeben, sich selbst ein halbes oder auch ein ganzes Jar lang in solchen Schriftstellern, die die Sachen wol verstanden, annoch zu üben. Doch geschiehet solches nur alsdenn, wenn es an Leuten fehlt: besser aber ists, sich mit solchen gar nicht einzulassen.

V. Hat man nun gute Lermeister bestellt: so muß man ihnen anbefelen, ihren Schülern gleich anfangs kurz und deutlich zu eröffnen, was die Wissenschaft, die man tractirt, als die Grammatik, Rhetorik, Logik und dergl. auf sich habe, und was man dadurch zu erlangen gedenke; damit die Schüler das Ufer, wohin sie reisen sollen, sehen, und mehr Lust bekommen, auch ihr tägliches Wachstum und Gebrechen anmerken können.

VI. Muß man zu jeder Wissenschaft die besten und auf berühmten Akademien gebilligten Auctores aufsuchen. In Paris ist auf Befel des Königes Ludwigs XIV. die lateinische Grammatik so kurz und vollständig abgefaßt worden, daß ein guter Kopf sich Rechnung machen kann, selbige

Sprache in Einem Jare vollkommen zu erlernen, wohingegen er bei uns in 5 oder 6 Jaren selten so weit gebracht wird: welches daraus zu ersehen, daß ein Student, wenn er aus der Theologie oder Philosophie kommt, nicht einmal aus dem mittelmäßigen lateinischen Stilo etwas übersetzen kann. Derowegen soll man, wie gesagt, die besten Auctores von der Grammatik, Rhetorik und andern Wissenschaften auslesen, und sie in der Akademie einführen, mit Befel, sich dieser und keiner andern Handleitung zu bedienen.

VII. Bei der Theologie insonderheit muß befolen werden, die Hauptsätze unsers Glaubens und das Gesetz Gottes zu lehren. Daher muß der Lehrer die heilige Schrift fleißig lesen, und die Regeln lernen, wie er derselben Krafft und Auslegung begreifen könne, auch zu dem Ende alle Glaubenspuncte mit Zeugnissen aus der heiligen Schrift bestärken. — Damit er aber sich hierinnen desto besser helffen könne, muß er auch der alten Väter Schriften aufschlagen, und zwar solche, die die Glaubensleren wegen der in der Kirche entstandenen Streitigkeiten gegen die Kätzer sorgfältig erklären. Denn es haben unter den alten Kirchenlehrern viele von den Lehrsätzen, der eine von dem einen, der andre von einem andern Dogma geschrieben: als von dem Geheimnisse der heil. Dreifaltigkeit Gregorius Nazianzenus in seiner 5ten theologischen Rede,

Rede, und *Augustinus de Trinitate;* von der Gottheit des Sohnes Gottes hat man, außer dem itztgemeldten, *Athanasii* Magni 5 Bücher gegen den Eunomius; von der Person Christi, *Cyrilli Alexandrini* Schriften gegen den Nestorius; von den beiden Naturen in Christo ist genug die einzige Epistel des Römischen Papstes *Leonis* Magni an den Patriarchen zu Constantinopel Flavian; von der Erbsünde und Gnade Gottes, *Augustini* Bücher gegen die Pelagianer ꝛc. Ueberdieß sind ihm auch die Acten und Unterredungen der Allgemeinen und Provinzial-Concilien sehr nützlich, und aus dergleichen Lehren kann man nebst der heiligen Schrift eine gründliche theologische Wissenschaft schöpfen. Es kann sich zwar ein Professor der Theologie auch aus neuen Lehrern von andern Religionen zu helfen suchen: allein er muß sie doch nicht zu Lehrmeistern annemen, noch sich auf ihr Vorgeben verlassen, sondern sich bloß ihrer Anweisung bedienen, was sie nämlich für Beweisgründe aus der Schrift und den Kirchenlehrern gebrauchen, sonderlich in denen Lehrsachen, worinn sie mit uns einerlei Meinung führen. Jedennoch muß er ihren Beweisgründen nicht leichtlich glauben, sondern auch untersuchen, ob sich das, was sie vorgeben, in der Schrift und den Kirchenlehrern finde, und eben den Verstand habe, in welchem sie es anführen. Denn diese Herrn lügen öfters, und bringen

gen ganz falsche Dinge auf die Bahn: oft verkeren sie auch einen sonst richtigen Text. Zum Beispiel wollen wir nur allein die Worte des Herrn an Petrum anführen: Ich habe für dich gebeten, daß dein Glaube nicht aufhöre. Dieß ist allein von der Person Petri gesprochen: die Lateiner aber ziehen es auf ihren Papst und folgern daher, daß derselbe im Glauben nicht irren könne, wenn er auch gleich wollte. Ein Lehrer der Theologie muß also nicht aus fremdem Vorgeben, sondern aus seiner eignen Einsicht, lehren, zuweilen auch zu gelegner Zeit es seinen Schülern in den Büchern selbst zeigen, damit auch diese von seiner Lehre überzeugt werden, und keinen Zweifel haben, ob ihre Lerer ihnen Warheit oder Lügen vortragen.

VIII. Bei Gelegenheit und auf Veranlassung des itzt gegebenen Rathes, wird erinnert, daß bei den Schulen eine hinlängliche Bibliothek seyn müsse. Denn eine Akademie ohne Bibliothek ist gleichsam entseelt; man kann aber eine zureichende Bibliothek für 2000 Rubel anschaffen. — Den Lehrern stehet frei, die Bibliothek alle Tage und Stunden zu gebrauchen: nur daß sie die Bücher auf ihren Stuben nicht herumschleppen, sondern in dem Kabinete der Bibliothek lesen. Für die Schüler und andre Liebhaber wird dieselbe nur zu gewissen Stunden eröffnet. Die nun Sprachen verstehen, sind gehalten, gewisse Tage und Stunden

den aus Pflicht die Bibliothek zu besuchen: an andern Tagen aber mögen sie nach ihrem Belieben in den gesetzten Stunden hinein gehen. Anbei soll der Lehrer einen jeden seiner Untergebenen fragen, was für einen Auctor er lese, und was er darinn gelesen, oder sich daraus ercerpirt habe; ihm auch erklären, was er etwa nicht versteht. Dieß ist eine sehr nützliche Sache, und macht einen Jüngling bald zu einem andern Menschen, ob er auch schon vorhero ungeschliffen gewesen.

IX. Wenn wir uns nun wieder zur Information wenden, so scheint dieses dabei wiederum ein großer Vorteil zu seyn, wenn man zwei oder dreierlei Wissenschaften in Einer Stunde und mit einer Arbeit lehren kann. Z. Er. wer die Grammatik lehret, kann zu gleicher Zeit auch die Geographie und Historie seinen Schülern beibringen: denn weil es nötig ist, aus einer Sprache in die andre übersetzen zu lernen; so kann der Lehrer seinen Schülern stückweise die Geographie, wie auch die Staats- und Kirchengeschichte, oder auch diese beiden letztern wechselsweise zu übersetzen vorgeben. Weil aber das Lesen der Geschichte ohne die Geographie eben so viel ist, als mit verbundnen Augen auf die Straße gehen: so ist es ein gesunder Rath, daß man das zur Grammatik bestimmte Jar in zwei Teile teile, und im ersten halben Jar die Geographie treibe, und einen besondern Tag in der Woche

gemeine Lage der Welt auf der Karte, oder welches besser ist, am Globo gezeiget, und die Schüler dergestalt geübt werden, daß sie gleich mit Fingern weisen können, wo Asia, Afrika und Europa, und in was für Gegend Amerika unter uns liege; desgleichen auch von den besondern Reichen, wo Aegypten, China, Portugall ꝛc.: im andern halben Jare aber ihm eine kurze Universalhistorie in Form von Exercitiis zu elaboriren vorgebe; nur daß man einen Auctor dazu neme, der rein Latein schreibt, als den Justin, desgleichen man' nachher merere ausfinden kann. — — Dieß ist eine sehr nützliche Sache: denn die Schüler bekommen mehr Lust zum Studieren, wenn die verdrießliche Erlernung der Sprachen mit einer so vergnüglichen Erkenntniß der Welt und der in derselben vorgefallenen Geschichte versetzt ist. Solchergestalt fällt die Ungeschliffenheit gar bald von den Schülern hinweg; und da sie noch so zu sagen an dem Ufer der Gelersamkeit stehen, bekommen sie schon viel kostbare Güter.

X. Bei der Information kann man folgende Ordnung am füglichsten beobachten: 1. Die Grammatik mit der Geographie und Historie. 2. Die Arithmetik und Geometrie. 3. Die Logik oder Dialektik; denn diese beide sind einerlei nur unter zweien Namen. 4. Die Rhetorik zugleich mit

mit der Poesie besonders. 5. Die **Physik** nebst einer kurzen **Metaphysik**. 6. Pufendorfs kurze Politik, die doch, wenn es für gut befunden wird, mit der Dialektik zusammen genommen werden kann. Die ersten 6 Wissenschaften erfodern jede Ein Jar, die leztern aber zwei: denn wenn gleich alle Wissenschaften außer der Grammatik und Dialektik weitläuftig sind; so muß man sie doch in Schulen nur kurz und nach ihren vornemsten Puncten tractiren. Wer hier nur eine gute Anweisung bekommt, wird sich nachgehends schon selbst durch vieles lesen und die Praxis vollkommner machen können. Die Griechische und Hebräische Sprachen, woferne man darinnen Lerer haben kann, erfodern neben der andern Information eine besondre Zeit.

XI. Zum Rector und Präfectus muß man fleißige Leute nemen, deren Gelersamkeit und Fleiß bereits bekannt ist. Dieser soll das Collegium anbefelen, ihr Geschäffte sorgfältig zu beobachten; mit der Bedrohung, daß sie widrigenfalls, wenn die Information nicht ordentlich und wol von statten gienge, deßwegen von dem geistlichen Collegio selbst angesehen werden sollen. Daher liegt ihnen ob, darauf zu sehen, ob auch die Lerer allezeit in die Schule kommen, und ob sie so, wie sichs gehört, informiren. Auch soll der Rector und Präfectus alle Wochen zwei Schulen visitiren, biß sie herumkommen. In der Schule sollen sie zum wenigsten

nigsten eine halbe Stunde sitzen und zuhören, wie die Lerer informiren; auch die Sch'ler examiniren, ob sie das wissen, was sie bereits von rechtswegen wissen sollten.

XII. Wenn ein Lerer gegen die Gesetze der Akademie handelt, und der Erinnerung des Rectors hartnäckig widerstrebt: so muß solches der Rector dem geistlichen Collegio anzeigen, von welchem er, nach Untersuchung und Befinden der Sache, abgesetzt oder sonst gestraft werden soll.

XIII. Man kann auch Fiscåle bestellen, die darauf Acht haben, ob in der Akademie alles ordentlich zugehe.

XIV. Wegen der Schüler soll es folgendergestalt gehalten werden. Alle Protopopen und alle andre wolhabende Priester sollen ihre Kinder zur Akademie schicken. Eben dieß kann man auch den vornemsten Kanzleibedienten in den Städten anbefelen. Was aber die Edelleute betrifft, wird solches Sr. Zarischen Majt. eigenem Gutbefinden überlassen.

XV. Die Schüler, so einmal angenommen worden, sollen so lange, biß sie alle Klassen durchgegangen, in der Akademie bleiben; und darf sie der Rector ohne Vorwissen des geistlichen Collegii nicht erlassen. Wo aber der Rector oder Präfectus einen Schüler um Geschenke willen heimlich bimittirte:

tirte: so soll er dafür mit scharfer Strafe angesehen werden.

XVI. Jedennoch sei hiemit kund gethan, daß keiner, der in der Akademie nicht studieret, einem in derselben informirten Menschen, in Erlangung geistlicher oder Civilbedienungen, vortreten kann. Und sollen die Obrigkeiten, welche dawider handeln, in große Strafe verfallen seyn.

XVII. Bei den neu ankommenden Schülern soll man ihr Gedächtniß und ihre Fähigkeit aufs genauste examiniren. Fände sich nun einer, der ganz und gar dumm wäre; so soll derselbe in der Akademie nicht aufgenommen werden: denn er verlieret nur seine Jare, und lernt doch nichts, bekommt aber nichts destoweniger die Einbildung von sich, als ob er sehr weise sei, welches die schlimmste Art von Taugenichten ist. — — Doch damit sich keiner dumm stelle, um nur aus der Schule entlassen zu werden, wie die Soldaten bißweilen, um nicht in den Krieg zu gehen, Krankheit vorschützen: so soll seine Fähigkeit ein ganzes Jar probieret werden; und kann ein verständiger Lehrmeister dergleichen Mittel, solche zu erforschen, ausfinden, die er nicht zu merken oder zu eludiren vermögend ist.

XVIII. Findet sich aber ein Knabe von unbändiger Bosheit, wild, zu Händeln geneigt, verläumberisch, ungehorsam, und will sich in einem

Jare weder durch Vermanung noch scharfe Züchtigungen bändigen lassen: so soll man ihn, ob er auch wol sonst einen guten Kopf hätte, aus der Akademie stoßen, damit man einem tollen Menschen nicht ein Schwerd in die Hände gebe.

XIX. Die Akademie soll nicht in der Stadt, sondern seitwerts an einem bequemen Orte angelegt werden, wo nicht viel Getümmel vom Volke, noch so häufige Gelegenheiten sind, die die Information hintern, und in die Augen fallen; als wodurch die Gedanken der jungen Leute zerstreut werden, daß sie nichts lernen können.

XX. Die Akademie muß keinen Ruhm darinn suchen, oder darnach trachten, daß sie viel Studenten bekomme: dann dieses ist ganz eitel. Darauf aber muß sie sehen, daß sie viel gute Köpfe vorzuzeigen habe, die wol studieren, und große Hoffnung von sich geben, und daß sie solche biß ans Ende beständig erhalten könne.

XXI. Ganz undienlich, ja vielmer schädlich wäre es, wenn alle Schüler, die sich nur melden, angenommen würden, und Ihro Zarische Majt. ihnen täglich Besoldung reichte. Denn viele, die auch von Natur zum Studieren ungeschickt sind, kommen dahin, nicht um etwas zu erlernen, sondern aus Armuth, um nur die Besoldung zu genießen. Andre, welche sonst zum Studieren wol tüchtig sind, bleiben doch nur so lange bei der Akademie

demie, als ihnen beliebt, und gehen darnach wieder, wohin sie wollen. Was entstehet daraus als vergebliche Kosten? Derohalben muß man die Schüler nur nach Befinden ihrer Fähigkeit, und dergestalt annemen, daß sie eine schriftliche Versicherung von sich stellen, daß sie bis zu Ende der Lehrzeit bei der Akademie bleiben wollen; bei schwerer Strafe, wofern sie ohne die äußerste Not ihr Versprechen brechen würden. Solchergestalt kann man sie, nachdem sie die Klassen durchgegangen, Sr. Zarischen Majestät präsentiren, und nach Dero Belieben zu verschiedenen Geschäfften bestellen.

§. 15.

XXII. Was aber am allermeisten ja fast allein nützlich und nötig ist, soll man die Akademie, ja auch wohl anfangs ohne Akademie ein **Seminarium**, zu Erziehung und Unterrichtung der Kinder anlegen, dergleichen in auswärtigen Landen nicht wenige erdacht worden. Hiezu wird folgende Einrichtung vorgeschlagen:

1. Muß man ein Haus in Form eines Klosters bauen, welches so viel Raum, Gemächer, und allen zur Speise, Kleidung, und andern Notwendigkeiten gehörigen Vorrat habe, als die Anzal der Kinder, welche Se. Zarische Majestät nach Belieben auf 50, 70, oder mehr festsetzen

setzen werden; wie auch der dazu notwendigen Vorsteher und Bedienten, erfodert.

2. In solchem Hause sollen die Kinder, oder auch erwachsene Knaben, zu 8 oder 9 beisammen auf Einer Stube wonen: doch dergestalt, daß die großen in einer, die mittelmäßigen in einer andern, und die kleinsten in der dritten Stube beisammen sind.

3. Einem jeden wird, statt eines besondern Kabinets, an der Wand ein Platz angewiesen, wo er sein Bette hat, das sich zusammen legen läßt, damit man sein Lager am Tage nicht sehe, ein Bücherbrett, und andre Kleinigkeiten, wie auch ein Stülchen, um darauf zu sitzen.

4. In einer jeden Stube, so viel deren auch sind, muß ein Präfectus oder Aufseher von ehrbarem Wandel zwischen 30 und 50 Jahren, ob er auch schon unstudiert wäre, wenn er nur nicht allzuhart und kein Melancholicus ist, sich aufhalten, dessen Amt ist, darauf zu sehen, daß unter den Seminaristen (denn also nennet man die Kinder, die in diesem Hause erzogen werden) keine Zänkerei, Schlägerei, schandbare Worte, oder Unfug vorgehe, und daß ein jeder zu gesetzter Zeit und Stunde das ihm obliegende verrichte. Ohne seine Erlaubniß soll auch kein Seminarist aus der Stube gehen, sondern vorhero

hero anzeigen, warum oder wohin er gehen wolle.

5. In demselben Hause müssen wenigstens drei gelerte Männer oder weltliche Personen sich befinden, von denen einer Rector oder Vorsteher des ganzen Hauses, und zwei Examinatores seyn sollen, welche zusehen, wie fleißig oder nachläßig ein jeder studiere.

6. In einer jeden Stube hat der Präfectus Macht, seine Untergebenen für ihre Verbrechen zu züchtigen; die Kleineren mit der Ruthe, die Gröseren und Mittlern aber mit Drohungen. Wollen sie sich dann nicht beffern, so muß er es dem Rector hinterbringen.

7. Eben so sollen auch die Examinatores, wegen Nachläßigkeit im Studiren, mit den Großen, Kleinen und Mittelmäßigen verfaren, und ihr Verbrechen dem Rector hinterbringen.

8. Der Rector als Oberbefelshaber ist befugt, nach Befinden allerhand Züchtigungen zu gebrauchen. Wenn sich aber einer gleich gar nicht beffern wollte, so darf er ihn doch nicht ohne Vorwiffen des geistlichen Collegii aus dem Seminario entlaffen.

9. Alle Verrichtungen und Ruhestunden der Seminaristen müssen ihre gesetzte Zeit haben, wenn sie sich zu Bette legen, aufstehen, beten, studiren, zu Tische gehen, und spazieren. Alle diese

Stun-

Stunden müssen mit einem Glöckchen angezeigt werden, damit die Seminaristen auf den Glockenschlag, wie die Soldaten auf den Trommelschlag, alsobald das ihnen vorgegebene Werk angreifen können.

10. Ohne Erlaubniß darf niemand aus dem Seminario in die Stadt, oder zu seinen Freunden, zu Gaste gehen. Auch soll, nach Verfließung des dritten Jahrs, keiner mehr als zweimal im Jahr zu seinen Eltern oder Verwandten zu Gaste zu gehen Erlaubniß haben, und solches zwar nur alsdann, wenn sie so nahe wohnen, daß er in sieben Tagen die Hin- und Herreise verrichten kann.

11. Wenn auch ein Seminarist solchergestalt beurlaubt wird: soll man ihm dennoch einen ehrlichen Mann als Aufseher mitgeben, der allezeit allerwegens und bei allen Angelegenheiten bei ihm bleiben muß. Dieser soll auch bei der Rückkunft dem Rector rapportiren, was vorgegangen sei. Würde er aber, um seinem Untergebenen zu favorisiren, etwas böses verschweigen; so soll man solchen Schelm dichte abpeitschen. Dieses aber ist leichte zu merken, weil es in solchem Falle unmöglich ist, daß der Seminarist bei seiner Rückkunft, nicht einige Veränderung in seinen Sitten und Neigungen sollte spüren lassen.

12. Wenn

12. Wenn die Verwandten eines Seminaristen, um denselben zu besuchen, ins Seminarium kommen: so kann man sie, mit Vorwissen des Rectors, in das Tafelgemach oder ein anderes gemeines Zimmer führen, allwo sie sich mit ihren Verwandten unterreden können; und zwar im Beiseyn des Rectors selbst, oder eines von den Examinatoren, nach Beschaffenheit der Person.

13. Dergleichen Lebensart junger Leute scheint zwar verdrüßlich, und einer Sklaverei ähnlich zu seyn: wer aber nur ein Jahr also zu leben gewohnt ist, dem wird es ganz süße vorkommen.

14. Doch kann man zu Vertreibung der Melancholie folgende Mittel gebrauchen. Man muß niemanden ins Seminarium aufnemen, als junge Knaben zwischen 10 und 15 Jaren: welche älter sind, werden nur etwa auf Ansuchen ehrbarer Leute recipirt, die Zeugniß geben, daß der junge Mensch in seines Vaters Hause in der Furcht Gottes und unter guter Aufsicht erwachsen sei.

15. Man lässet den Seminaristen alle Tage zwei Stunden zu ihrem Divertissement; nämlich nach dem Mittags- und dem Abendessen: zu welcher Zeit keiner studiren, ja nicht einmal ein Buch in die Hand nemen darf. Jedoch soll dieses Divertissement in ehrbaren Spielen bestehen, wobei der Leib beweget wird: des Sommers im Gar-

Garten, des Winters in der Stube; denn dieses ist der Gesundheit zuträglich, und vertreibet die Schwermut. Das beste aber ist, wenn man solche Exercitia erwählt, die außer dem Vergnügen auch einigen Nutzen haben: als das Fahren auf regulirten Fahrzeugen, geometrische Ausmessungen, Anlegung regulirter Festungen, und dergleichen.

16. Man kann auch monatlich ein oder zweimal, sonderlich im Sommer auf die Inseln, Felder, angeneme Gegenden, Ihro Zarischen Majestät Lusthäuser, herumfaren, und etwa einmal im Jahr nach Peterburg.

17. Bei der Malzeit soll allzeit etwas aus der Stats- oder Kirchengeschichte gelesen werden: die ersten zwei oder drei Tage aber zu Anfang jeden Monats die Leben berühmter gelerter Leute, großer Kirchenlerer, alter und neuer Philosophen, Astronomen, Redner, und Geschichtschreiber. Denn dergleichen Historien sind angenem, und reizen die Jugend zur Nachfolge solcher berühmter Leute.

18. Man kann ferner zwei oder dreimal des Jahrs Actiones, Disputationes, Comödien, und oratorische Exercitia halten: dann solches ist nicht allein sehr dienlich, um den jungen Leuten eine gute Dreistigkeit zu geben, dergleichen die Predigt des göttlichen Worts und die

Ge-

Gesandschaften erfodern; sondern macht auch eine angeneme Veränderung.

19. Für die, so wol und fleißig studiren, können auch einige Prämia gestiftet werden.

20. Sehr gut ists, daß auf die hohen Festtage bei dem Tische der Seminaristen eine Instrumentalmusik gemacht werde: und solches kann man mit leichter Mühe zuwegebringen; denn man darf nur einmal einen Lehrmeister annemen, so müssen hernach die Seminaristen, die von ihm geleret, die andern wieder umsonst informiren. Diese 7 Regeln betreffen nun die Erlustigung der Lehrlinge.

21. Bei dem Seminario muß eine Kirche, eine Apotheke, ein Chirurgus, und ein Doctor seyn; wie auch eine Schule in einer nahe gelegenen Akademie, die die Seminaristen besuchen können. Sind aber im Seminario auch Schulen und Lerer: so ist es zugleich eine Akademie, und kann man sodann wegen andrer Schüler, die nicht in dem Seminario leben wollen, außerhalb desselben einige besondre Stuben bauen, und sie ihnen vermieten.

22. Die den Lerern von der Information, und den Studenten bei der Akademie eben bereits gegebene Regeln, müssen auch hier beobachtet werden.

Beyl. I.   P   23. Die

23. Die Seminaristen sind teils arm, die von Sr. Zarischen Majestät Gnade ihre Speise, Kleidung und andre Notdurft empfangen; teils reicher Leute Kinder, die ihre Kost und Kleidung bezalen müssen, weßfalls eine unveränderliche Taxe gemacht werden soll.

24. Wenn nun ein Seminarist zu vollkommenem Verstande kömmt, und höhere Wissenschaften erreicht: so muß er in der Kirche des Seminarii, im Beisenn seiner Mitschüler, eidlich angeloben, treu zu seyn, und allen Diensten, wozu er geschickt befunden, und von Sr. Zarischen Majestät berufen würde, sich willig zu unterziehen.

25. Die Seminaristen, die ihren Cursum absolviret, soll der Rector nicht eher erlassen, bis er vorher dem geistlichen Collegio davon Nachricht gegeben; welches diese junge Leute Sr. Zarischen Majestät präsentiren, und ihnen darauf einen Abschied, nebst einem Zeugnisse ihrer Gelersamkeit, erteilen wird.

26. Diejenige Seminaristen, die nach vollendetem Cursu zum geistlichen Stande am geschicktesten zu seyn scheinen, sollen von den Bischöfen zu allen geistlichen Würden vor andern, die nicht im Seminario studiret, wenn sie auch sonst eben so gelert wären, befördert werden: es sei dann, daß ihnen ein wichtiger, warer, und nicht ver-

läum-

läumderischer Vorwurf gemacht werden könnte; den Neidern und Verläumdern aber soll man eine schwere Strafe dictiren.

Bis hieher vom **Seminario**. Hiezu kann man noch ein mereres ausdenken, oder Nachricht von ausländischen Seminariis einholen. Gewiß ist es, daß sich das Vaterland von solcher Erziehung und Unterweisung der Jugend viel Gutes zu versprechen hat.

§. 16.

IV. Von den **Predigern** an den Kirchen.

Die Prediger des Wortes Gottes können sich folgender Regeln zu ihrem Verhalten nützlich bedienen:

1. Niemand soll sich unterstehen zu predigen, der nicht auf dieser Akademie studiret hat, und von dem Geistlichen Collegio approbiret worden. Hätte einer aber auch bei andern Religionsverwandten studirt; so muß er sich erst beim geistlichen Collegio melden, welches ihn dann examinirt, ob er in der heil. Schrift wohl geübt sei, und ihn eine Rede über eine aufgegebene Materie halten läßt. Bestehet er nun in solchem Examen: so soll man ihm ein Zeugniß und Erlaubniß zu predigen geben, wofern er anders in den geistlichen Stand zu treten gesonnen ist.

2. Der Prediger Pflicht ist, gründlich, und mit Beweistümern aus der heil. Schrift, von der Buße und Bekerung des Lebens, von Verehrung der Obrigkeit, sonderlich aber der höchsten Zarischen Gewalt, und von den Pflichten eines jeden Standes zu predigen, den Aberglauben auszurotten, und die Furcht Gottes in die Herzen der Menschen einzupflanzen. Mit Einem Wort, sie müssen aus der heil. Schrift erforschen, was Gottes heiliger, guter, und vollkommner Wille sei, und denselben verkündigen.

3. Von den Sünden sollen sie nur allgemein reden, und niemand nennen; es sei denn, daß jemand von der Kirche öffentlich für einen Missetäter erkläret wäre. Wenn auch jemand dieser oder jener Sünde berüchtiget würde: so muß der Prediger dieser Sünde gar nicht gedenken. Denn wenn er solches thut, so wird jedermann in der Meinung stehen, daß er auf diese Person abziele, wenn er sie auch gleich nicht bei Namen nennet: solchergestalt wird diese Person in größere Bekümmerniß gesetzt, doch also, daß sie ihre Gedanken nicht darauf richtet, wie sie sich bessern, sondern wie sie sich an dem Prediger rächen möge. Was hat man nun für Nutzen? Wenn aber ein hochmütiger Sünder seine Sünde mit Verachtung des Gesetzes Gottes öffentlich an den Tag legt: so darf ihn nur der Bischof alleine, nicht aber ein jeder Prie-

Priester, auf die Art strafen, wie oben bei Erklärung der bischöflichen Verrichtungen vom Banne erwähnet worden.

4. Einige Prediger haben die Gewonheit, daß wenn sie von jemanden beleidiget worden, sie sich an ihm in der Predigt rächen, nicht zwar, daß sie ihn namentlich verkleinern sollten, sondern indem sie ihre Worte so drehen, daß der Zuhörer genugsam verstehen kann, wer gemeinet sei. Solche Prediger sind rechte Taugenichte, und müssen scharf gestraft werden.

5. Es stehet einem Prediger, sonderlich wenn er jung ist, nicht wohl an, so zu reden, als ob er Autorität hätte, oder bei Strafreden die zweite Person zu gebrauchen, als z. Ex. Ihr habt keine Furcht Gottes, keine Liebe zu eurem Nächsten, Ihr seid nicht barmherzig, Ihr thut einer dem andern Unrecht ꝛc.; sondern er soll vielmer in der ersten Person im Plurali sagen: Wir haben keine Furcht Gottes ꝛc. denn diese Art zu reden klingt demütiger, indem sich der Prediger mit unter die Sünder rechnet, wie es auch die Warheit ist: denn wir sündigen alle mannichfaltig. So verfäret Paulus, da er diejenigen Lerer straft, welche viel von sich hielten, und gerne sahen, daß ihre Jünger sich nach ihnen nannten, sie aber nicht mit Namen nennt, sondern lieber die Schuld auf sich nimmt.

1 Kor. I. Einer unter euch spricht: ich bin

Paulisch, der andre: ich bin Apollisch, der dritte: ich bin Kephisch, der vierte: ich bin Christisch. Ist dann Christus nun getrennet worden? Ist denn Paulus für euch gekreuziget worden? Oder seid ihr auf Pauli Namen getauft? Daß er aber die Schuld nur auf sich und seine Freunde neme, sagt er selbst hernach; denn nachdem er lange davon geredet, spricht er endlich Kap. IV. dieses aber, lieben Brüder, habe ich auf mich und Apollo gedeutet um euret willen, damit niemand höher von sich halte, als geschrieben steht.

6. Jeder Prediger soll des heil. Chrysostomi Werke bei sich haben, und fleißig lesen. Dadurch lernt er eine reine und deutliche Rede abfassen, wenn sie gleich Chrysostomi Arbeit nicht gleich kommt. Die leichtsinnigen Postillen aber, dergleichen die Polnischen zu seyn pflegen, muß er nicht lesen.

7. Merkt ein Prediger, daß seine Arbeit wol anschlägt: so muß er sich dessen nicht rühmen. Siehet er es aber nicht: so muß er auch darüber nicht zürnen oder schmälen. Sein Werk ist nur allein Predigen, die Bekerung aber des menschlichen Herzens ist Gottes Werk. Ich habe gepflanzt, Apollo hat begossen, Gott aber hat das Gedeihen dazu gegeben.

8. Thö-

8. Thöricht thun die Prediger, die ihre Augenlieder erheben, und ihre Arme hochmütig herumfaren laffen, oder in der Predigt felbft etwas dergeftalt ausfprechen, daß man merken kann, daß fie fich felbft bewundern. Ein verftändiger Lerer hingegen wendet allen Fleiß an, fo wol in feinen Worten, als in der Stellung feines Leibes, fich dergeftalt zu betragen, als ob er von feinem Verftande und feiner Beredtfamkeit auch nicht die geringfte Opinion hätte. Er muß daher öfters kurze Entfchuldigungen mit einflechten, und gleichfam feine eigene Perfon verachten, als: ich bitte Eure Liebe, fehet nicht darauf, wer da redet; denn was kann ich euch von mir felbft für ein andres Zeugniß geben, als daß ich ein Sünder bin? Glaubet aber dem Worte Gottes; denn aus der heil. Schrift, und nicht aus meiner eigenen Erfindung, trage ich euch diefes vor, und dergleichen.

9. Ein Prediger muß fich nicht allzu viel bewegen, als ob er ruderte, noch auch mit den Händen klatfchen, oder die Arme in die Seiten fetzen, auffpringen, lachen, oder weinen. Und ob ihm auch gleich der Geift bewegt würde, muß er fich dennoch fo viel möglich, der Thränen enthalten: bann alles diß ift überflüßig, ungeziemt, und macht die Zuhörer irre.

P 4.   10. Wenn

10. Wenn er nach der Predigt zu Gaste ist, oder sich sonst in einer Gesellschaft andrer Leute befindet; so muß er seiner Predigt gar nicht gedenken, und solche nicht allein nicht rühmen, welches eine große Unverschämtheit wäre; sondern auch nicht von freien Stücken verachten, dieweil es scheinet, als ob er dadurch andere zum Lobe derselben aufmuntern wollte. Und wenn auch jemand seine Predigt lobte, muß er sich dergestalt verhalten, als ob er sich schäme, solches anzuhören, und den Discurs auf alle Weise auf eine andre Materie zu lenken suchen.

§. 17.

V. Von den **Weltlichen Personen**, in so fern sie der geistlichen Regierung unterworfen sind.

Obgleich in diesen Teilen nicht viel zu reden vorfällt: so müssen wir doch eine Vorrede vorausschicken, um besser zu verstehen, warum die weltlichen Personen **weltlich** genannt werden, und worinn sie vom geistlichen Stande unterschieden sind.

Das Wort **Welt** wird in verschiedenem Verstande gebraucht. Denn — Erstlich heißet Welt alles, was unter der Sonne ist, und von Menschen bewonet wird. Aber nicht in diesem Verstande werden die, so nicht in der Kirche dienen,

welt-

weltlich genannt: denn die Priester leben eben so wohl in der Welt, wie andre Leute. — Zweitens wird die Welt schlechtweg für die Menschen, als ein körperliches und vernünftiges Geschöpfe, genommen. Auch nicht in diesem Verstande werden die, so nicht im Kirchendienste sind, Weltliche genannt; weil auch kein Geistlicher den Namen Weltlich in dieser Bedeutung recusiren wird. Und so ist dieses Wort zu verstehen, wenn der Welt etwas gutes beigelegt wird: Also hat Gott die Welt geliebt. — Drittens bedeutet das Wort Welt öfters die Bosheit und die Eitelkeit der Menschen, oder die Menschen selbst, so fern sie böse und eitel sind; wie es der Apostel Johannes 1 Epist. II, 15. 16. braucht: Habt nicht lieb die Welt, noch was in der Welt ist ꝛc.; denn alles was in der Welt ist, nämlich Augenlust, Fleischeslust, und hoffärtiges Wesen, ist nicht vom Vater, sondern von der Welt. Auch hievon haben die Weltlichen ihren Namen nicht: dann Johannes schreibt nicht an die Priesterschaft, sondern überhaupt an die ganze Christenheit, und wie er selbst sagt, an Väter, Jünglinge und Kinder, das ist, an alle, weß Alters sie seyn mögen; und kann man nicht sagen, daß er dadurch anrathe, ein Mönch oder Priester zu werden. Gleichergestalt wird auch der Name Geistlich, der der Welt entgegen gesetzt ist, in dem dritten Verstande, von dem Apostel Paulo 1 Kor. II, 14. 15., allwo er vom Unterscheide des natürlichen und geistlichen Menschen redet, nicht den Priestern und Mönchen gegeben. Denn er nennet daselbst den natürlichen Menschen einen solchen, der ohne die Gnade Gottes zu allem Bösen von sich selbst geneigt, und etwas Gottgefälliges zu thun unvermögend ist; desgleichen alle Unwidergeborne sind. Geistliche hingegen nennet er denjenigen Menschen, der erleuchtet und widergeboren ist. Deßwegen giebt auch der heil. Petrus den Priesternamen nicht den Priestern allein, sondern allen Christen, 1 Petr. II. Ihr seid das auserwählte Geschlecht, das königliche Priestertum, das heilige Volk, das Volk des Eigentums, daß ihr durch gute Werke verkündiget den, der euch berufen hat aus der Finsterniß zu seinem wunderbaren Lichte. Desgleichen Offenbar. V, 10. Er hat uns Gotte zu Königen und Priestern gemacht.

Diß hat deßwegen vorausgesetzt werden müssen, weil aus Unkunde desselben viele Seelenverderbliche Thorheiten entstanden sind, und getrieben werden. Ein übel unterrichteter Laje meint zuweilen, daß er auch darum nicht könne selig werden, weil er nicht geistlich sondern weltlich ist. Ein unwissender Mönch hingegen beredet jemand, sein Weib, Kinder, und Eltern zu verlassen, und zu hassen, hoffen, weil geschrieben stehet: Habt nicht lieb die Welt, noch was in der Welt ist.

Woher aber kommt der Name weltlich? Antwort, weil einige Diener zum geistlichen Unterricht in der Kirchenregierung bestellt seyn müssen, als Bischöfe und Priester; so haben diese als aus einem besondern Vorzuge den Titel des geistlichen Standes angenommen. Auf gleiche Art werden sie, wegen Bedienung des unblutigen Opfers, Priester, die übrigen aber, die ihre Zuhörer und Jünger sind, geradeweg Weltliche genannt. Wollte man nun fragen, nach welcher von obgedachten dreien Bedeutungen des Wortes Welt die Weltlichen den Namen haben: so dient zur Antwort, daß dieser Name dem andern Verstande nahe komme. Denn alle und jebe, Priester und nicht Priester, sind Weltliche, so fern sie Menschen sind: die aber nicht Priester sind, heißen schlechtweg Weltliche, wofern sie nicht Vorsteher und Diener beim geistlichen Unterrichte, sondern Zuhörer sind.

§. 18.

Hiernächst muß auch gemeldet werden, wie die Weltlichen der geistlichen Verrichtung unterworfen sind.

1. Muß zuvörderst ein jeder wissen, daß ein jeglicher Christ die rechtgläubige Lere von seinen Hirten hören müsse. Denn gleichwie ein solcher

Hirt

dem Worte Gottes speiset: also sind auch die Schafe keine Schafe, sondern tragen den Namen mit Unrecht, welche sich von ihren Hirten nicht wollen weiden lassen. Wer sie also verachtet, oder verspottet, oder welches noch schlimmer ist, ihnen nicht zulässet, Gottes Wort zu lesen oder zu predigen: der ist auch nur allein durch diese verwegene Bosheit in die Kirchenstrafe oder das bischöfliche Gericht verfallen, wovon oben gehandelt worden: und falls er sich mit Gewalt widersetzte, muß das geistliche Collegium selbst gegen ihn inquiriren und decretiren.

2. Ist eines jeden Christen Pflicht, öfters und zum wenigsten einmal im Jahr zu communiciren. Denn diß ist Gotte das angenemste Dankopfer für eine so große durch den Tod seines Sohnes uns geschehene Erlösung (Wenn ihr von diesem Brod esset, und von diesem Kelch trinket, sollt ihr des Herren Tod verkündigen, bis daß er kommt), und eine Wegweisung zum ewigen Leben, Joh. VI. 53. Werdet ihr nicht essen das Fleisch des Menschen Sohns, und trinken sein Blut, so habt ihr kein Leben in euch); ingleichen ein Character oder Kennzeichen, womit man zu erkennen giebt, daß man ein Gliedmaß am geistlichen Leibe Christi, d. i. ein Mitgenoß der einzigen christlichen Kirche sei, wie der Apostel
spricht:

spricht: der gesegnete Kelch, den wir segnen, ist er nicht die Gemeinschaft des Blutes Christi? Das Brod, das wir brechen, ist es nicht die Gemeinschaft des Leibes Christi? Wie ein Brod ist, also sind auch viel Ein Leib; denn wir sind alle Eines Brodts teilhaftig worden. Derehalben wo sich ein Christ findet, der sich des heil. Abendmals gänzlich enthält: der zeiget damit an, daß er nicht am Leibe Christi, d. i. kein Mitgenoß der Kirche, sondern ein Raskolsczik oder Abtrünniger sei. Und ist gewiß kein besser Kennzeichen, die Raskolsczifen zu erkennen, als dieses. Hierauf müssen die Bischöfe sorgfältig sehen, und ihren Pfarrern anbefelen, alle Jahr von ihren Pfarrkindern zu rapportiren, wer länger als ein Jahr nicht zur Communion gewesen? wer es schon 2 Jahre versäumt? und wer sich gar nie dabei einzufinden pflege? dergleichen Leute soll man zu einer eidlichen Versicherung zwingen, daß sie Kinder der Kirche sind, und alle abtrünnige Rotten, wo sie auch in Rußland anzutreffen wären, verfluchen. Dieser Zwang aber soll mit nichts anders als mit Drohungen geschehen, daß nämlich der, welcher nicht schwören will, damit an den Tag gebe, daß er selbst ein Raskolsczik sei. Es ist aber kein geringer Vorteil, solches zu wissen: denn viele Raskolsczifen, die sich unter dem Mantel der Orthodoxie verstecken, erregen selbst Verfol-

gungen

gungen gegen die Kirche, anstatt daß sie sich deren befahren sollten; und schmähen nicht allein den geistlichen Stand, sondern thun demselben auch so viel Verdruß an, als sie können; ja drücken gar die Weltlichen, die in ihre Torheit nicht einstimmen wollen: wovon viele glaubwürdige Leute Zeugniß geben können.

3. Wenn ein Raskolsczik auf diese oder andre Weise entdeckt ist: so soll es der Bischof dem, unter dessen Jurisdiction er gehört, schriftlich anzeigen, welcher ihn weiter an das geistliche Collegium absenden muß.

4. Es ist sehr dienlich, daß man im geistlichen Collegio ein Verzeichniß habe, wie viel Raskolsczifen in allen Diöcesen von Rußland sich befinden: denn solches ist bei vielen Gelegenheiten, da man dieses in Betrachtung ziehen muß, eine große Hülfe.

5. Es ist eine große Sünde, wozu kein Geistlicher schweigen kann, daß einige weltliche Herren wissentlich, und weil sie Nutzen davon haben, Raskolsczifen auf ihren Gütern verhelen. Eine andre Bewandniß hat es mit offenbaren Raskolsczifen, weil man sich vor denselben nichts zu besorgen hat: diejenigen aber verhelen, die den Schein der Orthodoxie haben, ist eine Sache, so nach Atheisterei stinket. Und hierüber müssen die Bischöfe eifern, und es dem geistlichen Collegio hinterbringen, welches

ches dann, nach vorhergängiger geistlicher Inquisition, einen solchen Herrn, falls er sich nicht bessert, in den Bann thun kann. Die geistliche Inquisition aber wird folgendergestalt angestellt: der Bischof berichtet an das geistliche Collegium, nicht daß sich bei diesem oder jenem Edelmanne Raskolscziken aufhalten, sondern daß dieser Edelmann den dasigen Pfarrer oder die von ihm, dem Bischofe, zu Auffuchung der Raskolscziken Abgeschickte, mit Gewalt daran verhintert habe; worüber er dann glaubwürdige Zeugen namentlich anfüren soll. Nach Abhörung der Zeugen schreibt das Collegium Monitoria an diesen Edelmann, daß er die Raskolscziken auf seinen Gütern aufsuchen soll: gehorchet er nun, so darf man ihn deshalb weiter nicht beschweren; ist er aber ungehorsam, so giebt er damit in der That selbst an Tag, daß er ein Patron der Raskolscziken sei: und sodann schreitet das Collegium zur geistlichen Strafe in solcher Ordnung, als oben beim Banne vorgeschrieben ist. Diß ist, wie bereits erwähnet worden, von heimlichen und nicht offenbaren Roskolscziken zu verstehen, wenn es gemeine Leute sind: sind es aber Lehrer oder gleichsam Hirten der Roskolscziken, so gehet sie dieses auch an, sie mögen es gleich heimlich oder öffentlich seyn. Eben so soll es auch mit den geistlichen Herren gehalten werden, welche Untertanen besitzen. In ganz Rußland soll kein Raskolsczik nicht allein

allein zu keiner geistlichen, sondern auch nicht zu der allergeringsten weltlichen obrigkeitlichen Ehrenstelle und Bedienung befördert werden, damit wir diese schlimme Feinde, die gegen das Reich und den Landesherrn immer Böses im Sinne haben, nicht wieder uns selbst waffnen.

6. Wäre nun jemand im Verdacht, daß er ein Raskolscik sei, wenn er sich gleich äußerlich rechtgläubig stellte: so soll man ihn fürs erste einen Eid schwören, und dabei die Roskolscziken und sich selbst, wofern er ein solcher wäre, oder zu werden gedächte, verfluchen lassen: zugleich ihm auch eine harte Strafe androhen, wann sich nachher etwas widriges von ihm äußerte: und dieses alles soll er eigenhändig unterschreiben. Die Zeichen aber, wodurch jemand in einen solchen Verdacht geräth, sind folgende: wenn er ohne rechtmäßige Ursache das Abendmal beständig versäumt (wesfalls Sr. Zarischen Majt. Befel vom 1718ten Jahre gedruckt und publicirt ist); wenn er die Lehrer der Roskolscziken wissentlich bei sich verbirgt; wenn er in ihre Wonungen Allmosen sendet rc. Wer nun solcher Dinge durch klare Beweistümer überführet wird; den hält man billig in Verdacht, daß er ein Roskolscik sei: wo sich aber etwas dergleichen äußert; so muß der Bischof davon eiligst an das geistliche Collegium Bericht erstatten.

7. Von

7. Von nun an soll kein Weltlicher, Sr. Zarischen Majt. Haus ausgenommen, in seiner Behausung Kirchen- und Privatpriester halten. Denn solches ist unnötig, und geschiehet nur aus Hoffart; ist auch dem geistlichen Stande verkleinerlich. Die Herren können nur in ihre Pfarrkirchen gehen, und sich nicht schämen, auch ihrer Bauren Brüder in Christo zu seyn: denn in Christo Jesu, sagt der Apostel, ist weder Knecht noch Freier.

8. Wenn die Pfarrkinder oder Edelleute auf dem Lande jemanden zum Priester in ihrer Kirche erwälen; so sollen sie in ihrem Bericht attestiren, daß er ein unverdächtiger Mann und guten Wandels sei: sind aber die Edelleute auf ihren Gütern nicht selbst zugegen, so sollen ihre Bedienten und Bauern gedachtes Zeugniß ausstellen. Ferner soll in denen desfalls überreichten Bittschriften specificirt werden, was für Besoldung oder Land bei der Pfarre sei: wobei auch der Kandidat sich verschreiben muß, daß er damit zufrieden sei, und von der Kirche, zu welcher er geweihet worden, zeitlebens nicht abgehen wolle. Hat aber der Bischof des Roskolscziken-Wesens oder andrer Dinge wegen Verdacht, oder meinet, daß er des Amtes unwürdig sei: so wird solches seiner des Bischofs Beurteilung anheime gestellt.

9. Umtreibende Priester sollen die Edelleute nicht zu Beichtvätern annemen. Denn ein Priester, der entweder eines Verbrechens wegen von seiner Kirche verstoßen ist, oder selbige mutwillig verlaßen hat, ist so zu sagen kein Priester mehr, und begeht eine große Sünde, wenn er die Sacramente administrirt. Der Edelmann aber, welcher ihn aufnimmt, macht sich einer zweifachen Sünde teilhaftig, indem er ihn in seiner Bosheit stärket, und der Kirchenordnung widerstrebt. — Es sollen auch mächtige weltliche Herren die Priester nicht zwingen, die Kinder in ihren Häusern zu taufen, sondern sie zur Taufe in die Kirche bringen: es sei dann, daß das Kind zu schwach, oder eine andre wichtige Ursache vorhanden wäre, die es verhinterte.

10. Man sagt, daß zuweilen Stadtobrigkeiten und andre obrigkeitliche Personen, wie auch reiche Edelleute, in solchen Vorfallenheiten, worinn sie geistlichen Unterricht vonnöten haben, den Bischöfen, in deren Sprengel sie wonen, nicht gehorchen wollen: vorgebende, er sei ihr Hirte nicht. Deswegen sei jedermann kund gethan, daß ein jeder, wes Standes er auch sei, in geistlichen Dingen dem Gerichte des Bischofs, in deßen Sprengel er sich befindet, so lange er darinnen bleibt, unterworfen ist.

11. Es finden sich auch, sonderlich unter weltlichen Personen, viele Schwierigkeiten wegen zweifelhafter Ehen: daher sich niemand unterstehen soll, einen solchen Skrupel, wenn ihm dergleichen vorfällt, dem Priester zu verschweigen. Kann solchen der Priester nicht heben; so soll er sich nicht erkühnen, ihn sofort zu copuliren, sondern die Sache zur Beurteilung an den Bischof bringen. Kann auch dieser sie nicht entscheiden, so soll er darüber an das geistliche Collegium schreiben. Damit aber diese Schwierigkeiten ordentlich und den Rechten gemäs entschieden werden können: so soll das geistliche Collegium eine besondre Zeit dazu aussetzen, und nach reifer Ueberlegung eine feste Decision auf alle Schwierigkeiten ordentlich, aus der heil. Schrift und den Aussprüchen berümter alter Lehrer, wie auch den Zarischen Gesetzen, zu Papier bringen.

12. Wenn sich auch bei einer Ehe gleich kein Zweifel ereignete: so soll man doch kein Par außer der Parochie, in welcher entweder der Bräutigam oder die Braut wont, vielweniger aber in einem andern Bißtume, oder von Priestern aus andern Bißtümern oder Parochien, trauen lassen. Denn außerdem, daß solches ihrem eigenen Hirten verkleinerlich ist, so bringen sich auch solche Leute dadurch in den Verdacht, als ob ihre Ehe unzuläßig sei.

§. 19.

Dritter Teil.
Von der Directoren Pflicht, Amt und Gewissen.

Nunmehr müssen wir auch von von den Directoren selbst handeln, aus welchen das geistliche Collegium bestehet.

I. Es sind zwölf dirigirende Personen hiezu genug, welche von unterschiedenem Range sind. Es müssen drei Bischöfe seyn, von andern aber so viel, als man unter einer jeden Gattung Leute findet.

II. Ist darauf zu sehen, daß kein Abt und Erzpriester unter dieser Zahl sei, der unter einem Bischofe stehe, und doch ein Mitglied des Collegii sei. Denn ein solcher Abt oder Erzpriester wird allezeit derjenigen Partei gewogen seyn, zu der sein Bischof inclinirt; und solchergestalt werden 2 oder 3 Personen nur Einen Mann ausmachen.

§. 20.

Uebrigens müssen wir besehen, was dem geistlichen Collegio zu thun obliege, wie es in den angebrachten Affairen zu Werke gehen und verfaren müsse, und was es in Entscheidung der Sachen für Gewalt habe. Diese 3 Stücke werden durch die in der Aufschrift dieses Teils gebrauchten Worte, **Pflicht, Amt** und **Gewalt** angedeutet, von welchem jeden insbesondre wir etwas weniges reden wollen.

1. Die erste und fast einzige Pflicht dieser geistlichen Regierung ist, die Pflichten aller Christen insgemein, und besonders der Bischöfe, Priester und andrer Kirchenbedienten, so ferne sie der geistlichen Regierung unterworfen sind, zu lehren und bekannt zu machen: daher auch einige Pflichten dieser Stände berüret werden. Es muß auch das geistliche Collegium darauf Acht haben, ob alle und jede in ihrem Berufe bleiben, und die, so sich versündigen, zu rechte bringen und strafen. Jedennoch müssen wir hier auch einiger besondern Pflichten dieser Regierung Erwänung thun.

2. Es soll allen Christen, wes Standes sie auch seyn mögen, kund gethan und publiciret werden, daß wer etwas zu besserer Regierung zuträgliches observirte, solches dem geistlichen Collegio schriftlich vortragen könne; auf eben die Art, wie ein jeder wegen rechtmäßiger Vorteile Sr. Zarischen Majt. bei dem Senat einkommen kann. Das geistliche Collegium aber soll überlegen, ob der Rath nützlich oder schädlich sei, und jenen annemen, diesen aber verwerfen.

3. Eine neuverfertigte theologische Schrift darf eher nicht gedruckt werden, biß sie dem geistlichen Collegio vorgelegt worden; welches dann untersuchen

chen soll, ob nicht etwas darinn befindlich sei, was der orthodoxen Lehre zuwider wäre.

4. Wenn irgendwo ein unverweseter Leib entdeckt, oder ein Gerüchte von Erscheinungen und Wundern gehöret wird: so liegt dem Collegio ob, die Sache zu untersuchen, und diejenigen, die das Gerüchte ausgebracht, wie auch andre, die davon zeugen können, zum Verhör zu fodern.

5. Wenn jemand für einen Roskolsczik oder Erfinder einer neuen Lehre angegeben wird: so soll die Sache vor dem geistlichen Collegio erörtert werden.

6. Es finden sich einige zweifelhafte Gewissensfragen, z. E. was zu thun sei, wenn jemand fremdes Gut entwandt, und solches zwar wiedergeben wollte, aber nicht könnte, entweder Schaden halber, oder aus Furcht, oder auch weil die Person, der es gehöret, todt ist; ingleichen was derjenige thun müsse, der unter den Ungläubigen gefangen gewesen, und um seine Freiheit zu erlangen, einen gottlosen Glauben angenommen, nachher aber sich wieder zum Christentume gewandt. Diese und ähnliche Zweifelsknoten sollen an das geistliche Collegium gebracht, und von demselben genau erwogen und gelöset werden.

7. In dem Collegio sollen auch die Kandidaten der Bißtümer examiniret werden, ob sie nicht abergläubisch, liederlich, oder NB. *Simoniaci* sind? wie und wo sie vorher gelebt haben? Falls einer unter ihnen

ihnen reich wäre, so soll er mit guten Zeugnissen darthun, wodurch er seinen Reichtum erworben habe.

8. Ist jemand mit seines Bischofs Amtsspruche nicht zufrieden: so mag er an das geistliche Collegium appelliren. Die Dinge aber, so vor dessen Jurisdiction gehören, sind eigentlich folgende: zweifelhafte Ehen, Ursachen der Ehescheidung, Beeinträchtigungen, die ein Bischof dem andern thut; mit Einem Wort, alles dasjenige, was vor Zeiten vor des Patriarchen Gericht gehöret hat.

9. Muß das Collegium Achtung geben, von wem und wie die Kirchenländereien besessen und administriret werden, wohin das Getreide, oder wofern solches verhandelt wird, wohin die Geldeinkünfte kommen. Falls nun jemand die Kirchengüter durch Betrug an sich bringt, den muß das geistliche Collegium angreifen, und das Entwendete zurückfodern.

10. Wann ein Bischof, oder auch nur der geringste Kirchendiener von einem vornemen Herrn beeinträchtiget wird; so muß er sein Recht zwar nicht im geistlichen, sondern im Justizcollegio und letztlich im Senate suchen: Jedoch kann er auch dem geistlichen Collegio seine Noth klagen, welches dann, um seinem bedrängten Mitbruder zu helfen, ehrbare Männer an gehörigen Ort sendet, und um schleunige Administration der Justiz ersuchen läßt.

11. Die Testamente vornemer Leute, wenn sie zweifelhaft scheinen, sollen zugleich im geistlichen und

Justizcollegio exhibiret werden: und sollen beide Collegia darüber ihr Urteil fällen, und die Sache entscheiden.

12. Wegen der Almosen muß das geistliche Collegium eine Verordnung bekannt machen: denn hierinn geschiehet nicht wenig Unrecht. Viel Taugenichte legen sich bei vollkommner Gesundheit aus Faulheit aufs Betteln, und laufen ohne Scham im Lande herum; andre bestechen die Aufseher der Hospitäle, und erhalten in denselben einen Platz: welches eine Gott mißfällige und dem ganzen Vaterlande schädliche Sache ist. Gott befielet uns, **in dem Schweiß unsers Angesichtes**, das ist, in rechtmäßiger Narung und allerlei Arbeit, **unser Brod zu essen**, 1 Mos. III.; und Gutes zu thun, nicht allein unsers eigenen Unterhalts wegen, sondern auch, **damit wir haben zu geben den Dürftigen**, d. i. den Armen, Ephes. V. Auch verbietet er, daß wer nicht arbeitet, auch nicht essen soll, 2 Thess. III. Hieraus folgt, daß die gesunden und faulen Bettler Gott mißfällig sind. Wer nun solchen Leuten Gutes thut, der nimmt als Mithelfer Teil an ihrer Sünde; und was er bei dergleichen Leuten an vorgegebene Almosen wendet, ist alles fruchtlos, und bringt ihm keinen geistlichen Nutzen. Ja aus dergleichen übelangewandten Almosen wächst auch dem Vaterlande, wie gesagt, ein nicht geringer Schade zu: denn **erstlich** entstehet hiedurch ein Abgang und eine Teurung an Getreide.

treibe. Es überlege ein jeder vernünftiger Mensch: so viel dergleichen faule Bettler in Rußland sind, so viel bearbeiten auch das Land nicht. Hiedurch wird die daher zu erwachsende Erndte verringert; sie hingegen verzeren durch ihre Unverschämtheit und Heucheldemut andrer Leute Arbeit, und machen also die Consumtion des Getreides größer: daher soll man solche Bettler allenthalben greifen, und zu öffentlicher Arbeit stellen. Ferner thun dergleichen Bettler denen wirklich Armen großen Eintrag: dann so viel jenen gegeben wird, so viel wird diesen entrissen; außer daß diese nichtswürdige Leute, weil sie gesund sind, bald dahin kommen können, wo Allmosen ausgeteilt werden; arme hingegen und kranke Leute zurücke bleiben, oder fast halb todt auf den Gassen liegen, und bei ihrer Krankheit noch vor Hunger verschmachten müssen. Es giebt auch Leute, die nicht das tägliche Brod haben, und sich doch schämen zu betteln. Wer also warhafte Barmherzigkeit hat, kann in Betrachtung dessen nicht anders als von Herzen wünschen, daß hierinnen eine bessere Ordnung gemacht werde. Ueberdiß machen diese Taugenichte allerhand unverständige und schändliche Lieder, und singen sie mit Vorstellung und Seufzen vor dem Volk, und machen dadurch einfältige Leute noch mehr irre, um dafür eine Ergößlichkeit zu bekommen. — Wer kann aber den Schaden, welchen dergleichen Bösewichter verursachen, in der Kürze erzälen? Wo sie auf den Landstraßen ihre Gelegenheit absehen, sind sie Räuber und Mordbrenner, lassen sich von Verrätern und Meutmachern als Spionen gebrauchen, verläumden die Obrigkeit, tragen selbst die höchste Regierung schändlich aus, und reizen das gemeine Volk zur Verachtung der obrigkeitlichen Personen. Selbst rüren sie keine Christenpflicht an, und halten dafür, daß ihr Werk nicht sei, in die Kirche zu gehen, sondern nur außen vor derselben zu stehen und zu schreien. Ja was von ihrer Gewissenlosigkeit und Unmenschlichkeit fast allen Glauben übersteigt; so blenden sie ihre Kinder, oder verbrehen ihnen die Hände und andre Glieder, damit sie das Ansehen recht armer und erbarmungswürdiger Leute gewinnen. Es ist warlich keine gottlosere Art Menschen: und ist folglich eine große Obliegenheit des geistlichen Collegii, fleißig darauf zu denken und zu überlegen, durch was für einen Weg dieses Uebel am besten ausgerottet, und wegen der Allmosen eine gute Verordnung gemacht werden könne. Wann dieß geschehen, soll das Collegium Ihro Zarische Majt. ersuchen, solche Ordnung zu confirmiren.

13. Es ist auch dieses keine geringe Obliegenheit desselben, die Geistlichkeit von der Simonie und Unverschämtheit abzubringen. Dazu würde sehr dienlich seyn, daß man sich mit den Senateurs berathschlage, wie viel Höfe zu einem Kirchspiele

zu

zu rechnen wären; von welchen dann ein jeder den Priestern und übrigen Kirchenbedienten ein gewisses geben müßte, womit sie nach ihrer Maße vollkommen vergnügt seyn könnten, und weiter für Kindtaufen, Begräbnisse, Copulationen und dergl. nichts mehr begeren dürften. Jedoch würde durch solche Verordnung freigebigen Leuten nicht untersagt, den Priestern nach Belieben etwas zu verehren.

§. 21.

Insonderheit muß das ganze Collegium, der Präsident so wohl als auch die übrigen Beisitzer, bei Antretung ihres Amtes einen Eid ablegen, daß sie Sr. Zarischen Majt. treu seyn und bleiben, nicht aus Leidenschaft oder Geschenke wegen, sondern um Gottes willen und zum Nutzen des Volks, in Gottesfurcht und gutem Gewissen die Streitigkeiten abthun, rathen, und ihrer übrigen Mitbrüder Meinungen annemen und verwerfen wollen. Diesen Eid soll ein jeder leisten, und sich selbst deutlich die Strafe des Banns und eine leibliche Züchtigung dictiren, wofern er nachher ertappt und überführet würde, daß er seinem Eide zuwider gehandelt.

§. 22.

Alles obenstehende haben erstlich Ihro geheiligte Zarische Majestät, der Monarch von ganz Rußland, Sich verlesen lassen, angehört, erwogen, und ein und and andres darinn verbessert, den 11. Febr.

Febr. dieses 1720sten Jahres. Sodann haben es, auf Höchstgedachter Sr. Majestät Befel, die Bischöfe und Aebte nebst den regierenden Senateurs den 23 Febr. angehört, in Betrachtung gezogen, und verbessert. Und endlich haben zu Bekräftigung und unausbleiblicher Beobachtung desselben, nach vorgängiger Unterschrift der anwesenden Personen geistlichen Standes wie auch der Senateurs, Ihro Zarische Majestät selbst solches eigenhändig zu unterschreiben geruhet.

Der demütige *Stephan,* unwürdiger Metropolit von Resan.

Der demütige *Sylvester,* Metropolit von Smolensk.

Der demütige *Theophanes,* Bischof von Pleskov.

Der demütige *Petirim,* Bischof von Nieder-Novgorod.

Der demütige *Warloam,* Bischof v. Twer.

Der demütige *Aron,* Bischof von Carelien.

Admiral, Graf *Apraxin.*

Kanzler, Graf *Golovkin.*

Knäs *Jakov Dolgorukij.*

Knäs *Dimitri Golycin.*

Peter *Tolstoj.*

Baron *Peter Schaphirov.*

PETER.

Theo-

Theodosius, Abt zu St. Alexander Newskij.

Antonius, Abt zu St. Chrysostomi.

Jonas Salnikejev, Abt zur Verklärung Christi in Kasan.

Petrus, Abt des Simonovschen Klosters in Moskau.

Der bemüthige *Pachomius*, Metropolit von Woronesh und Jelec.

Gabriel, Abt des Hypatischen Klosters zur heil. Dreifaltigkeit.

Hierotheus, Abt des Donskoj-Klosters in Moskau.

In den Diöcesen haben folgende Bischöfe und Geistliche unterschrieben.

Der bemüthige *Ignatius*, Metropolit von Sarsk und am Don.*

Der bemüthige *Georgius*, Bischof von Rostov.

Der bemüthige *Barlaam*, Bischof von Susdal und Jurjev.

Der bemüthige *Joanicius*, Metropolit von Kolomna.

Der

* Die Namen sind in der Deutschen, obgleich zu Petersburg gedruckten, Uebersetzung überaus verstümmelt. Alle konnte ich sie nicht herstellen, weil ich das Russische Exemplar nicht bei der Hand hatte.

lēskoj.

Tichon, Prior des Kolocki - Klosters in Moshaisk.

Theophanes, Prior zu St. Nicolai Ugrieskj.

Hadrian, Abt zu St. Boris Glēb in Dmitrov.

Gerasim, Abt des Wisocki - Klosters in Serpuchov.

Paul, Prior des Wadicznoj - Klosters in Serpuchov.

Aron, Abt des Bogoslavskj - Klosters in Resan.

Leontius, Prior zu St. Macarii Unschæ.

Irenarcha, Abt zu St. Cyrilli.

Ionas, Abt des steinernen Klosters.

Arsenius, Abt des Prilucki - Klosters.

Theophylactus, Abt zu St. Pauli.

Macarius, Abt zu St. Cornelii.

Philippus, Prior zu Theropont.

Damascenus, Prior zu St. Michael in Perejaslav.

Raphel, Prior des Spaskoj - Klosters genannt Zolotonoskoj.

Eustractus, Abt des Jeleckoj - Klosters in Czernigov.

Ger-

Germanus, Abt des Troickoj-Klosters genannt Gynſkj in Czernigov.

Epiphanius, Abt zu Nazaret der Verkündigung Mariä in Nězin.

Nilus, Prior zu St. Nicolai Mokoſzinſkoj.

Zoſimus, Prior zu St. Antonii in Lübecz.

Johannieius, Abt der heil. großen und wundertätigen Peczerischen Laura in Kiev.

Ich des Simonovischen Klosters in Moſkau Abt unterschreibe mich zum andernmal.

Gideon, Verwalter des Klosters zu St. Michael mit dem goldnen Dach in Kiev.

Benedikt, Verwalter des Wydubicki-Klosters zu St. Michael in Kiev.

Herodin Ziurawaſkj, Abt des gemeinschaftlichen Nezigozischen Klosters in Kiev.

Gregorius Gotkiewickj, Verwalter zu St. Sophiæ.

Chriſtophorus Czarnickj, Prior des Crimi St. Nicolai bei Kiev.

Sylveſter Pomovſkj, Vicerector des Bruderklosters der Erscheinung Chriſti in Kiev.

Joaſaph Thomilowicz, Vorſteher des Cyrillischen Troickoj-Klosters in Kiev.

Simon, Abt zu unsrer lieben Frauen Swicaſka.

Joaſaph, Prior des Kiſiezeokiſchen Kloſters in Kaſan.

Barſonothius, Abt des Peczeriſchen Kloſters in Nieder-Novgorod.

Philaret, Abt des Troickoj - Kloſters zu St. Macarii Zolotonoſny in der Niedernovgorodiſchen Provinz.

Joel, Prior des Glucinſkj-Kloſters bei Großnovgorod.

§. 23.

Das **Amt** und die Verrichtungen des geiſtlichen Collegii ſind hier nicht beſonders beſchrieben, weil Ihro Majeſtät allergnädigſt befolen haben, daß es ſich deßfalls nach dem General-Reglement richten ſoll.

§. 24.

Es haben aber Ihro Zariſche Majt., aus ſouverainer Auctorität, dem geiſtlichen Collegio eine ſolche **Gewalt** erteilen wollen, als aus St. Zariſchen Majt. dieſem Reglement vorangedruckten Specialbefehl, wie auch aus nachſtehenden Reſolutionen erhellet, durch welche Ihro Majt. bei denen Ihnen von dem geiſtlichen Collegio vorgetragenen Puncten, bemeldtem Collegio den Titel einer **heiligſten dirigirenden Synode** erteilet haben.

§. 25.

Puncta,

auf welche Ihre Allerdurchlauchtigste Zarische Majestät eigenhändig Resolution erteilen wollen.

Sr. Zarischen Majt. wird vorgetragen: „Soll man nicht beim Gottesdienste, wo vormals des Patriarchen Meldung geschehen, der regierenden geistlichen Versammlung in folgenden Ausdrücken gedenken: **Für die heiligste regierende Versammlung der ehrwürdigen Priesterschaft 2c.** Denn also wird der Titel Heiligst nicht Einer Person insbesondre, sondern der ganzen Versammlung gegeben„?

Sr. Zarischen Majt. eigenhändige Resolution: **Für die heiligste Synode,** oder **für die heiligste regierende Synode.**

„Wie soll bei vorfallenden Requisitionen von der regierenden geistlichen Versammlung an den regierenden Senat und an die Collegia, und hinwiederum von diesen an die geistliche Versammlung, geschrieben werden? Vor diesem ist niemals und von keinem Orte befelsweise an den Patriarchen geschrieben worden: das Collegium aber hat eben die Würde, Nachdruck und Gewalt, so der Patriarch gehabt, wo nicht eine noch größere, weil es eine Versammlung ist„.

Resolution: An den Senat muß notificationsweise geschrieben, und die Promemoria von allen Mitgliedern unterzeichnet werden. In die Collegia wird so geschrieben, wie aus dem Senat, mit Unterschrift des Sekretärs alleine.

„Soll dann das geistliche Collegium zu vacanten Diöcesen Bischöfe erwälen, und nachdem es solches Sr. Zarischen Majt. vorgetragen, die Consecration zu den erledigten Plätzen verordnen„?

Resolution: Sie sollen zwei Personen präsentiren, welche Wir davon erwälen, dieselbe sollen sie consecriren und einsetzen.

„Soll denn das geistliche Collegium die Patriarchal=bischöfliche und Klostergüter, welche unter der Klostercanzlei gestanden, so wol in Ansehung der Einkünfte, als auch der Administration, unter seiner Pflege haben? Dann diese Güter sind durch die weltlichen Administratoren sehr verarmt und verwüstet worden. Das geistliche Collegium hat sich auch nicht weniger als andere Collegia eidlich verbunden, nicht allein Sr. Zarischen Majt. treu zu seyn, sondern auch Dero Interesse zu suchen. Ueber dieses stehet in dem geistlichen Reglement, daß solche Administration dem geistlichen Collegio zukomme„.

Resolution: Ja, es soll also gehalten werden.

VI. Vom

VI.

Vom
Postwesen
im
Rußischen Reiche.

Zur Nachricht.

e muß überall wie ё gelesen werden; es mag stehen, wo es will. z. Er.

   Mcensk lies **Mzensk**
   Carev — **Tzarev**
   Slobockoj — **Slobotzkoj**
   Jaroslawec — **Jaroslawetz**

cz gilt tsh. Oczki lies Otshki.

sz gilt ein deutsches grobes sch

sh aber ein gelindes sch, oder ein französisches j.

scz gilt schtsh. Jam-sczik lies Jam-schtshik.

v und w unterscheiden die Rußen nicht im Schreiben, aber wohl in der Aussprache.

z muß bei den lateinisch gedruckten Namen ja nicht wie ein deutsches z, sondern wie ein ganz gelindes s, griech. ς, gelesen werden.

ĕ, ě, ŭ, heißen Vocales *Jerata*, und werden so gelesen, als wenn noch ein ganz kurzes reisendes e oder i vor ihnen voher gienge.

y lautet im Rußischen beinahe wie ü ŭ, als Eine Sylbe.

             I. Pott.

I. Poststationen
im Rußischen Reiche.

I.
Von Petersburg nach Moskau
734 Werste

Stationen	Werste
1. St. Petersburg	
2. *Ishora*	35
3. *Tosninskoj* Jam	23
4. *Lüban* Dorf	26
5. *Czudowo* Kirchdorf	32
6. *Spaskaja Polist* Dorf	25
7. *Podberezje* Kirchdorf	23
8. **Novgorod**	22
	186
9. *Bronnickoj* Jam	35
10. *Zajtowo* Kirchdorf	30
11. *Kresteckoj* Jam	31
12. *Jashelbicy* Kirchdorf	39
13. *Zimnegarskoj* Jam	23
14. *Jedrowo* Kirchdorf	22
15. *Chotilovskoj* Jam	35
16. *Wysznej Woloczok*	36

17. *Wy-*

Stationen	Werste
17. *Wydropusk* Kirchdorf	33
18. *Torshok* Stadt	36
19. *Mēdnoje* Kirchdorf	33
20. **Twer**, Stadt	28
	381 ——
21. *Gorodna* Kirchdorf	31
22. *Zawidowo* Kirchdorf	27
23. *Klin* Stadt	27
24. *Peſzki* Dorf	30
25. *Czernaja* Dorf	24
26. **Moſkau**	28
	167 ——

Auf jeder Station werden 10 Jamſczikpferde gehalten.

II.

Von St. Petersburg nach Kronſtadt
47 Werſte

1. St. Petersburg
2. *Iwanoſkoje* — 16
3. Oranienbaum — 24
4. Kronſtadt — 7

III.

Von St. Petersburg nach Wiborg
159 Werſte

1. St. Petersburg
2. Bei *Draniſznikov Kabaczok* — 24

Stationen	Werſte
3. Bĕloj oſtrov	15
4. Lindolowo Dorf	18
5. Pandolowo Dorf	18
6. Strĕtinſkoje Kirchdorf	17
7. Pera Myza	30
8. **Wiborg**	17

Auf dieſen 8 Stationen ſind in allem 66 Poſt- Jamſczik- und Bauren-Pferde: nämlich in St. Petersburg auf der erſten Station 12 Jamſczik., bei Draniſznikov und in Bĕloj Oſtrov 12 Bauren-, und von Lindolowo bis Wiborg 6 Bauren-Pferde.

IV.
Von Wiborg bis an die ſchwediſche Gränze.
189 Werſte

1. Wiborg	
2. Kananoja	25
3. Wilmänſtrand	24
4. Tojkala	20
5. Martila	15
6. Piaheldo	27½
7. Friedrichshamn	25
8. Hågfors	20
9. Kupis	12½
10. Aborfors	18
11. Lille-Aborfors	2

V.
Von Wiborg nach Kexholm
128 Werste

1. **Wiborg**
2. *Pera Myza* — — 17
3. *Mula Myza* — — — 20
4. *Parusa* — — 28
5. *Kiwinem* — — 13
6. *Kachwinica* — — — 25
7. **Kexholm** — — 25

VI.
Von St. Petersburg nach Narva
145 Werste

1. **St. Petersburg**
2. *Goreloi Kabak* — — 24
3. *Kipina Myza* — — 21
4. *Koskowa* — — — 20
5. *Czirkowicy* — — 20
6. *Opolje* — — — 22
7. *Shabinskaja* — — 20
8. **Narva** — — 18

VII.
Von St. Petersburg nach Riga
545 Werste
(bis Narva ist der Weg einerlei)

9. Wajwara — — — 20
10. Fo-

Stationen	Werste
10. Fockenhof	17
11. Purro	16
12. Kleinpungern	15
13. Kauks	22
14. Renal	16
15. Torma	24
16. Igafer	22
17. Dörpat	22
	174
18. Ueddern	24
19. Kuskatz	23
20. Teiglitz	21
21. Gulben	17
22. Stackel	20
23. Wolmar	19
	124
24. Lenzenhof	18
25. Roop	20
26. Engelhardshof	21
27. Hilchensfähr	18
28. Neumühlen	15
29. Riga	10
	102

Von Narva nach Riga   400 Werste

    Auf jeder Station werden 25 Pferde unterhalten; nämlich auf der von St. Petersburg bis nach Goreloj Kabaczok Jamsczik = Pferde von Goreloj Ka-

Kabaczok aber bis Narva Bauren-Pferde, und von Narva bis Riga Lipländische Post-Pferde.

VIII.
Von St. Petersburg nach Reval
341 Werste
(bis Narva ist der Weg einerlei).

9. Wajwara	20
10. Fockenhof	17
11. Warjal	26
12. Hohen-Creutz	23
13. Poldrus	23
14. Loop	21
15. Kahal	21
16. Jegelecht	25
17. Reval	20

Von Narva nach Reval   196 Werste

Von Marjal an, und folglich auf 7 Stationen, werden auf jeder Station 12 Estländische Post-Pferde gehalten.

IX.
Von Reval nach Habsal
95 Werste

1. Reval
2. Kegel   20
3. Kloster Padis   20

4. Sel-

Stationen	Werste
4. Sellenkül	25
5. Habsal	30

X.
Von Reval nach Pernau
138 Werste

1. Reval	
2. Kannameggi	20
3. Runofähr	29
4. Painkul	25
5. Jobbefähr	22
6. Halik	17
7. Pernau	25

XI.
Von Riga nach Pernau.
164 Werste

1. Riga	
2. Samuelsfähr	22
3. Peters Kapelle	20
4. Pernigel	19
5. Neu Salis	16
6. Alt-Salis	16
7. Dreimannsdorf	16
8. Gutmannsdorf	17
9. Cackerort	15
10. Pernau	23

XII.

XII.
Von Pernau nach Arensburg
21 Schwedische Meilen

1. Pernau
2. Werder   •   •   10
3. Ueber den großen Sund   •   2
4. Bis Großhof auf der Insel Moon   •   1
5. Bis an den kleinen Sund   •   •   1
6. Bis an die Insel Oesel   •   •   1
7. Bis Neuhof auf Oesel   •   •   ½
8. Kangern   •   •   •   2½
9. Arensburg   •   •   3

XIII.
Von Riga nach Mitau
7 Meilen

1. Riga
2. Schulzenkrug
3. Mitau

XIV.
Von Riga nach Memel
43 Meilen oder 301 Werste.
(Geht über Mitau)

3. Mitau
4. Doblen   •   •   3
5. Bliden   =   =   4
6. Frauenburg   •   •   3
7. Shrun-

Stationen	Meilen
7. Shrunden	4
8. Drogen	4
9. Durben	3
10. Libau	3
11. Wirgen	3
12. Heilige Aa	4
13. Memel	5

Von Mitau nach Memel   36 Meilen

XV.
Von Riga nach Pleßkov und Novgorod
509 Werste

Die 9 ersten Stationen von Riga bis Gulben, 141 Werste, sind rückwärts wie bei Num. VII.

	Werste
9. Gulben	
10. Lips	20
10. Mentzen	20
12. Sennen	20
13. Hahnhof	20
14. Neuhausen.	20
15. Peczerskoj Kloster	17
16. Pleßkov	43

           60 ———

17. Zagorskoj Jam	38
18. Dubrowo Kirchdorf	28
19. Surnowo Kirchdorf	27

20. Ro-

20. *Rodica* Kirchdorf 25
21. *Omszamskoj* Jam 29
22. *Menusz* Kirchdorf. 22
23. *Sutki* Kirchdorf. 19
24. **Novgorod** 20

208 ———

XVI.

Von St. Petersburg nach Plesskov und **Smolensk** 837 Werste

der Weg geht über Narva, Num. VI.

8. Narva
9. *Poli* Dorf 33
10. *Kuskowo* Dorf 21
11. Gdov Stadt 22

76 ———

12. *Shelczi* Dorf 37
13. *Maslegostica* Dorf 37
14. Pskov oder **Plesskov** 40

114 ———

15. *Ruskoj Pogost* 22
16. *Maslowica,* Dorf 22
17. *Morszwici* Dorf 21
18. *Strelkina* Dorf 20
19. *Slobodi* Dorf 28
20. *Gritkowa* Dorf 22
21. *Nikiforowa* Dorf 24

22. *Prys-*

Stationen   Werſte

22. *Pryskucha* Dorf   .   30¼
23. *Zabolotje* Dorf   .   .   12½
24. *Weliki Luki* Stadt   .   .   28
                                 230 ─────
25. *Krasnaja Wěszna* Dorf   .   27
26. *Priluki*   . .   .   40
27. Am Fluſſe **Düna**   .   .   36
28. *Pryſuchowa* Dorf.   .   .   33
29. *Trunajewa* Dorf   .   .   36
30. *Beresnowa* Dorf   .   .   33
31. *Zujewa* Dorf.   .   .   31
32. **Smolensk**   .   .   36
                                 272 ─────

Auf jeder Station werden 3 Jamſczik-Pferde gehalten.

XVII.

Von St. Petersburg nach **Archangel**
1145 Werſte

1. St. Petersburg
2. *Swätka* Dorf   .   .   35
3. **Schlüſſelburg**   .   .   25
                                 60 ─────
4. *Szeldicha* Dorf   .   .   .   25
5. *Lejmoſarſkoj*   .   .   .   35
6. NeuLadoga   30
                                 90 ─────

Beyl. I.   S   7. *Szach-*

Stationen	Wer...
8. *Stopſza* Kirchdorf	8
9. Jaroſlawl Stadt	8
	60
10. *Wokſzara* Kirchdorf	30
11. *Uchorſkoj* Jam	37
12. *Telaekoj* Jam	30
13. *Obnorſkoj* Jam	30
14. *Koloma* Kirchdorf	35
15. Wologda Stadt	25
	187
16. *Selo* Dorf	31
17. *Czekſzina* Dorf	29
18. *Babina* Dorf	25
19. *Wolkovſkaja* Dorf	26
20. *Waſiljevſkaja* Dorf	30
21. *Janinſkaja* Dorf	29
22. *Szelockoj*	25
23. *Czuſzewickoj*	27
24. *Jefimovſkoj*	25
25. *Kwaſzininſkoi*	27
26. *Welſkoj*	33
27. *Sudromſkoj*	30
28. *Slöbockoj*	30
29. *Uſtpunſkoj*	27
30. *Uſtpädenſkoj*	27
31. Szenkurſk Stadt	25
	444 30

Stationen	Werste
32. Zolotilovskoj	20
33. Szegowarskoj	28
34. Kickoj	25
35. Uftwashskoj	30
36. Pänskoj	30
37. Czaftozerskoj	15
38. Morszegorskoj	15
39. Zwoskoj	31
40. Zagaczevskoj	20
41. Priluckoj	12
42. Uftsijskoj	20
43. Karakulskoj	27
44. Kapaczeskoj	20
45. Tawrenskoj	20
46. Korelskoj	25
47. Bobrovskoj	20
48. Ujenskoj	27
49. **Archangel**	17
	402

Auf jeder Station sind 2 Post-Pferde.

XIX.

Von Moskau nach Smolensk
350 Werste

1. Moskau
2. Kubinskoje Kirchdorf — 45
3. Moshajsk Stadt — 45

4. Gsha-

Stationen
4. *Gſhackaja priſtan*
5. *Wāzma* Stadt
6. *Zarubeſhje* Dorf
7. *Dorogobuſh* Stadt
8. *Pnewa* Kirchdorf
9. **Smolensk**

Auf jeder Station ſind 2 Jamſczik

XX.

Von **Moſkau** nach **Kiev** über S
852 Werſte

1. Moſkau
2. *Pachra* Kirchdorf
3. *Czerniſznaja* Dorf
4. *Lykov Wrag*
5. *Dobrāchi* Dorf
6. *Kaluga* Stadt

7. *Lichwin* Stadt
8. *Bēlev* Stadt
9. *Bolchov* Stadt
10. *Glotowo* Kirchdorf
11. *Karaczev* Stadt

12. *Somowo* Kirchdorf
13. *Czajanki* Kirchdorf

Stationen	Werſte
14. *Lůboſzi* Dorf	30
15. *Sĕjevſk* Stadt	30
	120
16. *Tolſta Dubowa* Dorf	30
17. *Gluchov* Stadt	40
18. *Korolewec* Stadt	39
19. *Baturin* Stadt	44
	153
20. *Borzna* Stadt	33
21. *Nĕſhin* Stadt	48
22. *Noſovka* Stadt	28
23. *Kozelec* Stadt	38
24. **Kiev**	72
	219

Auf jeder Station von Moſkau bis Gluchov werden 6 Pferde gehalten: von Gluchov aber bis Kiev gehet die Ukrainiſche Poſt, worzu, auf 14 Stationen, bei jeder 18 Ukraniſche Poſt-Pferde gehalten werden.

XXI.
Von Moſkau nach Kiev über Tula
879 Werſte

1. Moſkau	
2. *Tulſkaja Pachra* Dorf	32
3. *Lopaſna* Kirchdorf	33
4. *Serpuchov* Stadt	28
	93

S 4

5. Za-

5. *Zawody* . . 34
6. *Woſzana* Dorf . . 20
7. Tula Stadt . . 35
                           89 ———

8. *Solowa* Kirchdorf . . 40
9. *Sergievſkoje* Kirchdorf . 22
10. Klein *Skuratowa* Dorf . 16
11. Groß *Skuratowa* Kirchdorf . 16
12. Mcenſk Stadt . . 27
                          121 ———

13. *Orel* Stadt . . 53
14. *Kromi* . . 37
15. *Sējevſk* Stadt . . 114

Von *Mcenſk* nach *Sējevſk* wird mit Jamſczik-Pferden gefahren; keine Poſt iſt da.

16. *Gluchov* Stadt . . 70
17 - 23. *Korolewec* bis *Kiev* wie oben Num. XX. . . . 302
                          476 ———

XXII.
Von Moſkau nach **Bēlgorod**
593 Werſte
geht über *Mcenſk* Num. XXI.

12. Mcenſk Stadt
13. *Sabakino* Kirchdorf . . 30
14. *Rosſtan* Dorf . . 30
                          15. *Oczki*

15. *Oczki* Dorf . . 25
16. *Smorodina* Dorf . 30
17. *Dolgoje* Kirchdorf . . 30
18. Kurſk Stadt . . 25
170 ———

19. *Medwina* Kirchdorf . 30
20. *Zorina* Kirchdorf . 30
21. *Mojacko* Kirchdorf . 30
22. Bēlgorod . . 30
120 ———

Auf den 7 Stationen von Moſkau bis zum Kirchdorfe Salowa werden auf jeder 8 Jamſczik⸗Pfer-
de; von Salowa aber bis Bēlgorod auf jeder der
15 Stationen 4 Pferde gehalten.

XXIII.

Von Moſkau nach Woroneſh und den Don hinunter bis **Czerkaſki,** 1146 Werſte

Der Weg geht über Tula, wie Num. XXI.

7. Tula
8. *Bogorodickoj* Stadt . . 45
9. *Nikickoje* Kirchdorf . . 22
10. *Jefremov* Stadt . . 45
112 ———

11. *Petrovſkoje* Kirchdorf . . 45
12. *Jelec* Stadt . . 25
70 -

Stationen

13. *Ponarjino* Kirchdorf
14. *Chlewnoje* Kirchdorf
14. *Wajdarowa*
16. Woronesh Stadt

17. *Usman* Kirchdorf
18. *Srednei Ikorec* Kirchdorf
19. *Szestakowo* Kirchdorf
20. Nowopawlovsk Stadt

21. *Kazanskoj*
22. Am Bache *Mamon*
23. *Kowylnoj Lug*
24. *Byczkovskoj*
25. *Matuszinskoj*
26. *Kazanka* Kosackenstädtgen
27. Am Bache *Tichaja*
28. Am Kosackenbrunnen
29. Am Bache *Jablonowa*
30. — — *Meczetna*
31. — — *Bolszaja*
32. — — *Berezowa*
33. — — *Bystraja*
34. *Kamennoj Rynok*
35. Am Bache *Fomina*
36. *Ustbystrenskoj*
37. *Werchnej Kondruczevskoj*

Stationen	Werſte
38. *Razdorovſkoj* Koſackenſtädtgen	22
39. Am Bache *Razdori*	11
40. — — *Karagicza*	14
41. — — *Syſergenewa*	13
42. — — *Bagajewa*	16
43. *Manowa*	15
44. Czerkaſki Stadt	21
	582

Von *Bogorodickoj* bis *Nowo Pawlovſk* werden auf jeder Station 4 Jamſczik-Pferde, und von Nowopawlovſk bis *Kazanka* eben ſo viel Bauers Pferde gehalten. Von Kazanka bis *Czerkaſki* ſind Koſacken-Pferde: und zwar auf 4 Stationen bis an den Bach *Meczetna* 8 Pferde, auf den folgenden 7 bis *Kondrüczevſkoj* 12, und, auf den folgenden 8 bis *Czerkaſki*, 10 Pferde.

XXIV.

Von Moſkau nach Aſtrachan
1479 Werſte

1. Moſkau	
2. *Oſtrovcy* Dorf	25
3. *Uljanina* Kirchdorf	38
4. Kolomna Stadt	32
	95
5. *Zarajſk* Stadt	39
6. *Prudy* Kirchdorf	37
7. *Podoſinki* Kirchdorf	35
8. *Bogojawlenſkoje* Kirchdorf	35

9. *Gor-*

Stationen

9. *Gorlowo* Kirchdorf
10. Skopin Stadt

Von Skopin über Iwanovſkoje
Nach Oranienburg

11. *Räſk* Stadt
12. *Blagaja* Dorf
13. *Olowai* Dorf
14. Kozlov Statt

15. *Am Bache Jaroſlavka*
16. *Lyſi gory* Kirchdorf
17. Tanbov Stadtt

18. *Kuzmina Gat* Kirchdorf
19. *Am Bache Cna*
20. *Panowi Kuſti*
21. *Am Bache Sawalla*
22. — — *Szinkoſa*
23. — — *Tagajka*
24. — — *Tawolſhanka*
25. Choperſkaja Feſtung

26. *Michajlovſkoj* Städtgen
27. *Jurepinſkoj Stan*
28. *Tepiſkoj Jurt*

Stationen	Werste
29. *Prawotorſhſkoj Jurt*	20
30. *Kalinovſkoj Kuſtik*	24
31. *Zotovſkoj Jurt.*	21
32. Am Brunnen *Uſtchoperſkoj*	21
33. *Kulmyſzſkoj Jurt*	24
34. Am Orte wo der Brunnen *Choperſkoj* im Früling seinen Ausfluß hat	12
35. Uſtmedwēdca Städtgen	13
	199
36. *Kleckoj Czeganak*	18
37. *Kremenſkaja* Poſtierung	23
38. *Nowogrigorjevſkoj*	20
39. *Siropenſkaja* Poſtierung	23
40. Am Bache *Sokora*	30
41. *Graczevſkaja* Poſtierung	12
42. Caricyn Stadt	28
	174
43. Am Bache *Achtuba*	26
44. *Carewa Pud*	31
45. *Carewo uroczifcze*	30
46. *Tajunaj*	26
47. *Kulawa*	30
48. *Afzlagatka*	30
49. *Sakula*	30
50. *Okoreba*	25
51. *Befczara*	26
52. *Karawola*	30

53. *Axa-*

Stationen
53. *Axarawa*
54. Am Bache *Bolszaja Bereket*
55. Astrachan

Auf jeder Station werden 4 Pfe
nämlich von Moskau bis an die Festung
Jamsczik-Pferde; von da an bis zun
tuba Kosacken-Pferde, und von da
Bauer-Pferde.

XXV.

Von Moskau nach Sarato
902 Werste

1. Moskau
2. *Kupashna* Kirchdorf
3. *Bunkewoje* Kirchdorf
4. *Kirshacz* Dorf
5. *Lipni* Dorf
6. *Undola* Kirchdorf
7. Wolodimer Stadt

14

8. *Czudogda* Kirchdorf
9. *Moszka* Kirchdorf
10. *Draczewo* Kirchdorf
11. Murom Stadt

12

12. *Sawaslejka* Dorf
13. *Lomowa* Dorf

Stationen			Werste
14. *Lipna* Dorf	—	—	28
15. *Arzamas* Stadt	—	—	36
		115	
16. *Szapkowo* Kirchdorf	—	—	30
17. *Manlewo* Kirchdorf		—	30
18. *Puza* Kirchdorf		—	33
19. *Bogorodickoje* Kirchdorf		—	38
20. *Saransk* Stadt	—	—	31
		167	
21. *Tanejevka* Kirchdorf		—	30
22. *Peletma* Kirchdorf		—	35
23. *Ozerki* Kirchdorf		—	32
24. *Penza* Stadt	—	—	25
		122	
25. *Borisovka* Kirchdorf		—	20
26. *Kandali* Kirchdorf	—	—	21
27. In der Steppe zwischen dem Dorfe Wyrypajewo und dem Kirchdorfe Slivkino			26
28. Am Flusse *Nemeza*	—	—	29
29. *Petrovsk* Stadt	—	—	33
		129	
30. *Ozerskoj* Umet	—	—	30
31. *Sokura* Umet	—	—	30
32. Am Flusse *Kurdum*		—	25
33. *Saratov* Stadt	—	—	20
		105	

Auf

Stationen

Auf jeder Station sind 4 Pfer[de]
von dem Kirchdorfe Sawslejka bis [...]
sczik-Pferde, und von der bis Sa[...]
Pferde.

XXVI.

Von Moskau bis Nieder Novgorod
735 Werste
Der Weg geht über Murom Num[...]

11. Murom   =   =
12. *Monoskowa* Kirchdorf   =
13. *Pogost* Kirchdorf   =
14. *Bogorodskoje* Kirchdorf
15. Nishnej Novgorod

16. *Zimenki* Dorf   =
17. *Tatinec* Kirchdorf   =
18. *Bĕlozericha* Dorf   =
19. *Fokina* Kirchdorf   .
20. *Sumki* Kirchdorf   =
21. Kuzmodemjansk Stadt

22. *Aczkarāni* Dorf   .   ,
23. Czebaxar Stadt   =

24. *Koszki* Dorf   =
25. *Ilinewo* Dorf   .   =

Stationen   Werste
26. *Wezowy* Kirchdorf   •   24
27. *Kazan* Stadt   •   •   30
                              115 ─────

XXVII.
Von Moskau nach Orenburg
1257½ Werste
Der Weg geht über Kasan Num. XXVI.

27. *Kasan*   Werste   Faden
28. *Kabani* Kirchdorf   •   15   ──
29. *Jegorjewo* Kirchdorf   •   13   150
30. *Czerpi* Dorf   •   •   17   200
31. *Alexejevskoje* Kirchdorf •   21   250
32. *Mordovskaja* Bagan Dorf •   25   ──
33. *Tartarskaja* Jeltan Dorf •   11   150
34. *Czalmi* Dorf   •   •   17   150
35. *Jeryklowa* Dorf   •   22   200
36. *Kuzanino* Dorf   •   23   200
37. *Kuczujevskoj* Feldschanze   17   150
                          183 9/? ─────

38. *Almetowo* Dorf   •   20   ──
39. *Karabaſznwo* Dorf   •   20   ──
40. *Bugulminſkaja* Sloboda •   20   450
41. *Smalowa* Dorf   •   29   250
42. *Uſmanowa* Dorf   •   31   ──
43. *Jakunowa* Dorf   •   19   200
44. *Aſzirowa* Dorf   •   7   100
Beyl. I.   T   45. *Kut-*

Stationen
45. *Kutlumbetowa* Dorf
46. *Naurazowa* Dorf
47. *Düſmetewa* Dorf
48. *Sarmanajewa*
49. *Muſtafina*
50. *Juzẽjewa*
51. *Bekkulowa*
52. *Sakmarſk* Stadt
53. Orenburg

$338\tfrac{1}{4}$

Von Kaſan nach Orenburg $522\tfrac{1}{7}$

Auf jeder Station werden 5 Pferd unter auf 9 Stationen vom Kirchdo Kuczujevſkoj Bauer = Pferde ſind Sakmarſk liefern ſolche die Tataren aber bis Orenburg halten die Bürge

XXVIII.

Von Moſkau nach Tobo
2385 Werſte
(Dahin ſind 2 Wege. Der eine geht der andere geht bei *Kuzmodemjanſk* niſchen Landſtraße ab, ſiehe Num. X

1=7. Moſkau bis *Wolodimer*
8=11. Wolodimer bis *Murom*
12=15. Murom bis Niedernovgoro
16=21. Niedernovgorod bis Kuzmode

Stationen	Werste

Nun folgen ferner:

22. Bolszaja Rutka Dorf	10
23. Kumja Dorf	50
24. Szumetri Dorf	30
25. Carev-Sanczurſk	30
	120
26. Polowinnoj wrag	47
27. Jaranſk Stadt	29
28. Woſkreſenſkoje Kirchdorf	34
29. Am Bache Czernaja	47
30. Kotelnicy Stadt	46
31. Jurjevſkoje Kirchdorf	20
32. Orlov Stadt	26
33. Byſtrickoje Kirchdorf	21
34. Chlynov Stadt	30
	300
35. Slobockoj Stadt	28
36. Prokofjevſkoje Kirchdorf	30
37. Solowerkoje Kirchdorf	33
38. Troickoj Kloſter	22
39. Krutogovſkoj	25
40. Jekaterinſkoj Kloſter	25
41. Tichovſkaja Dorf	35
42. Loſiſkoje Kirchdorf	25
43. Kaj gorodok	35
	258

44. Am

Stationen
44. Am Bache *Wolwa*
45. —— —— *Berezovka*
46. *Juxejewo* Kirchdorf
47. *Dsheshevskaja* Dorf
48. *Kosinskoje* Kirchdorf
49. *Loczinowa* Dorf
50. *Wyrynskoje* Kirchdorf
51. *Nitkina* Dorf
52. Solikamsk Stadt

53. *Martinska* Dorf
54. *Jaiwinskoje* Kirchdorf
55. *Molczan* Dorf
56. *Rostelskoje* Kirchdorf
57. *Kirja* Dorf
58. *Pawdinskaja* Zaslawa
59. *Melechina* Dorf
60. *Bessonowa* Dorf
61. Werchoturje Stadt

62. *Saldinskoj* Pogost
63. *Machnewa* Dorf
64. *Fomina* Dorf
65. *Babichina* Dorf
66. Turinsk Stadt

Stationen	Werſte
67. *Sladka* Dorf	50
68. *Roſheſtwenſkoje* Kirchdorf	50
69. Tümen Stadt	51
	151
70. *Baranowa* Dorf	33
71. *Kalmakowa* Dorf	36
72. *Juſhakowa* Dorf	36
73. *Karaulnoj Jar* Dorf	36
74. *Bachtejarov Jurt*	35
75. *Dolgoj Jar* Kirchdorf	38
76. Tobolſk	40
	254

Von Moſkau nach Solikamſk 1497 Werſte
Von Werchoturje nach Tobolſk 612 Werſte.

Auf jeder Station werden 6 Poſt-Pferde gehalten, und zwar von dem Dorfe Bolſzaja Rutka bis Carev-Sanczurſk (3 Stationen), und vom Kirchdorfe Roſtelſkoje bis Tümen (14 Stationen) Jamſczik-Pferde, von Carev-Sanczurſk aber bis Roſtelſkoje (31 Stationen) Bauer-Pferde.

XXIX.
Von Kaſan nach Tobolſk
1390 Werſte

1. Kazan	
2. *Kurkoſz* Dorf	38
3. *Klein Pſzela* Dorf	32
4. *Priak* Dorf	32

5. Me-

Stationen
5. *Melet* Dorf
6. *Nowokresczena* Dorf
7. *Washentemkaskaja* Dorf
8. *Kulmetczolty* Dorf
9. *Jubori* Dorf
10. *Zātcy* Dorf
11. *Igry* Dorf
12. *Bolszaja Purga* Dorf
13. *Jarykowa* Dorf
14. Am Flusse *Klenovka*
15. *Tarakanowa* Dorf
16. *Zaogradowa* Sloboda
17. *Bolgari* Dorf
18. *Gorewa* Dorf
19. Kungur Stadt

20. *Dubowa* Dorf
21. *Szacharovka* Dorf
22. *Aczinskaja* Festung
23. *Klenovskaja* Festung
24. *Kirgiszanskaja* Festung
25. *Czeremuszka* Dorf
26. *Talica* Dorf
27. **Katharinenburg**

28. *Gusewa* Dorf
29. *Grāznucha* Dorf

Stationen		Werſte
30. *Czerna Korowa* Dorf	-	32
31. *Kamyſzlouſkaja* Sloboda	-	30
32. *Piſzinſkaja* Sloboda	-	35
33. *Starozawodſka* Dorf	-	32
34. *Demina* Dorf	-	36
35. *Malcowa* Dorf	=	38
36. *Tümen* Stadt	-	35

304

37 — 43. *Baranowa* bis Toboſſk (Num. XXVIII.) = = 254

Von Moſkau bis Toboſſk auf dieſem Wege 2125
Ueber *Chiynov* aber und *Werchoturje* (Num. XXVIII.) = = = 2385

Folglich iſt jener Weg näher, um = 260

Auf jeder Station werden Jamſczik-Pferde gehalten; und zwar 4 vom erſten Dorfe *Kurkoſz* bis *Tümen* (34 Stationen), 6 aber von *Tümen* bis *Toboſſk* (8 Stationen).

XXX.

Von Toboſſk nach Irkuzk und bis an die Chineſiſche Gränze.

1. Toboſſk
2. *Kizylbacki* Jurti = = 29
3. *Kularouſkaja* Sloboda = 20
4. *Fokina* Dorf = = 33
5. *Dreſwänka* Dorf = = 35

Hier werden 60 Jamſczik-Pferde gehalten.

6. *Iſte-*

Stationen
6. *Iſteckie* Jurti
7. *Kuſerackaja* Dorf
8. *Czeſtiki* na wuluku
9. *Golopapowa* Dorf
10. *Frolowo* gorodiſcze
11. *Oczimowa* Dorf
   Hier werden 60 Jamſczik-Pferde
12. *Najevſkoj wolok*
13. *Sudilovſkoj* Vorpoſton
14. *Rybina* Dorf
15. *Czaunina* Dorf
16. *Ojevſkaja* Sloboda
   Hier werden 10 Jamſczik-Pferde
17. *Butakowa* Dorf
18. *Tara* Stadt

Von Tobolſk nach Tara
19. *Sekmenewa* Dorf
   Hier werden 10 Jamſczik-Pferde
20. *Reſzetnikowa* Dorf
21. *Kopjewo* zimowie
22. Am Bache *Tarka*
23. *Chochlowo* zimowie
   Hier werden 10 Jamſczik-Pferde
24. *Brizgowo* zimowie
25. *Turmowa* zimowie
26. *Antovkino* zimowie

Stationen	Werste
27. *Bulatowo* zimowie	24
28. *Kainskoj* Vorposten	25

Hier werden 10 Jamsczik-Pferde gehalten.

29. *Osinowy Kolki*	36
30. *Komlackoje* zimowie	26
31. *Urakowo* zimowie	30
32. Am See *Karmackoje*	27

Hier werden 10 Jamsczik-Pferde gehalten.

33. *Karbockoj* Vorposten	28
34. *Czerpamowo* zimowie	46
35. *Zakatinskoje* zimowie	26
36. *Szeleszino* zimowie	43

Hier werden 10 Jamsczik-Pferde gehalten.

37. *Czeuskoj Ostrog*	45
38. *Obnorskoj Bor*	22
39. *Taszarinska* Dorf	32
40. *Jerszewo* zimowie	46
41. Am Bache *Czernaja*	34

Hier werden 10 Jamsczik-Pferde gehalten.

42. *Waruchina* Dorf	34
43. Tomsk	46

Von Tara nach Tomsk   864
Von Tobolsk nach Tomsk   1424

Auf den 17 Stationen von Tobolsk nach Tara werden auf jeder 6 Jamsczik-Pferde, und von Tara bis Tomsk (25 Stationen) 2 Pferde, bis Tara aber auf 2 Stationen 60 Post-Pferde, und von Tara bis Tomsk auf 7 Stationen 10 Pferde unterhalten.

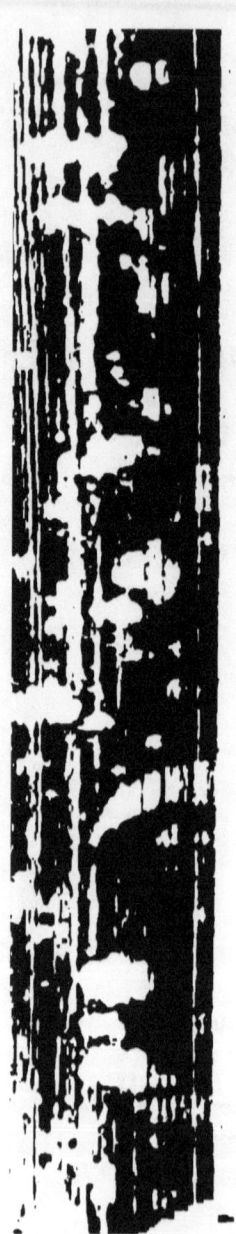

Von Tomſk nach Kraſnoj:
549 Werſte

44. Spaſſkoje Semiluſznoje Kirch!
45. Turuntajewa Dorf
46. Klyon
47. Am Bache Katilgin Uzum
48. — — Kumurlu
49. — — Kia
50. — — Tuſſ-July
51. Tatariſche Jurten am Fluſſe l
52. Am Bache Soxu
53. — — Szereſz
54. — — Ijuzy
55. — — Kemczuk
56. Moſtovka Dorf
57. Am Bache Kacza
58. Roſtovka Dorf
59. Kraſnojarſk Stadt

Von Kraſnojarſk nach Irkı
945 Werſte

60. Botojſka Dorf
61. Jeſaulovka Dorf
62. Am Bache Balaj
63. — — Ujar
64. Rybinſkoje Kirchdorf
65. Kainſkoj oſtrog

Stationen	Werſte
66. Am Bache *Pojam*	43
67. — — *Tina malaja*	46
68. — — *Tumanczet*	31
69. — — *Birüzá*	45
70. Am Fluſſe *Tirbir*	17
71. Am Bache *Muru-Tirbir*	41
72. Am Fluſſe *Metket*	32
73. Udinſkoj oſtrog	24
	485
74. Am Bache *Kionga*	25
75. — — *Szabarta*	32
76. *Tulunſkaja* Sloboda	46
77. Am Bache *Szargula* und *Muraſzewo* zimowie	26
78. *Kuntu*	41
79. *Kamelta*	39
80. *Ziminſkoje*	28
81. *Zaloga*	46
82. *Kutumin*	29
83. *Czeremchowa Pud*	28
84. *Tarka*	39
85. Am Fluſſe *Kitoj*	40
86. Irkuck Stadt	41
	460
Von Tobolſk nach Irkuck	2918 Werſte
Von Moſkau nach Irkuck	5043 —

Von

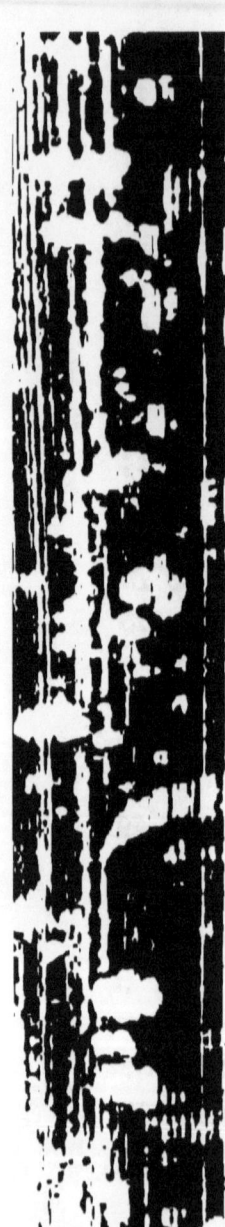

Stationen

   Von Irkutzk nach
Nikolſkaja zaſtawa
Golouſnoje zimowie
Poſolſkoj Kloſter
Kabanſkoj Oſtrog
Iljinſkoj Oſtrog
Udinſk Stadt
Selenginſk Stadt
Kächta Stadt

 Von Irkuck nach Kächta
 Von Moſkau nach Kächta

   Von Udinſk nach
Jerawinſkoj Oſtrog
Czitinſkoj Oſtrog
Nerczinſk Stadt

 Von Irkuck nach Nerczinſk
 Von Moſkau nach Nerczinſk

   Von Nerczinſt nach
Udinſkaja Sloboda
Szelopugina Sloboda
Bujſk Dorf
Serentujſk Dorf
Nerczinſkiſche Silberhütte

Stationen	Werſte
Von Irkuck bis an die Silberhütte	1377
Von Moſkau bis an dieſe Hütte	6420
Von St. Petersburg bis dahin	7154 Werſte

Von Kächta bis an die Chineſiſche Hauptſtadt Pekin 1532 Werſte

Die erſte chineſiſche Gränzſtation am Fluſſe *Bura*	9
Am Fluſſe *Orchon*	17
Bei der Fähre am Fluſſe *Iro*	25
— — — am Fluſſe *Tola*	228
Anfang der Steppe *Gobi* oder *Xamo*	585
Ende derſelben	223
An dem Orte *Ulan Tologoj*	195
Bis an die große chineſiſche Mauer, 120 *Li*, ungefehr	50
Von dar bis Pekin, 415 *Li*, oder ungefehr	200

Von Nerczinſk nach Pekin 1958 Werſte

Von Nerczinſk bis *Tzuruchajtu* an der Gränze beim Fluſſe Argun	370
Bei der Fähre am Fluſſe *Chajlar*	134
Bis an den Gipfel des Berges *Kingan*	121
Bei dem alten Erdwalle, der ſich von Amur an bis in die Mungalei erſtreckt	138
In der Stadt *Naun* oder *Gyczigar* am Fluſſe Naun	86

Stationen

An der Fähre beim Flusse *Czol*.

— — — beim Flusse *Toro*

Begräbnißplatz einer alten Mansc stin

An der Fähre beim Flusse *Szara Mu*

Thurm mit vielen Glocken und Gö Bache *Naringol*

In der alten Stadt *Taiming-Tzi* Locho

Bei der großen chinesischen Mc Stadt *Tzifonku* oder *Gifong-k*

Pekin

Von St. Petersburg nach Pel Nerczinsk

Von St. Peterburg nach Pel Kächta

Vermischte Nachrichten.

§. 1.

In den sämmtlichen bisher gemeldteten Rußischen Ländern sind in allem 574 **Post-Stationen.**

Auf diesen Stationen werden 3866 ordinaire Post-Pferde gehalten: nämlich
- 1684 Jamsczik-Pferde
- 268 Kosacken-Pferde
- 244 Ukrainische Pferde
- 1044 Liv- und Estländische Pferde
- 587 Rußische Bürger und Bauer-Pferde
- 75 Tatarische * Pferde

§. 2.

Couriers, und andere, so in Geschäfften der Regierung abgefertiget werden, bazalen (ausgenommen die Moskauer Straße, so wie auch den ganzen Weg von Novgorod auf der Rigischen Heerstraße

---

* Gerne wollte ich meinen Lesern alle diese Pferde definiren, und ihnen genau bestimmen, wie z. Er. Kosacken-Pferde von Ukrainischen ꝛc. verschieden wären. Aber aller Nachfrage ungeachtet, habe ich mir selbst, ich gestehe es, noch keine deutliche Begriffe davon machen können.

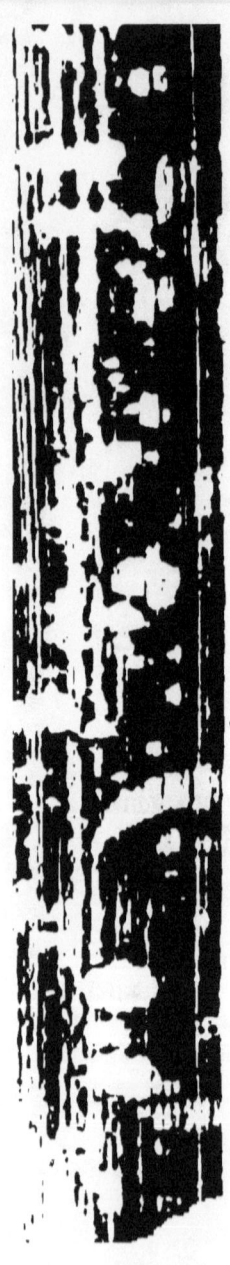

straße durch Pleskov bis an die Livlä
d. i. bis an die Station Neuhaus
Postpferde folgendes Postgeld:

für die Jamsczik-Kosacken- und Ukr
½ Kop. für die Werst;
für die Liv- und Estländischen, 12 K
in Finnland, 8. Kop. für 10 Werste.

Das ordinäre Postgeld sowohl
als Postpferde ist

auf der Moskauer Straße von hier b
1 Kop. für die Werst;
von Novgorod nach Moskau, ½ Kop
auf der Rigischen Straße von Nov
hausen an der Livländischen Gränz
10 Werste.

Den St. Petersburgischen Ja
man von St. Petersburg nach andern

auf dem Rigischen Wege bis nach Go
für ein Postpferd, 12 Kop. für 10
auf dem Wiborgischen Wege aber die
Kabaczok; auf dem Archangel
Dorfe Swätka; und bis nach G
1 Kop. für die Werst

Für die Jamsczik-Pferde w
Moskauer Straße in allen Gegende
10 Werst bezahlt: für die Bauer
wird, nach dem Placat, im Winte
bis 1 Apr. ½ Kop.; in der übrigen J
1 Kop. bezahlt.

Privatperſonen, und die nur in ihren eigenen Geſchäfften reiſen, bezalen, nach den Ukaſen, für jedes Poſtpferd doppelt ſo viel, als hier oben angeſetzt worden.

§. 3.
Abfertigung der Poſten

I. Aus der **Jamſkif-Kanzlei** (*Jamſkaja Kancelária*) in St. Petersburg:

Dienſtags:

Nach Moſkau, und auf dieſem Wege nach *Novgorod, Torſhok, Twer, Klin.*

Nach denen auf dieſem Wege ſeitwärts liegenden Städten: *Dmitrov, Kaſzin, Bſheckoj werch, Zupcov, Oſtaſzkov, Starica, Rſhev, Wolodimerov, Toropec, Alt-Ruſa, Porchov, Puſtorſhewo, Zawoloczje, Gdov, Pſkov, Welikie Luki.*

II. Aus dem **Jamſczif-Comtoir** zu Moſkau:

Montags:

Auf der **Sibiriſchen** Straße nach *Wolodimer, Murom,* Nieder-*Novgorod, Kuzmödemjanſk, Czebaxary, Swijaſhſk, Kazan, Kungur,* Katharinenburg, *Tumen* und *Tobolſk:* und von *Tobolſk* nach *Tara, Tomſk, Irkuck,*

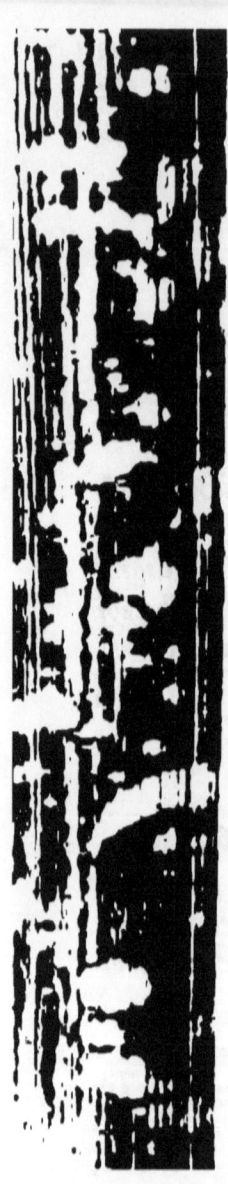

Irkuck, Nerczinsk. — Nach eb
geht die Post auch Freitags.

Auf dem Kievschen Wege
Lichwin, Bēlev, Bolchov, Kara
Gluchov, Korolewec, Baturin
Nēshin, Nosovka, Kozelec, Kie

Nach den auf dieser Straße f
den Städten: *Obolensk, Medyn,*
Peremyszl, Odojev, Meszovsk,
pejsk, Kremenczug, Brānsk, Tr
slawl, Opoczek, Kamennoj,
Staroda, Kozelsk, Rylsk, Put
gov, Priluki, Perejaslawl, Gad

Auf dem Smolensker W
shajsk, Gshackaja Pristan, W
gobush, Smolensk.

Nach den auf dieser Straße f
den Städten: *Zwenigorod, Bo*
Wereja, Klein Jaroslawec, K
Cesarewo Zaimiscze, Pogoreloj
Bēlaja.

Dienstags:
Nach St. Petersburg, u
Straße nach obbemeldten Städten.

Mittwochs:
Auf der alten Sibirischen
Carev-Sanczursk, Jaransk, Kot

Chlynov, Slobod*ſkoj*, *Kajgorodok*, Solk*amſkaja*, *W*erchoturje, *Turinſk*.

Nach denen auf dieſer Straße ſeitwärts liegenden Städten: *Suzdal*, *Szuja*, *Jurjev Polſkoj*, *Wäzniki*, *Gorochovec*, *Jeropolcz*, *Jelatma*, *Kaſimov*, *Temnikov*, *Jnſara*, *Troickoj* Oſtrog, *Norovczatouſkoje* gorodiſcze, *Kadom*, *Kerenſk*, *Mokſzajſk*, Ober- und Nieder *Lomov*, *Alator*, *Balachna*, *Kurmyſz*, *Waſil'*, *Jadrin*, *Kokſzniſk*, *Carevo-Kokſzajſk*, *Cywilſk*, *Urſhum*, *Samara*, *Syzran*, *Kaſzpar*, *Sinbirſk*, *Jurjewec* Powol'ſkoj, *Menzelinſk*.

Auf der **Saratovſchen** Straße nach *Arzamas*, *Saranſk*, *Penza*, *Petrovſk*, *Saratov*.

An eben dem Tage auch nach *Orenburg*.

Donnerſtags:

Auf der **Bĕlgorodiſchen** Straße nach Serpuckov, Tula, Mcenſk, Kurſk, Bĕlgorod.

Nach denen auf dieſer Straße ſeitwärts liegen Städten: *Taruſa*, *Alexin*, *Dedilov*, *Krapiwna*, *Czern'*, *Dankov*, *Jepifan'*, *Lebedãn'*, *Liwny*, *Czernavſk*, *Nowoſil'*, Alt- und Neu-Oſkol, *Orel*, *Kromy*, *Oſtroſhſk*, *Suhſha*, *Opoczna*, *Obojan'*, *Sumy*.

Auf der Straße nach *Azov*, und nunmehr an den Don nach *Czerkaſk*: *Bogorodickoj*, *Jefremov*, *Jelec*, *Woroneſh*, *Czerkaſk*.

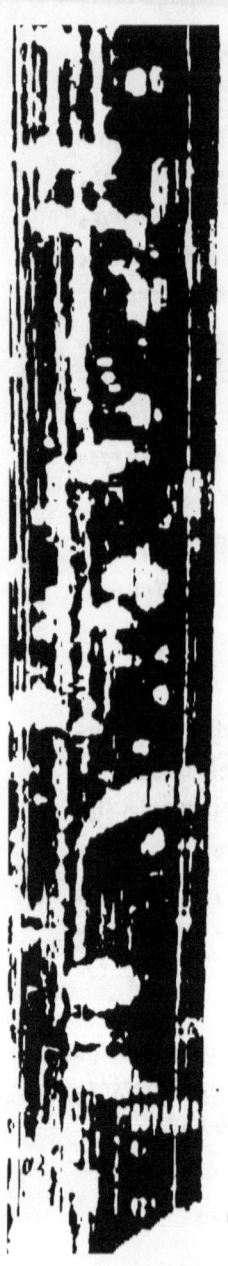

Nach denen auf dieser Straße
genden Städten: *Walujki*, *Chark*
St. Johannis-Festung, *Chotm*
polje, *Krasnopolje*, *Wol'noj*, *Nish*
gujev, *Achtyrsk*, *Izūm*, *Zemla*
Zawoloczje, *Buchoduchov*, *Perew*
zaczi, *Palatov*, *Jablonov*, *Koro*
Bolchowec, *Werchososenje*, *Uset*
Korotojak, *Kostensk*, *Olszansk*, *B*
Annen-Festung, *Sereda*, *Lipskie*
manov am Don.

Freitags:

Auf der **Astrachanschen** Str
lomna, *Zarajsk*, *Skopin*, *Rāsk*, *Ko*
Choperskaja Festung, *Caricyn*, *L*

Nach denen auf dieser Straße
genden Städten: *Koszira*, *Wer*
Rāzanskoj, *Michajlov*, *Pronest*
Peczerniki, *Gremāczev*, *Sokol*
Oranienburg, *Dobroj*, *Dmit*
Kamyszenka, *Czernoj*, *Jar*,
Kizlār.

III. Aus dem **Post-Amte** a

Sonnabends:

Auf den **Archangelschen** S
reslaw zalēskoj, *Rostov*, *Jar*
logda, *Archangel*.

Nach denen auf dieser Straße seitwärts liegenden Städten: *Romanov* an der Wolga, *Nerechta, Parfenjenjev, Pēszechonje,* die Fischer Sloboden *Narskaja* und *Borisoglēbskaja, Mologa, Uglicz, Kostroma, Kleso, Kineszma, Buj, Faduj, Sudislawl, Lūbim, Krasnoje, Galicz, Czuchloma, Sol-Galickaja, Unsha, Wetlushkaja, Ustushna-shelēzopolska-ja,* Groß-Ustūg, *Jarensk, Kolmogory, Kewrol', Mezen',* die Ostroge *Kalskoj* und *Pustozerskoj,* Kloster *Soloweckoj, Bēlo-ozero, Kargopol', Czaranda; Waga, Pānda, Totma.*

§. 4.
Auszüge aus den Post-Ukasen.

I. **Von 1713, 27 Novemb.** Niemand soll weder zu herrschaftlichen noch Privatangelegenheiten Postpferde umsonst verlangen. Die Jamsczikpferde sollen bloß zum Reisen, aber nicht zu Frachtfuhren, genommen werden. Für die Werst soll von St. Petersburg bis Novgorod 1 Kop., von Novgorod aber bis Moskau ½ Kop. bezahlt werden. Wegen der Frachtfuhren soll man sowohl mit Bauern, als Jamsczifen accordiren, und das Geld nicht an dem Gerichtsorte, sondern den Jamsczifen selbst, bezalen.

II. **Von** 1720, 24 May. In all(
Städten, die an den Heerstraßen lieg(
zur Absendung der Ukasen und Briefe a(
von abhängigen Orten, ordinäre Post(
werden. Für dieselben soll (die Kaufm
ausgenommen, für welche eine besondre
legt ist), von St. Petersburg nach Mos(
dre Orte, nach Proportion ihrer Entlegen(
für das Solotnik ($\frac{3}{4}$ Kop. für ein Lot
werden. Wenn die Noth erfodert, a
Posten Ukasen mit Couriers abzusende
len nicht mehr als 3 Jamsczik- und S
gegeben, und ihre Pässe bloß von den (
und Wojewoden, oder denjenigen,
Abwesenheit ihre Stelle vertreten, un
sonst aber niemanden unter keinerlei Vor
pferde gegeben werden, als nur denjenig
die einen besondern Paß aus dem Ka
weisen haben.

III. Von 1721, 24 Novemb. Zu
Kaisers und der ganzen kaiserl. Familie
tersburg nach Moskau sollen auf jeder (
Pferde: für die übrigen Ministers a(
Mitglieder in den Collegien, die Kan
und für Kronangelegenheiten, 300 P(
gehalten werden. Wie viel aber jeder
kommen soll, weiset nachstehendes Ver(

im Rußischen Reiche.

	Pferde.
Generalfeldmarschall, Generaladmiral und Kanzler, jeder	20
Archiresen, die in der Synode sitzen, Senateur und General en Chef	15
Generallieutenant, Viceadmiral	12
Generalmajor, Schoutbynacht und Oberpräsident im Magistrate	10
Brigadier, Commandeurcapitain, Vicepräsident in den Collegien und Kanzleien, Geheime Räthe im Collegio der auswärtigen Affairen, und der Archiater	7
Oberster, Collegienrath, Obersekretär im Senate	5
Obristlieutenant, Obercommissär in den Kanzleien, Assessor und Obersekretär in den Collegien, Sekretär im Senat	4
Major, Präsident des Magistrats in der Residenz, Collegien-Sekretär, Senats-Protocollist	3
Actuarius, Registrator und Kanzlisten im Senat	2
Notarius, Archivarius, Translateur, Actuarius, Registrator und Kanzlist bei den Collegien; Untercanzlisten und Kopisten beim Senat und in den Collegien	1
Für die Collegien- und Kanzleiaffairen so viel als nötig sind.	
Dragoner und Soldaten, die in solchen Affairen abgefertigt werden, erhalten 1 Pferd auf 4 Mann.	

Dieses Verzeichniß gilt noch ißo, weil keine neuere Verordnung hierüber ergangen ist.

IV. Von 1723, 15 May. Von allen Feldcommando und Gränzfestungen sollen die BerichtErstattungen mit den in den Gouvernemens und Provin-

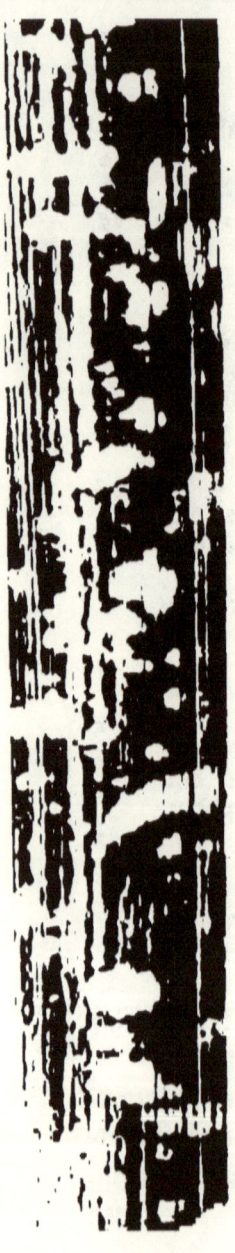

zen errichteten Posten abgefertigt, ob
Posten allda sind, an die Gouverne
werden, die solche mit ihren Briefen
oder auch geraden Weges nach St
senden sollen.   Auf gleiche Weise |
Ukasen aus dem Kriegscollegio in S
an die Commandi abgeschickt, ben
aber auch Expresse abgefertigt werde:

V. Von 1783, 8 Jul. Auf den
von St. Petersburg nach Novgorod
6 Pferde gehalten, die übrigen aber,
genen Orten, der deutschen Post wege
werden, abgeschafft werden. Die K
len mit den errichteten Posten abgesa
keine Post da ist, an solche Oerter ge
wo dergleichen sich findet. Wenn e
lich nötig ist, aus einem Collegio ein
zufertigen: so soll darüber bei der Ja
ein Promemoria eingegeben; in A
aber, auf wie viel Pferde Pässe g
sollen, nach der Ukase von 1720, 2
faren werden.

VI. Von 1725, 24 Decbr. Allen
nen, die von St. Petersburg nach
auf andre Straßen reisen, sollen ohne
Pferde gegeben, und solche nicht meh
sem bald von jenem genommen werden
sczike sollen nicht gehintert werden, f

zu mieten; und den Reisenden soll kein Unrecht zugefüget, noch irgend eine Hinterniß in den Weg gelegt werden: und diß bei Strafe der Knute.

VII. Von 1727, 7 Febr. und 1731, 23 März. Die in Liefland auf den Poststationen verordnete Postcommissaire sollen genau zusehen, daß weder von Kronsachen, noch solchen, die Privatleuten gehören, mehr als 10 Pud, und bei schlimmen Wegen noch weniger, auf Ein Pferd geladen, und von den Reisenden an den Straßen kein Schaden verübt werde.

VIII. Von 1728, 30 Jun. Allen denen, so in Angelegenheiten der Regierung reisen, weß Standes sie auch seien, sollen zufolge der Ukasen nach ihren Pässen Pferde gegeben, über die ihnen aber von der Jamsczik Kanzlei und andern Orten erteilte Päße keine merere Pferde von ihnen genommen noch verlangt werden. Die Päße sollen nach Verschiedenheit des Rangs der Personen, und nach der Anzahl der auf den Posten befindlichen Pferde, erteilet, über die in den Ukasen bestimmte Anzahl aber keine Pferde mehr verlangt, noch solche mit mehr als den gesetzten 10 Pud beladen werden. Die Gouverneure, Wojewoden und andre Kronbedienten sollen unter keinerlei Vorwand weder für sich noch ihre Leute Postpferde nach ihren Gütern nehmen, noch die Jamsczike nebst ihren Pferden zur Arbeit brauchen. Die, so mit herrschaftlichen Kriegs-

Kriegs- und andern Vorrate, reisen, so
von nach ihren Pässen bewilligte Pferde
nerlei Vormann aber 24 Stunden aufs
drigenfalls sie den Jamscziken, über dem
noch für ihr Warten nach dem Pla
sollen.

IX. Von 1733, 11 Jul. Von den
von Fockenhof bis Reval angelegten
sollen auf jeder 12 Pferde, in Livland ab
bis St. Petersburg 25 gehalten werden
davon 20 zu Kronsachen und für Priva
aber für Couriers und die ordinären
braucht werden. Die Couriers und an
angelegenheiten Abgefertigte sollen für
12 Kop., Privatpersonen aber 24, un
lichen Posten, so wie vorhin, bezalen.
senden soll bei schwerer Leibes- und Leber
den Stationen kein Leid zugefügt werd

X. Von 1734, 11 May. Die Coll
leien und Comtoire sollen zu Fracht
Pferde fodern, sondern zufolge der Uk
hiezu gemietete Pferde nemen.

XI. Von 1738, 30 Januar. Auf
tionen soll genau zugesehen werden, dan
sczife den in Kronangelegenheiten reisen
bei schwerer Strafe nicht das gerin
fügen.

XII. Von 1742, 18 Febr. Für die Jamsczik-pferde, die für die Krone gebraucht werden, soll von St. Petersburg bis Novgorod 1 Kop., und von Novgorod bis Moskau ½ Kop. für die Werst bezahlt werden: an andern Orten aber, die Rigische Straße ausgenommen, 3 Kop. für 10 Werste. Privatpersonen zalen jederzeit das Gedoppelte.

XIII. Von 1744, 17 Januar. Auf den Stationen in Finnland sollen die Couriers jedes Pferd mit 8 Kop. für 10 Werste bezalen, und weder mehr Pferde fodern, als ihnen gebühret, noch das Postgeld vorenthalten: zu Vermeidung der in den Ukasen gesetzten schweren Strafe.

XIV. Von 1752, 21 May. In Livland sollen auf jeder Station 25 Pferde gehalten werden; und hievon 5 für die in Kronaffairen abgefertigte Couriers bereit stehen, die übrigen 20 aber zu Herbeischaffung dessen, was der Hof nötig hat, und zur ordinären Post gebraucht werden. Den auswärtigen Ministern und andern Reisenden sollen von diesen 20 nicht mehr als 10 abgelassen werden: sind mehrere nötig, so sollen solche von den benachbarten Einwonern herbeigeschafft, und diesen zu dem Ende von den Stationen zu rechter Zeit hievon Nachricht gegeben werden. In Ansehung dessen, wie die Postgelder bezalt, und die Postpferde nicht zu sehr beladen werden sollen, soll die Ukase von 1732, 11 Jul. zur Richtschnur dienen. Der Ukase von 1748

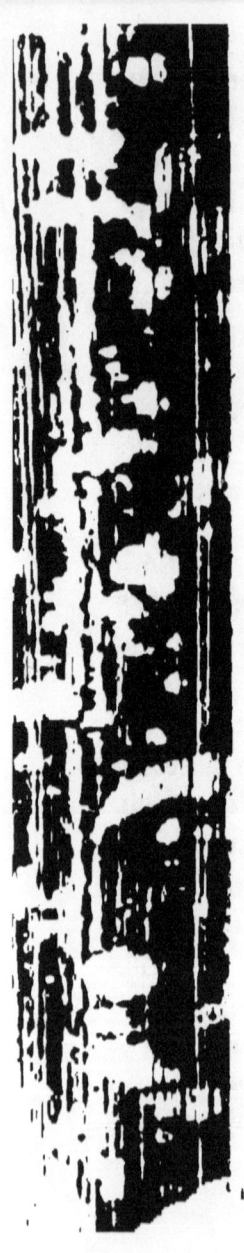

zufolge follen die Pferde von den Regi[
allen darunter gehörigen Orten zu kei
fahren gebraucht, sondern andere hie
und darüber mit den Eignern accordi
Auf den Gränzposten in Livland sollen l
und Soldaten bestellet werden, die dar[
ben, daß den Postpferden nicht mehr,
hört, aufgeladen werde. Dem Livi[
schen und Oeselschen Adel sollen ohne P[
Bezalung der Postgelder keine Pfe
werden.

XV. Von 1755, 8 Aug. Die, so
tersburg nach Moskau und zurücke,
dern Straßen reisen, sollen zur Verm[
den Ukasen angesetzten Strafe, nicht [
nemen, als in ihren Päffen steht.

XVI. Von 1755, 8 Aug. Die, [
tersburg und den umliegenden Orten [
ten, sollen, zu Vermeidung der in be[
gedräuten Strafe, solche nicht zwin[
schwind zu fahren.

XVII. Von 1757, 6 Jun. Die
auf den Stationen von Moskau bis O[
weiter hin, die ordinäre Post ohnentgel[
und dagegen von allen Rekrutenliefer[
gaben frei seyn. Andre aber in die
wonende und Kopfsteuer bezalende Ru[
Krongebühren von einem Dorfe zum

gen, und den Tataren das Postgeld nach dem Placat bezalen.

XVIII. Von 1759, 21 Decbr. Es soll genau darauf gesehen werden, daß sich die, so zu dem Wundertäter **Dimitri** von **Rostov** wallfarten, sowohl auf den Stationen als in den Herbergen gebürlich verhalten, und weder Pferde noch Zerung ohne Bezalung nemen.

XIX. Von 1761, 11 Sept. Für alles, was für die Krone von Novgorod über Pleskow an die livländische Gränze geliefert wird, soll künftighin biß auf weitere Verordnung 6 Kop. für 10 Werste entrichtet werden.

§. 5.
Wegweiser von **St. Petersburg** nach **Moskou**, oder **Anzeige** aller auf diesem Wege befindlichen **Städte**, **Stationen**, kaiserlicher **Paläste**, **Kirchdörfer**, andrer **Dörfer**, großer und kleiner **Flüsse** und **Bäche**, nebst ihrer **Entfernung** von einander.

	Werste von Peterburg ab
1. **St. Petersburg**	
Palast auf dem halben Weg nach Sarſkoje Selo	12
Glazowa Dorf	18
Szutary Dorf	26
Sloboda Slowänskaja	28

2. Ihora

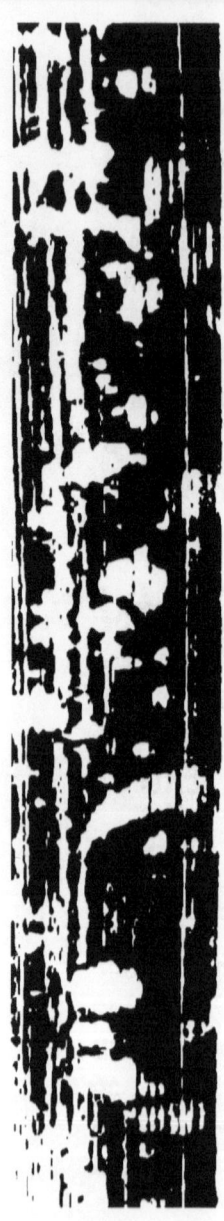

2. Ihora Dorf, und Palaſt
3. Toſenſkoj Jam, und Palaſt
   Uſaczkin Bach
   Eben dieſer Bach
   Uſzaki Dorf und Fluß; Rabowo
   Bolotnicy Dorf und Fluß
   Corps de Garde der Kanzlei
     über die Heerſtraßen
4. Lŭbani Dorf
   Tigwoda Fluß
   Jeriſzka Gaſthof
   Kuneſt Flüßgen
   Trubnikov bor Dorf
   Babino Kirchdorf und Rawan Fl
   Grädka Gaſthof und Fluß
   Kolomovka Fluß
   Säbrenicy Dorf
   Troikoj Pogoſt, und Kereſt Flu
5. Czudovſkoj Jam, und der vorig
   Cholopja Poliſt Dorf
   Poliſt Fluß
   Zwei Bäche
   Poczìwalowa Dorf, und Poliſt
   Gluſzica Fluß
   Trogubowa Dorf
   Ein Bach
   Owincy Dorf
   Kaliſzkina Dorf

Ein Bach . . . 138
Ostrov Dorf . , 139
6. Spaſkaja Poliſt' Dorf, und Palaſt . 141
  Ein Bach . . 142
  Moſtki Dorf, und Poliſt' Fluß . 145
  Lübino polo Dorf = . 147
  Pitba Fluß, und ein Bach . 150
  Zwei Bäche . = 153
  Lübcy Dorf, und ein Bach = 156
  Ein Bach . = 157
  Ein Bach = . 158
  Koncy Dorf = . 159
  Troticy Dorf . = 162
  Andrüchnowo Dorf = = 164
7. Podberezje Kirchdorf, und *Uljaſzewa* 165
  Ignatjewa Dorf, und ein Bach 166
  Pogorělowo Dorf = . 167
  Gorby Dorf . = 168
  Wocho Dorf, und ſeitwärts ein Pogoſt gleiches Namens 169
  Czaczulino Dorf, und ein Bach . 170
  Zwei Bäche . . 172
  Seitwärts *Witka* Dorf und Bach . 175
  Moterowo Dorf . , 176
  Stipenka Fluß . . . 179
  Ein Bach = . 181
8. Nowgorod, Palaſt, und *Wolchov* Fluß 186
  Seitwärts *Liſja* Dorf und Kloſter . 193

Roſha-

 Roshanik Dorf • •
 Seitwerts *Chutynskoj* Kloſter u. Za
  und am Ende dieſer Werſt der klei
  wec über den eine Floßbrücke g
 Bor Dorf • •
 Wiſzera Fluß • •
 Gubarewa Dorf, und ein Bach
 Ein Bach • •
 Szujta Fluß • •
 Mſzaga Dorf und Fluß •
 Chochlowy Gaſthof •
9. *Bronnickoj* Jam, Palaſt, und be
  über den eine Floßbrücke gehe
 Jeſtjani Dorf • •
 Niſza Fluß • •
 Eine Bucht von dieſem Fluſſe in t
  ein, und ein Bach •
 Ein Bach • •
 Krasnyje Stanki Dorf •
 Gwozd Bach •
 Boczka Flüßgen •
 Kunkino Dorf und Flüßgen
 Podlipowje Kirchdorf, und Flu
  einer Brücke von 37 Faden
10. *Zajcowo* Kirchdorf •
 Ukreſta Bach •
 Pod Lipowoj goroj Bach •
 Polinſkoj Bach •

Winy Kirchdorf und Fluß	261
Dwa brata Bach	264
Witonskoj Bach	266
Moszna Fluß, und *Krestecki* Gasthof	267
Trogina Sosna Fluß	270
Kriwoje Koleno Bach	271
Ein Bach	274
11. Kresteckoj Jam und Palast	283
Rābinin und *Grätkin* zwei Bäche	284
Berezowa gora Bach	285
Kamenskoj Bach	289
Stukowaj Dorf, und *Stukovskoj* Bach	291
Bolotnicy Dorf, und *Kolowa* Fluß	299
Rachina Kirchdorf	293
Kolowa Fluß	300
Ein Bach	302
Rojewino Dorf, und *Jarynja* Fluß	306
Somenka Flüßgen	311
Somenka Dorf	312
Polomod Fluß	316
12. Jashelbicy Kirchdorf, *Polomod* Fluß, und Palast	321
Gretācza Fluß	323
Warnicy Dorf	327
Gretācza Fluß, und *Merokeczi* Dorf	333
Woldai Kirchdorf	341
13. Zimogorskoj Jam, und Palast	344
Ein Fluß	348

Beyl. I.   X   Czer-

Czernuſzka Flüßgen
Dobywalowa Dorf
Sytenka Dorf und Fluß

14. Jedrovſkoj Jam, und Palaſt
 Ein Fluß
 Ein Bach
 Berezaj Kirchdorf und Fluß
 Ein kleiner Bach
 Makarowa Dorf
 Leſhnewa Dorf
 Uſhinkino Kirchdorf
 Shernovka Flüßgen

15. Chotilovſkoj Jam
 Kurſka Dorf
 Kolomno Kirchdorf
 Ein Bach
 Ein Gaſthof
 Wiziſcza Bach u. Dorf, *Szlina* ?
 Borozda Dorf
 Szlina Fluß

16. Wyſznej Woloczok, und
 Fluß gleiches Namens, und ?
 Czaſownã
 Nikola auf der Säule Kirchdorf
 Fluß
 Cholochoľ nã Dorf und Flüßgen
 Lykiſzino Dorf

17. Wydropuſkoj Jam, *Twerca* Fluß, und
Palaſt . . 471
Beluſzka Fluß . . 474
Budowa Dorf . . 483
Kamenka Dorf und Flüßgen . 485
Ein Bach . . . 488
Kiſilenka Dorf und Flüßgen . 492
Krŭkowa Dorf und Flüßgen . 496
Prugnikoj Pogoſt . . 497
Ein Bach . . 499
Ein Bach . . 501
Ein Bach . . 504

18. Torſhok Stadt, und Palaſt . 505
Ponika Fluß . . 513
Bubenewa neues Dorf . . 519
Logoweſh Fluß, und *Marjina* Dorf . 525
Swiſzewo Dorf . . 526
Sel'co Dorf . . 528
Jeldina Flüßgen . . . 530
Ein Bächlein . . 534
Ein Bach . . 535
Jam Dorf, und ein Bach . 536

19. Mēdnoje Kirchdorf, *Twerca* Fluß, Palaſt 539
und eine Zugbrücke . . 540
Gnilicy Dorf . . 546
Der kleine *Ol'chowec*, Bach . 558
Malickaja Puſtynā, und *Malickoj* Bach 560

Ʈ 2 20. Twer

20. Twer Stadt, Palast, und die ?
über die eine Brücke von Bart
Peremĕrka Flüßgen .
Krutowrashnoj und *Grenāsczej* 2
Iwan'kowa Dorf .
Wlassevskoj Bach; zur linken *W*
dorf . .
Seitwärts *Wysocka* Dorf
Pribytkawa Dorf, u. *Bēloutovka*
Kolēnovka Dorf .
Mokraja Poshnā Dorf, u. *Bezdēlk*
Aszurkowa Dorf, *Inogasz*
und *Gorodiscza* Dorf
Golenina Dorf .
Woskresenskaja Dorf .
Wornickoj Dorf .
21. *Gorodnā* Kirchdorf und Palast
Retonovskoj Bach .
Gankinskoj Bach .
Mēlkaja Dorf .
Szosza Kirchdorf und Fluß,
Brücke von Barken
Jeldino Dorf . .
Lŭbkowa und *Wysokowa* Dörfer
Donbiscza Flüßgen .
22. *Zawidowo* Kirchdorf Palast,
Bach = .
Czernaja Flüßgen .

Studenec Bach, *Chajlowa* Dorf	630
Spaſkoje Kirchdorf	632
Selewina Dorf	639
Jamuga Dorf und Fluß	646
Malan'ia Dorf	648
23. Klin Stadt, Palaſt, und	652
Leſtra Fluß	653
Borozda Dorf, und *Leſtra* Fluß	656
Brücke von 128 Faden	657
Ein Bach	658
Dawydkowa Dorf	659
Sablinſkoj Bach	661
Koſkowa Dorf	666
Moſznica Dorf	668
Brücke von 131 Faden	669
Ein Bach	670
Podſolnicznaja gora Dorf, und Palaſt	674
Retenco Dorf	677
Kreſty Dorf	678
Tagajewa Dorf	679
24. Peſzki Dorf	682
Zderi-Noſhki Flüßgen	683
Jeſpowa Dorf	685
Ein Bach	689
Talica Flüßgen	690
Podlobje Dorf und *Radunka* Fluß	691
Krutowa und *Durykina* Dörfer	693
Ein Bach	694

X 3 *Cza-*

    Czaſznikowo Kirchdorf
    Rſhawno Dorf   ,
    Ein Bach   ,
25. *Czernaja* Dorf und Fluß, u. P(
    Bereſtkina Dorf   ,
    Nowaja Bilina Dorf   ,
    Kobylja Luſha Dorf
    Ein Bach   ,
    Zacepa Gasthof   ,
    Chimka Fluß   ,
    Chimka Dorf   ,
    Nikolſkoje Kirchdorf   ,
    Vſeſwätſkoje Kirchdorf
    Ein Bach   ,
    Ein Bach   ,
    Ein Bach   ,
26. Stadt Moskau   ,

        Ukase von 1762, 24 J(

    Von nun an bis auf weitere Verordn
Wege zwischen St. Petersburg und M
ſczik und Postpferde doppeltes Postgeld erl
von St. Petersburg bis Novgorod 2
Novgorod bis Moskau 1 Kop. für die W(
für die Bürger- und Bauerpferde, wegen
den Reise der Kaiserin, und der vielen A
diesem Wege, gleichfalls doppelt, doch bl(
let werden.

VII.

Vom
Justiz-Wesen
in
Rußland.

I. Abhandlung
Vom Ursprung und den verschiedenen Veränderungen der Rußischen Gesetze.

Ein Auszug aus einer Rede, die der nunmerige Hr. Collegienrath **Strube**, den 6 Sept. 1756, an dem Namenstage der Kaiserin **Elisabeth**, bei öffentlicher Versammlung der kaiserlichen Akademie der Wissenschaften in Petersburg, in französischer Sprache gehalten.

Inhalt.

Neuheit und Schwierigkeit dieser Materie, §. 1. Ursprung der Rußischen Monarchie, §. 2. Quelle der Rußischen Gesetze, §. 3.

I. Prawda des Großfürsten Jaroslav vom J. 1017, §. 4. Inhalt derselben §. 5. Zusätze zu derselben von dem Großfürsten Jsäslav, §. 6. Unvollständigkeit dieser Gesetze, §. 7. Aehnlichkeit derselben mit den alten deutschen, §. 8-20.

II. Sudebnik des 3. Iwan vom J. 1542, und *Stoglav*, §. 21. Inhalt des erstern, §. 22-24. Vergleichung desselben mit der *Prawda*, §. 25-27. Zusätze der folgenden Zare, §. 28. 29.

III. Uloſhenie des Z. Alexéj vom J. 1649, §. 30.
Kormczaja kniga §. 31. Vorzüge der Uloſhenie,
§. 32. Mängel derſelben, §. 33.
IV. Swodnoje Uloſhenie Kaiſer Peters I. vom J. 1720,
§. 34. Projecte der Kaiſerinn Eliſabeth, §. 35.

§. 1.

Ich werde von dem Urſprunge und den Veränderungen der Rußiſchen Geſetze reden: ein Gegenſtand, der um ſo viel mehr Aufmerkſamkeit verdienet, da nichts den rühmlichen Abſichten, die die Kaiſerin (Eliſabeth) gefaſſet hat, die Geſetze ihrer Staten vollkommener zu machen, gemäßer iſt, als daß wir das unſrige durch alle mögliche Aufklärung einer ſo wichtigen Sache dazu beitragen.

Um nun dieſes glücklich bewerkſtelligen zu können, dachte ich, mir einige Schriftſteller, die von den Geſetzen dieſes Reichs geredet haben, zu meinen Führern zu erwälen. Ich ſah aber gleich, daß dieſe Gelerten dieſe Geſetze nicht ſo hinlänglich gekannt, daß ſie uns einen richtigen Begriff davon geben könnten, und folglich nicht verdienen, daß man ihnen folge. * Ich habe mir alſo nur an den-

---

* Ich will hier nur ein einziges Beiſpiel anführen, das man in einem ſo großen Schriftſteller als Montesquieu iſt, nicht ſuchen ſollte. Die Unterthanen des Rußiſchen Reichs, ſpricht er in ſeinem *Esprit de Loix*, L. XXII. chap. 14., können ihre Güter ohne Erlaubniß nicht herausſchaffen. Der Wechſel, der ein

Mit-

denjenigen Einsichten müssen genügen lassen, die ich mir durch meine eigene Untersuchungen von den ehrwürdigsten Altertümern dieses Landes zu verschaffen im Stande gewesen. Diese Bahn war ohne Zweifel die sicherste: allein es fanden sich auch zu gleicher Zeit auf derselben solche Schwierigkeiten, die sie unwegsam zu machen schienen, weil man sich bißher um diese Art gelerter Untersuchungen wenig bekümmert hat.

Meine Entdeckungen sind vielleicht unvollkommen: allein man erwäge, wie leicht es sei, eine un-

Mittel ist, das Geld aus einem Lande ins andre zu bringen, ja der Handel selbst, ist also ihren Gesetzen zuwider. Nichts ist so unwahr, als dieses! In Rußland steht es einem jeden frei, sein Geld überall, wo es ihm gefällt, hinzuschaffen, wenn es nur nicht in solchen Münzsorten geschieht, deren Summe man eingeschränkt hat; so wie in vielen andern Staten, die man in dem Stücke zum Muster genommen. Und man findet hier eine eben so große Anzahl Gesetze wegen des Handels, als sonst in irgend einem Lande. Darunter ist der im J. 1667 verfertigte *Torgowoj Ustav*, oder Verordnung wegen des Handels, und das im J. 1729 gedruckte *Wechselrecht*, die bekanntesten und merkwürdigsten. Es ist also sehr gewiß, daß die Gesetze dieses Reichs dem Handel so wenig zuwider sind, daß sie demselben vielmehr Vorschub thun. Würde auch wohl außerdem das Gewerbe, das seit undenklicher Zeit mit allen europäischen und asiatischen Staten hier getrieben wird, und welches sich von einem Jahr zum andern vermeret und verstärket, so sehr haben blühen können, als wirklich geschehen ist?

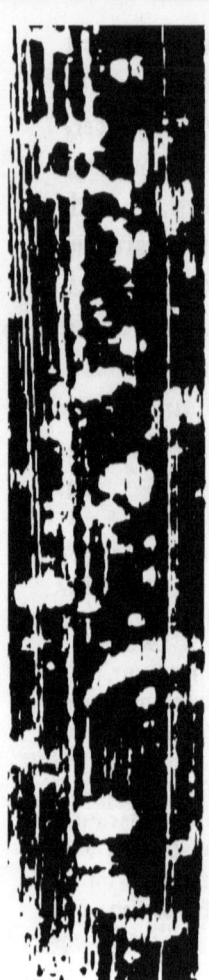

unrechte Bahn einzuschlagen, wenn
ein Meer wagt, welches man nur r
sehen, und worauf noch niemand
liebet hat.

§. 2.

Um von dem Ursprung der Ruß
einen richtigen Begriff zu geben, n
Blick auf den Ursprung der Rußische
thun müssen, als welcher in jenen ein
Einfluß hat.

Wir wissen aus den Annalen bie
streitig, daß ein gewisser Prinz, d
Volke entsprossen, welches unter den
Russen bekannt ist, nachdem er zur
Stadt Novgorod, die damals von S
kern bewohnt wurde, berufen worde
zween seiner Brüder, unter der Beg
guten Anzahl seiner Landsleute, mit s
nommen hatte, so glücklich war, sich t
schaft davon zu bemächtigen, und sie a
kommen zu bringen.

Man kann also leicht erachten, d
ker vor ihrer Vereinigung ein jedes sei
setze oder Gebräuche, die statt derselbe
habt haben. Man findet auch in de
nicht nur die in andern Ländern hin

streuten Slavischen Völker * dergleichen gehabt, sondern daß es auch den Bürgern zu Novgorod ** nicht daran gefehlt. Nur Schade, daß diese Gesetze der Zeit nicht haben widerstehen können; ob sie gleich übrigens keinen sonderlichen Einfluß auf diejenigen, die nach ihnen gegeben worden, zu haben scheinen.

§. 3.

Die Russen [1], allem Ansehen nach, ein deutsches Volk, das außer Deutschland wohnte, haben ver-

---

* ANNAL. FULDENS. pag. 21. Hartknochs altes und neues Preußen, S. 547. Waiffels Chronik, S. 83. Erasm. STELLÆ Antiqq. Boruss. Lib. II. initio. KOJALOWICZ Historia Lithuan. P. I. L. I. pag. 12.
** Einige unsrer Annalisten beweisen dieß.

[1]. Herr Strube spricht hier nach Bayers, Müllers und Lomonossovs Hypothese, und versteht unter dem Namen der Russen die Waräger: weil er glaubt, daß diejenige Waräger, aus denen Rurik war, zum Unterscheid von andern, Rußische Waräger geheissen, und dem ganzen State den Namen gegeben. Schlözer hingegen meinet, die ursprünglichen Russen seien ein von Warägern und Slaven ganz verschiedenes Volk, das im 8ten Jahrhundert am Dnèpr gewohnt, nachher durch Olegs Waffen dem Warägisch-Slavischen State einverleibt worden, und in der Sprache der Griechen, denen sie am nächsten gewohnt, und früher als die Kiever und Novgoroder Slaven bekannt geworden, der ganzen Monarchie den Namen gegeben. Wer von beiden Recht habe, weiß ich nicht. Ich erinnere es hier nur, damit man unsern Verfasser richtig verstehe. Haigold.

 vermutlich auch ihre besondern Gesetze
die Geschichtschreiber rühmen das Alt
nicht minder, als ihre gute Sitten, t
licher Weise nichts anders, als eine
jenen gewesen.

Man findet hievon in den Friel
die die Russen in den Jahren 912 und
Griechischen Kaisern geschlossen, und
nalisten aufbehalten haben, sehr deut
In einigen Artikeln dieser Verträge,
die Strafen gewisser Verbrechen besti
der Rußischen Gesetze ausdrücklich
und in andern siehet man, daß die D
darinn allein reden, obgleich ihr Nan
der Slaven noch nicht verdrungen ha
ne Gesetze zur Grundregel angenomme
weilen mit den Griechischen verbunden
sie glaubten, daß sie sich mit denselbe

* Hier sind einige von diesen Artikeln, die t
  „Tödtet ein Christ einen Russen,
einen Christen, und der Mörder ist r
wandten des Getödteten in Verhafft gen
es ihnen frei stehen, ihn entweder ums
gen, oder sich so viel dafür bezalen zu l
einig werden wird. Wird aber ein Russe
che mit einem Degen, oder mit einer Le
einem Stocke, oder sonst einem andern
wundet: so soll der Schuldige nach dem A
setze fünf Silberpfennige bezalen„.

Dieses Volk wird also natürlicher Weise nicht unterlassen haben, seine Geseze auch in dem State einzuführen, wo es zu herrschen anfieng*; wie alle andre deutsche Völker, die in andre Länder gewandert sind, gethan haben.

§. 4.

Noch viel deutlicher erhellet dieses aus den Gesezen, welche der Großfürst Jaroslav A. 1017 den Bür-

„Nimmt jemand etwas, oder einen Arbeiter, von einem Schiffe weg, und braucht den leztern zu seiner Arbeit, oder tödtet ihn: so soll er nach dem Griechischen und Rußischen Geseze bestraft werden„.

„Bestielt ein Grieche einen Russen, oder ein Russe einen Griechen: so soll der Räuber nicht nur den Raub wieder ersezen, sondern auch noch bezalen, was er werth ist. Wäre die gestohlne Sache aber verkauft worden: so soll er den doppelten Werth dafür bezalen. Und das soll nach dem Griechischen und Rußischen Geseze die Strafe seyn„.

* Snorro Sturluson, ein Isländischer Geschichtschreiber, redet von einem Morde, der unter Wolodimers I. Regierung von einem Norwegischen Prinzen zu Novgorod begangen worden, und thut dabei der Strafe Meldung, die die Geseze dem Mörder zuerkannten. Sie scheint eben dieselbe zu seyn, die die deutschen Geseze auf dieses Verbrechen sezten. Hier ist die ganze Stelle *Tom.* I. pag. 198. nach Peringskjölds Uebersezung: „In Holmgardia ri-„gide observabatur pacis cura, sic ut homicidam non „dicta causa interficere licuerit. Ex hac adeo consue-„tudine ac lege in unum congregata plebs in puerum „inquirit. — Quod agnoscens rex, — pacatis utrim-„que animis rem composuit, pecuniaria mulcta ho-„micidæ puero imposita„.

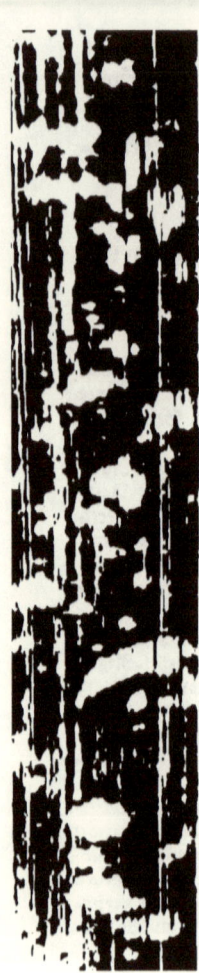

Bürgern der Stadt Novgorod
wie auch aus den Zusätzen, die seine
lav, Vsewolod und Swätosl[
Diese Gesetze haben eine so große [
den Gesetzen der alten Deutschen,
hieraus sogleich die Quelle entdeckt,
geflossen sind.

Um dieses zu erweisen, erlaube
den kurzen Inhalt der merkwürdigst
Rußischen Gesetzen mitzuteilen, welc[
unsern Annalisten, der Priester Jo[
gorod, der unter Jaroslavs II. Re[
und der Mönch Abraham von R[
halten haben.

§. 5.

Diese Gesetze haben beinahe nic[
Gegenstande, als Strafen auf solc[
die der Aufmerksamkeit des Gesetzge[
würdig zu seyn schienen.

Sie fangen damit an, daß si[
der Anverwandten bestimmen, die [
ten, den Todschlag zu rächen: und
die Wahl, entweder den Mörder z[
sich dafür 40 Griven bezalen zu lasse[

---

2. Diesen Mann Abraham kenne ich ni[
lern und Schlözern habe ich dieserwegen
geschlagen. §.

Sie verordnen zugleich, daß man in dem Stücke keinen Unterscheid unter einem Russen und Slaven, unter einem Kaufmann und andern Leuten, deren Stand sie durch solche Benennungen ausdrücken, die nicht mehr bekannt sind, machen solle.

Eben die Strafe, womit man den Todschläger belegte, ward auch demjenigen angethan, der jemanden eine Hand abgehauen oder gelähmet hatte.

Ein abgehauener Finger, es mochte seyn, welcher es wollte, ward nicht mehr als 3 Griven, der Bart hingegen und Knebelbart auf 12 Griven geschätzt.

Wenn man jemanden auf eine grobe Art stieß oder zerrete, so kostete es 3 Griven.

Wer jemanden blutrünstig schlug, oder blau prügelte, mußte entweder wieder eben das zur Vergeltung aushalten, oder dem Beleidigten 20 Griven bezalen.

Wenn ein Knecht einen freyen Menschen geschlagen hatte, und sein Herr sich weigerte, ihn der Justiz auszuliefern: so zog man den Knecht mit Gewalt ein; und der Beleidigte konnte, außer der Summe von 12 Griven, die er von dem Herrn zu fodern das Recht hatte, den Knecht, wenn er wollte, auch noch selbst züchtigen.

Wenn ein Knecht davon, und zu einem Waräger oder *Kolbåg* gelaufen war: so waren diese schul-

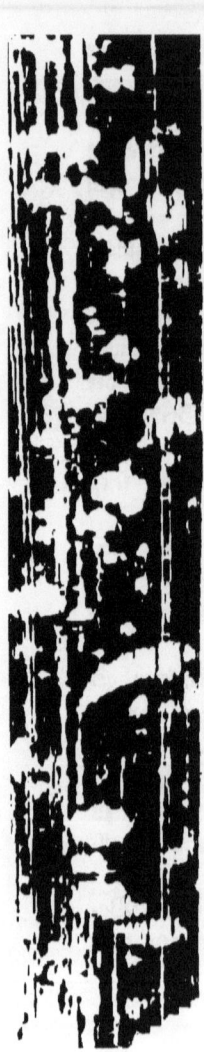

schuldig, ihn innerhalb 3 Tagen seine
der zu geben. Wollten sie nicht, so
befugt, den Knecht selbst wider zu n
Hehler waren in eine Strafe von
fallen.

Wenn jemand ein Pferd, Wa
dung genommen, und der Eigentur
nige wieder gefunden hatte: so muß
genommene wieder herausgeben, un
3 Griven erlegen.

Wer sich eines Pferdes ohne
Herrn bediente, bezalte 3 Griven.

Endlich verbieten diese Geseß
Recht zu schaffen, und verweisen
an die Versammlung der Zwölf-M
gerte sich der Beklagte, sich sogleich
mußte er auf 5 Tage für sich eine Bü

§. 6.

Die **Zusätze**, welche einige Fä
vorhergehenden Gesetzen ausgelassen r
den, setzen 24 Griven auf den Mort
nemer Personen, deren Titel unt
nicht mehr bekannt sind. Auch bes
Geldsummen, die man für den Mor
einer Amme, oder eines Knechts sol

Wenn jemand, der eine Bedier
von Straßenräubern getödtet wor

man ihrer habhaft werden konnte: so mußte derjenige Beamte für ihn bezalen, der zur Sicherheit des Orts, wo der Todschlag geschehen, gesetzt war.

Wer einen Knecht oder eine Magd weggenommen hatte, bezalte 12 Griven. Gab er sie zugleich in 3 Tagen nicht wieder heraus; so hatte der Herr das Recht, sie selbst wieder zu nemen.

Für einen gestolenen Ochsen bezalte man 1 Grivna und 30 Resan; für eine Kuh 40 Resan; für eine Schilbe 15 Kun; für einen Hammel oder ein Schaf 1 Nogata*. Hingegen ein gestolner Hund, Sperber oder Falk, galt 3 Griven.

Ein Dieb konnte gleich auf der Stelle ungestraft getödtet werden. Hatte man ihm aber das Leben bis auf den Tag gelassen; so mußte man ihn vor Gericht füren: aber wo man ihn alsdenn tödtete, so verfiel man in die gewönliche Strafe.

Wer einen Dieb, der eine Sache 1 Grivna werth gestolen, in Verhaft genommen hatte: der

hatte

---

* Diß waren kleine Münzen, die heut zu Tage nicht mehr bekannt sind, (sich aber mit der Zeit durch eine Rußische Numismatik wieder finden lassen. Nogata kommt in den Preußischen Annalen vor. Resan hat vermutlich von der Stadt Resan den Namen. Kun waren Marderfelle, Samml. Ruß. Gesch. V. S. 430. Griven sind bisweilen griechische *Miliaresia*, wie Backmeister in Lomonossows Alter Ruß. Gesch. S. 79. vermutet; bisweilen bedeuten sie eine Mark: so übersetzen es wenigstens die Polnischen Annalisten, vergl. mit dem Schwedischen *Oraabot* in folgendem §. H.)

hatte das Recht, 10 Resan dafür zu
Ritter, welcher allem Ansehen nach
war, bekam 1 Kun; die Kirche 15 K
Landesherr 3 Griven. Betraf aber b
Raubes 12 Griven: so bekam der
Räuber angehalten, 70 Kun, die Ki
und der Landesherr 10 Griven.

§. 7.

Da diese Geseße nichts von de
von den Erbfolgen und vielen andern
die damals schon bekannt waren, sag
vermuten, daß die Russen in dem St
alten Gebräuchen zufrieden waren; u
nige Gebräuche, welche großenteils l
Zeiten gedauert haben, mit den Ge
sie einen Teil ausmachten, einen gem
Ursprung hatten.

§. 8.

Was die Geseße der deutschen Völ
Deutschland vor Alters bewonten, u
guter Teil fortgegangen war, um sich
dern, die sie erobert hatten, nieder
sind wir hierin einigen berümten S
Dank schuldig, welche, da sie den W
gesehen, die Arbeit über sich genomm
zu sammlen und ans Licht zu stellen.

Gleiche Verbindlichkeit hat ma
die nordischen Gelerten, die uns die

derjenigen Völker aufbehalten haben, die Skandinavien eingenommen hatten, und welche wegen der Uebereinstimmung ihrer Sprachen und Sitten mit der Sprache und Sitten der Deutschen unstreitig zu einem und eben demselben Volke gehörten.

Wir werden also nur einen Teil dieser Gesetze durchzugehen brauchen, um uns zu versichern, in wie weit sie unsern alten Rußischen nahe kommen, und uns hiedurch zu überzeugen, daß sie wirklich die Muster oder die Quellen derselben gewesen.

§. 9.

Die deutschen Gesetze giengen beinahe in allem von den Griechischen und Römischen ab, welche auf die meisten Verbrechen Lebensstrafen gesetzt haben; und folgten hierin den ursprünglichen Gesetzen der Natur weit genauer, daß sie es den beleidigten Personen oder ihren nächsten Anverwandten überließen, eine, dem erlittenen Unrechte, welches den Stat unmittelbar nicht angieng, gemäße Rache oder Genugtuung zu nemen*.

So war die Verfolgung eines Todtschlägers, welche Fehde genannt wurde, bei den Deutschen ein Recht, welches die Gesetze dem nächsten Anverwandten des Getödteten ausdrücklich zugestun-

---

* Die Deutschen kannten nicht mehr als zwei Verbrechen die das Leben verwirkten: sie hiengen die Verräter, und ersäuften die Feigen. S. den *Tacitus*.

stunden*: eben so wie bei den Juden der Bluträcher die Macht hatte, den Mörder überall, wo er ihn antreffen konnte, zu tödten; wenigstens wenn er nicht in die Städte geflüchtet war, die in dem Falle, wenn der Mord ungern und ohngefehr geschehen, zu Freistädten bestimmt waren. Aber eben darum, weil es vergönnt war, dieses Recht in seinem ganzen Umfange zu brauchen, war es gleichfalls erlaubt, von der Strenge desselben so viel nachzulassen, als man seinen Vorteilen für zuträglich hielt: und der Todschläger mußte sein Leben dadurch wieder erkaufen, daß er dem Beleidigten eine Genugtuung gab, die der Größe ihres Verlustes gemäß war. Dieselbe bestand zu des Tacitus Zeiten in einer gewissen Anzal von Vieh **, ward aber hernach in eine gewisse Geldsumme verwandelt, welche die Deutschen Wehrgeld und die Schweden Oeranbot †, nannten.

Eben

---

* Man sehe die Gesetze der Sachsen, Franken, Longobarden, Friesen, u. a., die Goldast, Lindenbrog und Georgisch herausgegeben. STJERNHÖK *de Jure veterum Svionum*, L. II. Part. ult. cap. 4. pag. 349 sagt: „hæredibus occisi vindictam jura concesserunt. —— Homicidam enim recentem ab ipso facinore, aut fugientum, impune occidere licuit„.

** TACITUS de *Mor. German.* „Luitur homicidium certo armentorum ac pecorum numero, recipitque satisfactionem uniuersa domus„.

† *Lex Saxon.* Tit. II. Und STJERNHÖK *Lib. cit.* pag. 351.

Eben den Grund zu handeln entdeckt man auch in den Rußischen Gesetzen. Zwar in der Summe der Loskaufung, die ganz willkürlich war, giengen die deutschen Gesetze sehr von einander ab: allein die Schwedischen Gesetze setzen solche auf 40 Mark, welches mit Jaroslavs Rechte am nächsten übereinkommt.

§. 10.

Die deutschen Gesetze sahen auch zugleich bei den Todschlägen darauf, von was für einem Volke, und von welchem Stande der Ertödtete war.

Die Salischen Gesetze straften den Mord eines Römers nicht so hart als den Mord eines Franken. In den Gesetzen der Angeln bestand das Wehrgeld für den Tod eines Adalingers in 600 Sous; für den Todschlag eines freien Menschen in 200; und für den Todschlag eines Sklaven in 30. Die Gesetze der Westgoten verdammten den, der einen Goten, Schweden oder Smolånder umgebracht hatte, zu gleicher Strafe; dahingegen der Mörder eines Dänen oder Norwegers nur ⅔ von dieser Summe erlegte. Ein Dänischer König, Namens Helgon, hatte auf den Mord eines Schweden nur die Helfte von dem gewönlichen Preise gesetzt*. Die Schwedischen Gesetze waren billiger, und litten diesen Unterscheid nicht**.

D 4 Und

* Joh. LOCCENII *Hist. Suec.* Lib. I. pag. 13.
** STJERNHÖK loc. cit.

Und hierinn kamen sie mit den Ru
bers überein.

Was den bürgerlichen Stand
betrifft: so hatten die Deutschen ni
Freie und Leibeigene, sondern au
gen, die gewisse Würden und Bedie
verschiedene Geldbußen gesetzt.
schen Gesetze sprachen einem Herrn e
bre Genugtuung zu, wenn man ei
Leuten oder Bedienten getödtet hatt
nugtuung, die *Tucka* oder *Tucka*
in einer Erhöhung des Veranbots
uns zugleich den waren Sinn des
tzes, und die Uebereinstimmung de
nordischen Rechten.

§. II.

Merkwürdig ist das Gesetz, welc
falls jemand, der eine Bedienung h
bern getödtet worden, ohne daß ma
treffen können, der Beamte, der
des Orts, wo der Mord geschehen,
das gesetzte Wehrgeld für den Erschl
sollte. Dieß war eins der allerkräf
die Befelshaber der Provinzen und
Pflicht aufmerksam zu machen.
war ein ähnliches Gesetz: war eine

---

* STJERNHÖK loc. cit.

entdecken konnte; so mußte die Gemeine des Orts 40 Mark erlegen*.

§. 12.

Ueber die Wunden erklärten sich die deutschen Gesetze am ausfürlichsten und überaus genau. Sie machten nicht nur unter einer jeden Art von Schlägen sowol, als unter den Werkzeugen, womit sie waren gegeben worden, einen Unterscheid, und schätzten sie; sie ließen sich sogar in eine besondre Betrachtung aller beschädigten Glieder ein. Nicht nur das Haupt, die Augen, die Nase, die Ohren, die Lippen, die Zähne, die Hare, der Bart, der Knebelbart, die Hände und die Füße; sondern auch so gar jeder Finger, jede Zehe, ja so gar jedes Gelenk dieser Finger und Zehen fanden darinn ihren Platz und ihren Preiß**. Die Rußischen Gesetze gehen zwar hierinn nicht so gar genau; allein sie kommen ihnen doch sehr nahe, und geben dadurch einen neuen Beweis von ihrer Uebereinstimmung mit den deutschen.

§. 13.

Des Falles, da ein Knecht sich unterstanden, einen Freien zu schlagen, haben die deutschen Ge-

D 5 setze

---

* Schwedische Gesetze, B. XI. Kap. 27. und 28.
** *Lex Saxon.* Lib. I. *Judtsche Lowbok* Lib. III. cap. 25. Schwedische Provinzialgesetze, Tit. XII.

fetze, und besonders die Schwedi|
lich Meldung gethan. Die letzt(
Herrn des Sklaven die Wahl, er
das Verbrechen des Sklaven gesetzte
gen, oder zu erleiden, daß man den
von Eichenbast gedreheten Stricke r
aufhienge, und ihn da so lange har
er von sich selbst abfiele*.

Das Recht, das die Deutschen
ben hatten, war von weitem Um|
wol habe ich unter ihren Gesetzen son
Friesischen gefunden, die die P
eines entlaufenen oder weggenom:
verordnet hätten. Es scheint, dies
gestalt bei ihnen in Ehren gehalten n
nicht glaubten, Gesetze nötig zu
Gut von der Art sich wieder zuzu(
ein andrer verheelt, oder sich ungere
gemaßt hatte.

§. 14.

In Ansehung der Diebereien l
sischen Gesetze in allen Stücken mi
überein, welche keine andere als Gel
setzten, die dem Werthe der gestoln
mäß waren. Die Sächsischen
straften den Diebstal eines Pferdes,

* STJERNHÖK *lib. cit.* pag. 213.

der 2 Goldschillinge werth war, und einer jeden andern Sache, wenn sie 3 solcher Schillinge werth war, mit dem Tode. Die Schwedischen und Dänischen Gesetze machten einen Unterscheid zwischen dem offenbaren und nicht offenbaren Diebstale. Ward der Viehdieb über der Tat betroffen, und das Vieh, es mochte seyn, was es für eines wollte, war ein Jar alt: so wurde er nach den Schwedischen Gesetzen am Leben gestraft, und alle das Seinige zum Nutzen des Königes, des Gebietes und des Eigentümers des gestolnen Tiers, eingezogen. Bestand der Diebstal in Gelde, Waffen, Kleidung, oder allerhand anderem Geräthe, so daß es zugleich den Werth einer halben Mark überstieg: so verlor der Dieb nur bloß das Leben. War der Diebstal nicht offenbar: so war er gehalten: die gestolne Sache wieder zu ersetzen, und eine Strafe von 40 Mark zu erlegen*. Bei den Dänen hingegen mußte der Dieb, wenn er auf frischer Tat ertappt worden war, und sein Diebstal eine halbe Mark betrug, mit dem Kopf bezalen: Außer diesem Falle ersetzte er die gestolne Sache wieder, und bezalte 3 Mark. War das Gestolne aber nicht so viel werth: so gab er dem Eigentümer den dreifachen Wert derselben, und dem Landesherrn 3 Mark**.

Da

* Schwed. Prov. Ges. Tit. XIV. Cap. 2. 6. 7.
** *Judtsche Lowbok* Lib. II. cap. 88.

Da die Völker, deren Gesetze wir
ander vergleichen, die Jagd über die M
ten: so darf es niemand Wunder nemen
Hunde und Falken darinn ihren Pl
Die Sächsischen Gesetze verdammten
der gewisse Arten von Hunden, die sie
nennen, genommen hatte, dazu, daß
ihre Stelle schaffen mußte*. Die Fri
folen, so viel dafür zu bezalen, als f
selbst schätzte **.

§. 15.

In allen Staten finden wir entwed
lich oder stillschweigend durch eine ric
daß das Gesetz einen Räuber umzubring
der sich nicht scheuet, in eines andern H
hen, um sich der Habseligkeiten, die
findet, zu bemächtigen, und der sich
einem, der jemanden unrechtmäßige
fällt, gleich stellt, wider den uns die
geschwind und kräftig genug Hülfe ver
nen †. Doch sind die Bestimmunge
diesem Gesetze bei gewissen Völkern geb
geglaubet hat, wegen ihrer Denkungs

---

* Sachsenspiegel, B. III. Art. 47.
** Tit. IV. §. 2.
† Pufendorfs großes Werk Lib. II. cap. 5
er sich des Grotius Meinung B. II. Ka
verbessern bemüht.

in Rußland.

ten sehr verschieden. Die Jüdischen Gesetze sprachen den, der einen Räuber getödtet hatte, nur in dem Falle los, wenn der Räuber über einem Einbruche in die Mauer betroffen, und vor Sonnen Aufgang getödtet worden war*. Die Griechischen und Römischen Gesetze waren, in Ansehung der Nachtdiebe, den Jüdischen gleich; sie verstatteten aber auch, am hellen Tage jeden Dieb umzubringen, wenn er sich mit einem Gewehr verteidigte, und nachdem man um Hülfe geschrien **. Eben diese Gesetze sind auch auf einige deutsche Völker gekommen***. Bei andern war der, der einen Dieb umgebracht hatte, nur bloß schuldig, die Tat gehörig zu erweisen †. Nach den Schwedischen Gesetzen durfte man einen Dieb sowol des Nachts als am Tage tödten, wenn man nur die gehörige Vorsicht gebrauchte ††. Mit diesen kamen die alten Rußischen Gesetze, die sich in obbenannten Friedensverträgen finden, vollkommen überein. Was hingegen Jaroslav hievon verordnet hat, war einzig und allein den Mosaischen Gesetzen ähnlich;

* 2 Mos. XXII. 2.
** Diß Gesetz war schon in den zwölf Tafeln, und ist Leg. IV. ad leg. Aquil. wiederholt.
*** Lex Visigot. L VII. §. 16. Lex Fris. Tit. VI. §. 1. &c.
† Sachsenspiegel, B. I. Art. 64.
†† STJERNHÖK lib. cit. pag. 351. Joh. LOCCENII Synopsis Jur. Suec. Diss. XXX. qu. 15. pag. 640.

lich; diese muß der Großfürst hierinn f
gehalten haben, daher er sie an die Stell
tionalgesetze setzen wollen. Indessen schei
ses neue Gesetz nicht im Gebrauche erhalt
ben, weil die nachfolgenden Gesetze desse
Meldung thun, und die *Uloshenie* h
Nordischen Gesetzen näher gekommen.

§. 16.

Das Gesetz, welches die Summen
die ein Dieb dem, der ihn angehalten h
Richter, und dem Landesherren erlegen m
het nur auf einen Teil der Einkünfte,
ohne Zweifel aus allen bürgerlichen und
Gerichtshändeln zuflossen: die übrigen
man, wie es scheint, noch nicht für nöti
so sorgfältig zu bestimmen, als nach der
schehen ist. In den deutschen Geset
man ähnliche Verordnungen. In S
hatten die Bischöfe an den gerichtlichen E
nicht minder Anteil, als der König, und
ter, die den Rechtshandel entschieden [1].

§. 17.

Ich komme auf ein Gesetz, dessen O
Original ich mit völliger Gewißheit an
können glaube. Bloß in den Jütl

[1] STJERNHÖK lib. cit. pag. 431.

Gesetzen [2] kommt eine Verordnung vor über einen Fall, dessen kein andres deutsches oder nordisches Gesetz Erwänung thut. Mit dieser kommt das rußische Gesetz nicht nur dem Inhalt nach sehr genau überein, sondern man findet so gar dieselben Worte darinnen, so daß auf das kläreste erhellet, es sei nichts als eine bloße Uebersetzung des dänischen Gesetzes. Hier ist das letzte, so wie es aufs getreuste ins Plattdeutsche übersetzet worden: *Ritt jemand eines andern Mannes Perd, ane des sinen Willen, deme dat Perd thohöret; de brikt davör dre Mark an den Bonden.* Das Rußische Gesetz drückt sich nach der deutschen Uebersetzung von Wort zu Wort also aus: Wenn jemand ein frembdes Pferd reitet, ohne daß er darum angesucht hat; so soll er 3 Griven bezalen.

§. 18.

Das Gesetz, welches die Sicherheit der Gränzen betrifft, ist auch den deutschen Gesetzen sehr gemäß, die überhaupt auf diejenigen, die solche verrückten oder zerstörten, große Geldstrafen legten [3]. Die Schwedischen Gesetze hatten sie auf 40 Mark gesetzt [4]; die Dänischen aber auf 6 Mark [5].

§. 19.

2. *Judtsche Lowbok* L. III. cap. 54.
3. Sachsenspiegel B. II. Art. 28, B. III. Art. 20. Weichbild Art. 125.
4. *LL. Suec. & Goth.* Lib. VI. cap. 23.
5. *Judtsche Lowbok* L. II. cap. 73.

§. 19.

Das, was Jaroslavs Gesetze in die Versammlung der Zwölf-Männr den Diebstal sprechen sollten, verordnen letzten Beweis für meine Meinung. D männer-Gericht war im ganzen Nor von dar es nach England kam, wo es nu Stunde dauret. Die Parteien selbst Zwölf-Männer; diese untersuchen be Fällen bloß die That selbst; die Richte sten über das Recht den Ausspruch thu Beklagten entweder verdammen oder Man nannte diese Leute Nämde Mät Män, oder Oldungar; und ihr Ger da[6]. Saxo Grammaticus, ein dä schichtschreiber, erzält, daß ein dänisc Ragnar Lodbrok, dieses Gericht zuerst Staten eingeführt habe.

§. 20.

Die Frist von 5 Tagen, die die Ru setze dem Beklagten zugestanden, ehe er werden konnte, vor den Richtern zu ersc noch eben dieselbe Frist, die die Nordisc bestimmt hatten, einen Rechtshandel vor,

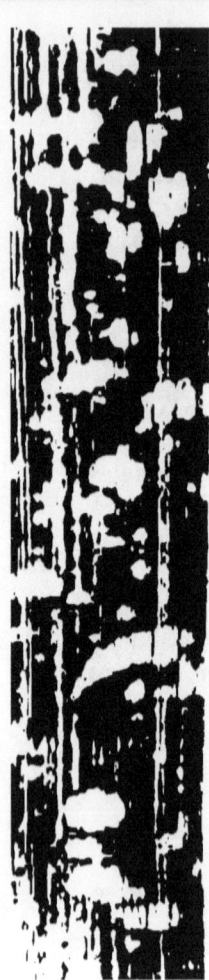

6. STJERNHÖK L. I. cap. 6. *Lex Sela* cap. 16, 17.

welcher sodann in 3 oder höchstens in 4 Tagen zu Ende gebracht werden mußte [1].

§. 21.

Das erste Stück meiner Abhandlung, die vollkommne Uebereinstimmung der deutschen Gesetze mit den ältesten Rußischen, ist solchergestalt erwiesen. Ich komme nun auf die Veränderungen, die diese Gesetze in einer Zeit von 700 Jaren allmälich erlitten haben.

Vermutlich haben die Großfürsten, die nach Jaroslavs und seiner Söhne Tod regieret haben, hierinnen von Zeit zu Zeit solche Veränderungen gemacht, die den Umständen und ihrem Zeitalter gemäß waren, und also von den allerersten Gesetzen mehr oder weniger abgiengen. Allein man hat hievon keinen andern Beweis, als daß unsre Annalisten gewisser alter Gesetze Erwänung thun, deren Inhalt wir nicht wissen, und welche warscheinlicher Weise entweder abgeschafft, oder mit denjenigen vermenget worden, die der Zar Iwan Wasiljewicz im J. 1542 in Ordnung bringen und aufzeichnen ließ.

Es scheinen auch in der Tat unter den vorigen Regierungen die Sitten und die Gesetze selbst sich
so

---

[1] STJERNHÖCK *lib. cit.* P. I. cap. pag. 71.

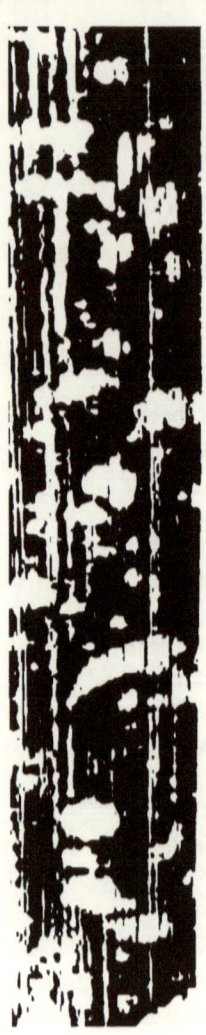
so verändert zu haben, daß dieser Zar k
res Zeichen seiner Aufmerksamkeit auf t
seiner Staten geben konnte, als daß er
Gesetzbuch verfertigen ließ. Dieses Ges
der **Sudebnik**, den man als die Gru
ler nachherigen und noch itzo üblichen
Gesetze ansehen muß.

Den Sudebnik begleitete ein andres C
das unter dem Namen **Sto=glav** (
Kapitel) bekannt ist, und einzig und
Kirchensachen angeht, welche das An
Landesherrn und Verordnungen erfoder
man vorhin in Rußland noch nicht gehabt

§. 22.

Ich will nur von denen im Sudebni
nen Gesetzen einem allgemeinen Begriff g
mit man sogleich dasjenige bemerken könr
diese neue Gesetze von den vorherigen un
waren.

Ein großer Teil derselben hatte die
der **Bestechung** der Gerichtsbedienten
Klassen vorzubauen. Daher bestimmen s
allergenauste, was die Parteien dem Gerich
sollen; ihre Streitigkeiten mochten entwe
den Weg Rechtens entschieden, oder in
beigelegt, oder durch den **Zweikampf** au
worden seyn.

Bei dieser Gelegenheit läßt sich der Sudebnik über diese gerichtlichen Gefechte ausfürlich ein. Er bestimmt sowol die Streitsachen, wo der Zweikampf statt hatte, als die Waffen, deren sich die fechtenden Parteien bedienen durften, die Personen, die sich schlagen durften, oder andre an ihrer statt schicken könnten, endlich auch die Gerichtspersonen, die bei diesen Gefechten zugegen seyn, und andre, die nur zusehen wollten, auf die Seite schaffen mußten.

Dann kommen die **Vorladungen** und **Erscheinungen** vor Gerichte, und alles, was hier zu beobachten war, wird bestimmt. Was die Parteien vor dem Richter aussagen, soll alles aufgeschrieben, und die Protokolle mit äußerster Sorgfalt aufbehalten werden. Auch die Rechte und Gebüren des Gerichtschreibers werden bestimmt.

Dann folgt die **Frist**, die man denen von den Städten, wo man das Recht sprach, entfernten Parteien zugestand. Auf 100 Werste (20 Meilen) gab man 7 Tage Zeit: wer nicht zu gesetzter Zeit erschien, mußte für jeden Tag 3 Kopejken zalen.

Wer bei Appellationen seine Sache verloren hatte, zalte der Gegenpartei für jeden Tag 2 Kop. als Unkosten und Schäden.

§. 23.

Diesen Verordnungen waren die Geldstrafen beigefügt, die auf Schimpfwörter und Schläge

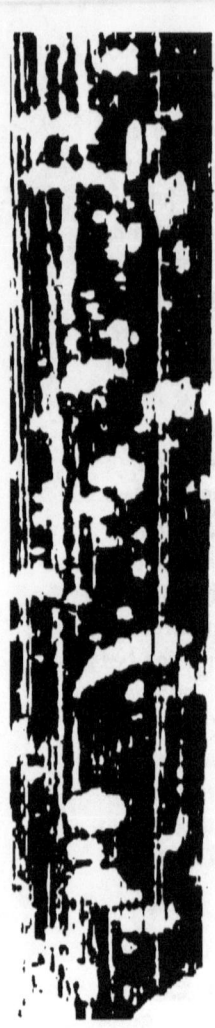

gesetzt waren. Die ersten schätzte ma Stande und Geschlechte der beschimpfte In Ansehung der letztern erklärte man weit, daß sie nach Beschaffenheit der P Schläge willkürlich bestraft werden sollt

Die peinlichen Gesetze bestimmen Worten die Aufsuchung, die Ergreifun peinliche Frage der Uebeltäter, so wie a nen aufzuerlegende Strafen.

Ein Dieb ward, wenn er das ers len hatte, verdammt, öffentlich gestä ben, und dem Kläger Genugtuung zu g das geschehen, und er konnte für seine K führung Bürgen stellen; so ließ man i nicht, so blieb er so lange im Gefängn solche gefunden hatte. War er nicht i seine Partei zu befriedigen: so überg derselben, mit der Macht, ihm alle Ta öffentlichen Orte eine gewisse Anzal vo auf die Fußsolen geben zu lassen, bis nugtuung geleistet hatte. Stal er z mal: so ward er am Leben gestraft, un ger behielt von den Gütern des Diebes zu seiner Schadloshaltung genug war.

Diejenigen, die dem Landesherrn Leben getrachtet hatten, Aufrürer, Ver chenräuber, Mordbrenner, Mörder von Diebesbanden, Straßenräuber, die ten verfälscht oder unter falschen Namen ausgestellt hatten, mußten alsobald die Todesstrafe leiden, nachdem sie vorher, falls es in ihrem Vermögen stand, dem Kläger Genugtuung geleistet hatten.

§. 24.

Die Verordnungen, welche **bürgerliche Sachen** betreffen, fangen damit an, daß sie bestimmen, worauf sich die Gewalt, Knechte und Bauern zu Leibeignen zu machen, gründe; auf was für Art sie geschehen solle; was für Leute man sich leibeigen machen, oder nur auf einige Zeit mieten könne; wem ein Knecht, der an zwei Herrn verkauft worden, gehören müsse; und was man in Absicht auf ihre Freilassung und Freilassungsbriefe, wie auch in dem Falle, da ein Bauer von dem andern getödtet, oder im Kriege gefangen worden, zu beobachten habe.

Den Rechtshändeln wegen adelicher Güter wird eine Zeit von 3 Jaren, und denen, welche die Zarischen Güter betrafen, eine Zeit von 6 Jaren vorgeschrieben; nach deren Verlauf sie zu Ende gebracht seyn mußten.

Man bestimmt die Personen, die das Recht hatten, veräußerte Güter wider an sich zu bringen. Man bemerkt zugleich, bei welcher Art von Gütern es statt hatte, und wann es verjäret war.

Man verordnet, die Städte und Flecken mit Pallisaden zu umgeben; und verbeut die Gränzen

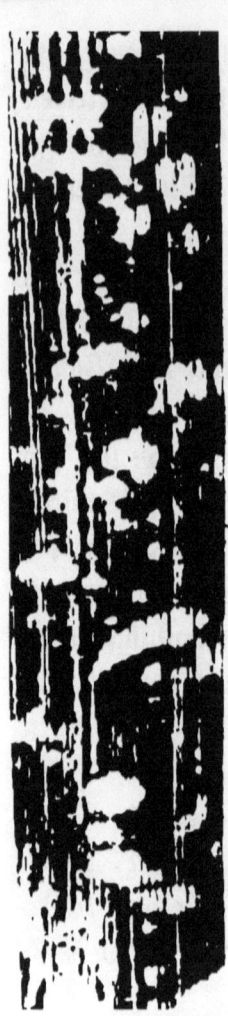

Strafe der Knute, außer der Er[
Schadens.

Hier ist die einzige Regel, die ma[
Erbfolgen festsetzte: "Wenn jemand [
"ein Testament gemacht zu haben, und [
"hat: so sollen seine Töchter alle Güter
"reien haben, die er hinterläßt. Hat e[
"Töchter: so soll sein nächster Anverw[
"haben."

Ueber die Contracte erklärt man [
falls sehr kurz. Kaufleute, die durc[
räuber oder andre ungefehre Zufälle u[
rige gekommen, sollen Nachsichtsbrie[
auch die Einrichtung solcher Brief[
schrieben.

Ohne Gewährtsleute soll man ni[
es sei wo es wolle, wenn man nicht G[
will. Beim Pferdekauf oder Pfer[
man die erhaltene Pferde zeichnen, ei[
niß darüber halten, und dem Zaren di[
gaben davon bezalen.

Zuletzt kommen die Strafen d[
Zeugen: sie werden zur Knute und zu[
des Unrechts und Schadens verdamm[

§. 25.

Aus dieser kurzen Erzälung der i[
debnik gesammleten Gesetze siehet man,

gewissen Stücken und über gewisse Puncte das Jaroslavische Recht aufheben, daß sie aber auch zugleich in vielen Stücken über Dinge, die die vorhergehenden Geseze nicht berüret hatten, Verordnungen gemacht haben.

Die schlechte Verwaltung der Justiz, worzu die Verachtung und Abschaffung der alten Gerichtsordnung vieles beigetragen zu haben scheint, indem die Richter dadurch zu viel Macht bekamen, mußte notwendig schlimme Folgen haben. Warscheinlicher Weise hatte solche nicht nur neue Verordnungen, die auf die Verbesserung der Unordnungen und Mißbräuche abzielten, welche sich hin und wieder bei den Gerichtshöfen des Reichs eingeschlichen hatten, sondern auch die Einführung der Zweikämpfe veranlaßt, die dem State minder schädlich zu seyn, scheinen, als unordentliche und langwierige Processe. Man weiß, wie sehr die deutschen Völker für diese Art, sich Recht zu schaffen, eingenommen waren: sie sahen sie als ein göttliches Urteil an, und machten eine Menge Verordnungen, um ihnen eine gehörige Einrichtung zu geben, die sie dem State erträglich machten. Von ihnen scheinen also die gerichtlichen Zweikämpfe nach Rußland gekommen zu seyn. Hier dauerten sie auch noch, als man schon in andern Ländern angefangen hatte, sie abzuschaffen, und der Justiz Schwerdt und Binde, das ist Gewalt und Unparteilichkeit, wieder zu geben.

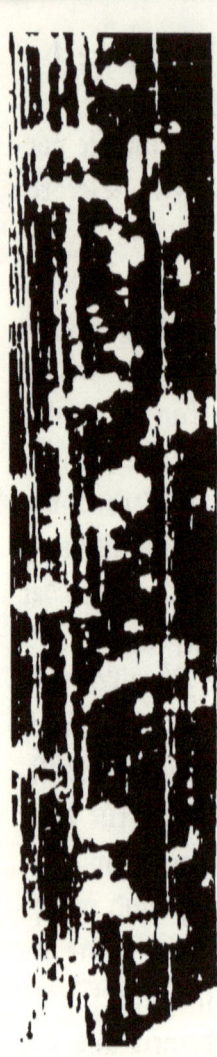

Bei den Fristen in der Vorladu
richt zeigte sich auch noch die Einfalt de
richtsordnung. Die ersten Gesetze hatt
tei nur 5 Tage angesetzt, innerhalb wel
Gericht erscheinen sollte: dabei war abe
Vorladungsschriften, noch von Gerichts
Rede; ein sicheres Merkmal, daß man
noch nicht nötig hatte. Nachdem a
richtsform war geändert worden; so
Handlungen, die davon abhiengen, v
ter, und der Chicane mehr unterwor
Folglich waren weit genauere Gesetze r
Handlungen, oder eben diejenige, die b
setzgeber zu dem Ende fest zu setzen fü
den hatte, zu reguliren.

Die Langwierigkeit der Processe ha
gen, den Gebrauch des Schreibens l
dienzen unumgänglich notwendig zu m
um dem Gedächtnisse der Richter dadu
ten zu kommen, teils den falschen Au
vorzubeugen, die den Parteien in den
gefragt oder geantwortet hatten, geme
konnten. Daher waren nun auch Ve
wegen der Protokolle und Schreiber r
die ganze Processordnung war geändert.

Die neuen Gesetze räumten den P
von den Gerichtsörtern entfernet ware
wisse Frist ein. Vermutlich war hie

sonst nichts bestimmt als die Zal der Tage, innerhalb welcher der Beklagte sich vor Gerichte stellen und verteidigen konnte: übrigens aber verließ man sich einzig und allein auf die Sorgfalt der Parteien, oder auf die Strenge des Gerichts, das sie verachteten, wenn sie sich nicht in einer Zeit einstellten, die der Weite des Orts, wo sie sich befanden, nach jedermanns Urteile gemäß war. Diese Frist ist bei unsern Gerichtshöfen noch gebräuchlich, ungeachtet sie in keinem neueren Gesetze ausdrücklich wiederholet worden: ein Beweis, daß alte Gesetze sich fast niemals gänzlich verlieren, sondern ein Herkommen werden, folglich mehr Aufmerksamkeit verdienen, als man gemeiniglich darauf zu richten gewont ist.

Was die Appellationen an höhere Gerichte betrifft, so war es ohne Zweifel bei uns den Parteien jederzeit erlaubt, sich gegen die Urteilssprüche zu schützen, die sie ungerechter Weise verdammet hatten; und in dem Falle schafften ihnen die Großfürsten Recht, nachdem sie sich selbst von dem Grunde ihrer Klagen überzeugt hatten. Als aber mit der Zeit die Großfürsten verhintert wurden, diesen Teil der Regierung in eigner Person zu verwalten: so errichteten sie ein Oberhofgericht für alle bürgerliche und peinliche Händel. Daher macht der Sudebnik an metern Orten einen Unterscheid zwischen dem Hofe der Fürsten und ihrer

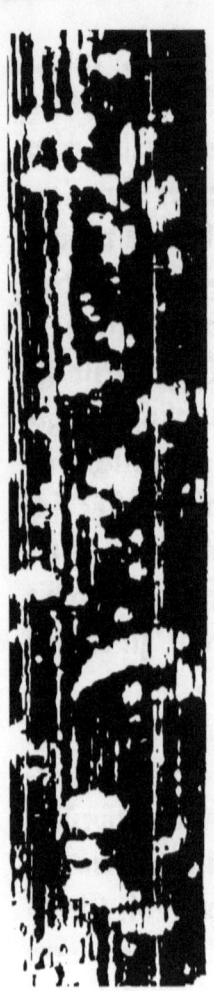

Prinzen, und zwischen dem Bojaren H
gens ist die Summe, die derjenige, d
ceß verloren, seiner Gegenpartei auf jet
Unkosten, Schaden und Zinsen bezalen
der Hauptsache nie geändert worden.

§. 26.

Ich sehe nicht, warum man die
für Beschimpfung zu den Verordnun
Gerichtsform gesetzt hat: es wäre de
Parteien bei den Verhören oft zu Sc
kamen, und dadurch die dem Rich
Ehrerbietung verletzten. Ich weiß au
um die alten so wol Rußische als De
diese Art von Verbrechen mit Stillsc
gangen haben: vielleicht sahe man es
nen der Aufmerksamkeit des Gesetzgeb
Gegenstand an; vielleicht glaubte ma
gethan zu haben, wenn man dem B
stattete, sich selbst Recht zu schaffen.
Verordnungen, welche die Geldstr
hier die Rede ist, auflegen und feste
sonst unbekannt; und die Gewonheit
pfungen mit gewaffneter Hand zu
nun durch sie abgeschafft. Sie fi
noch fast auf eben dem Fuße in uns
setzen. Man hat sich nur eingesch
gewisse Personen anzuwenden, die m
spectirt zu haben scheint, als daß n

Fall, ihre Zuflucht dahin zu nemen, hätte sehen sollen.

In Ansehung der Schläge muß man sich notwendig wundern, wie umständlich die alten, wie mangelhaft hingegen die neuen Gesetze in diesem Stücke sind. Die letztern reden nur mit zwei Worten davon, und entscheiden nichts, sondern überlassen alles dem Ausspruche des Richters: die erstern hingegen machen, so zu sagen, ihr Hauptwerk daraus, und können gar kein Ende finden. Die Ursache hievon kann keine andre, als die Veränderung der Sitten, seyn.

Die peinlichen Verordnungen des Z. Iwan scheinen zwar beim ersten Anblick den Gesetzen Jaroslavs zuwider zu seyn: allein bei näherer Prüfung findet man, daß sie bloß in den Strafen von einander abgehen, die auf Privatverbrechen, oder solche, die den Stat nicht unmittelbar betrafen, gesetzt waren. Die alten Gesetze hatten die bürgerlichen Strafen ohne Zweifel bloß auf den Raub und Mord eingeschränkt, der bei Zänkereien aus Haß oder altem Grolle verübet ward. Die öffentlichen Verbrechen aber, als jede Art von Verrätereien und Meutereien, der Raub heiliger Dinge, anbrer Raub und Mord, der von Straßenräubern verübet ward, sind von je her auf härtste bestraft worden; und vermutlich haben die alten Gesetze derselben nur darum nicht erwähnet, weil die darauf

auf gesetzten Strafen ohnehin schon bek
waren. Unsre Jarbücher * bezeugen
deutlichste. Der Großfürst Wolodin
wegen einiger Gewissensskrupel die G
Straßenräuber aufgehoben. Der Er
Novgorod befal der Geistlichkeit, die h
hierüber zu Rathe zu ziehen, und dem
vorzustellen, daß er gegen Bösewich
Strafe und keine Gnade verdienten, r
gebrauchen möchte. Diß thaten sie n
Erfolge, daß dieser Herr sogleich besal
täter „nach den Gesetzen seines Vaters
vaters„ ums Leben zu bringen.

Ein gleiches gilt von der Aufsuch
Folter, welche gewönlich ist, die Ve
Verbrecher zu entdecken. Im Su
man nichts als die bloße Meldung da'

§. 27.

Was die bürgerlichen Angeleg
trifft, so schrenkte sich Jaroslavs G
Absicht auf die entlaufenen Knechte,
darüber entstehende Streitigkeiten,
Verordnungen ein; wobei man übri
lich meistenteils dem allgemein beka
Ehren gehaltenen Herkommen folgte.
Sudebnik gieng viel weiter. Sein

* In dem Leben Wolodimers I.

gen über die Leibeigenschaft habe ich oben bereits angeführt. Es ist daher sonderbar, daß er kein Wort von entlaufenen Knechten sagt; es wäre denn, daß auch hierinn die alten Gesetze ihre Kraft behalten hätten.

Was von den liegenden Gründen neues darinnen vorkommt, bestehet bloß in der doppelten Frist, die diese Gesetze zur Entscheidung der Rechtshändel festsetzen, und in den Verordnungen über das Recht, sich veräußerte Erbgüter wieder zuzueignen, welche nachher in die Uloshenie gekommen sind.

Bei der Erbfolge ab intestato thun die neuen Gesetze der Testamenter nur bloß Erwänung, deren Giltigkeit sie also voraussetzen. Hieraus erhellet, daß ob man gleich die Kraft des letzten Willens schon vordem gekannt, man doch nicht für nötig gehalten, ausdrückliche Gesetze zu machen, um ihm eine gewisse Gestalt zu geben. Diese war auch wirklich nicht sonderlich nötig. Es scheint auch, der neue Gesetzgeber würde die Personen, die er zur Erbfolge ruft, nicht genannt haben, wenn er nicht gewissermaßen die Einrichtung hätte ändern wollen, die die alten Gebräuche nicht nur der Russen, sondern auch aller andern deutschen Völker, durch die gänzliche Ausschließung der Töchter darinn gemacht hatten. In der That beleidiget diese Gewonheit die natürliche Gleichheit beider Geschlechter.

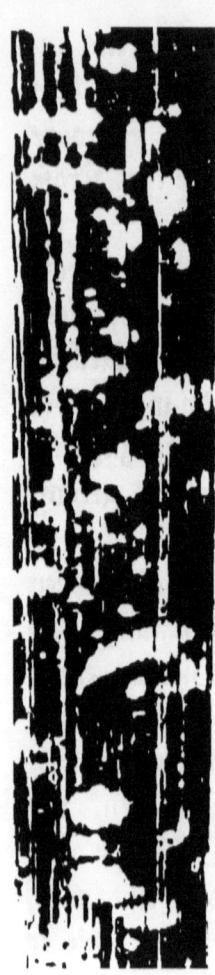

ter. Um also den Töchtern mehr Ger‹
derfaren zu lassen, setzte sie dieser große
dem Beispiel der Mosaischen Gesetze,
männlichen Abkömmlinge und zwischer
wandten von den Seitenlinien.

Was der Sudebnik von den Na‹
fen, und von der Notwendigkeit der
leute bei Einkaufung beweglicher Güte
hat, scheint in Rußland vorher web
Herkommen, noch durch ein eigenes C
gewesen zu seyn, und findet sich noch i
nie. Was er aber vom Pferdekauf
bei zu erlegenden Einschreibgebüren ve‹
vorhin schon gebräuchlich, wie zugleic
nert wird.

Aus den beiden Artikeln, die auf
nungen folgen, sieht man, daß hier t
aufgehöret habe. Sie besagen, daß
sprüche, welche nach den vorigen Gese‹
waren, nicht aufgehoben, hinfüro abe
händel nach den neuen Gesetzen geschl
sollen; denen man die Verordnungen
gemacht werden möchten, beizufügen

Folglich gehört die zu Ende des C
findliche Verordnung über die falsch
die eben so, wie die Meineidigen, gestraf
ten, unter die Zusätze dieses Gesetzbu
gens scheint das Verbrechen, das sie

stande haben, ehemals so selten gewesen zu seyn, daß es kein ausdrückliches Gesetz verdiente; oder es war auch vielleicht nicht hart genug bestraft worden.

§. 28.

Hält man nun den Sudebnik mit der Prawda überhaupt zusammen: so sieht man allerdings, daß der erstere wegen der Zusätze und neuen Verordnungen, die er in sich faßt, viel weiter gehe. Man wird aber auch zugleich gewar; daß die Gesetze desselben noch sonst weiter nichts berüret, als was durch die Processe, und durch die daraus erwachsene Mißbräuche, besonders Anlaß gegeben hatte, auf die Einfürung derselben zu denken. Im Grunde waren diese Jwanische Gesetze, ob sie gleich weitläuftiger als die Jaroslavischen waren, doch immer noch sehr mangelhaft. Und eben deßwegen mußte man nachher eine Menge neuer Verordnungen über Dinge und Fälle machen, die der Sudebnik nicht entschieden hatte.

Ich habe mir alle Mühe gegeben, diese **neue Verordnungen** aufzutreiben, um die Reihe der Veränderungen unsrer Gesetze ununterbrochen zu haben: allein umsonst. Indessen können die kurzen Summarien, die man noch von ihrem Inhalte findet, die Lücke einigermaßen ausfüllen. Ich will daher einige anfüren, die uns die Quellen der meisten Gesetze näher kennen lernen, welche, nachdem

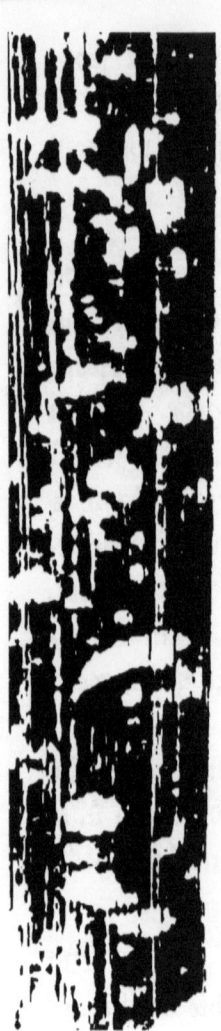 dem sie in die Uloshenie übergegangen, biß auf den heutigen Tag behalten hab

§. 29.

A. 1556 machte man verschiedene gen über die Erbfolge in den Rußi gütern; über die entlaufenen Sklaven Zeugenverhör in peinlichen Sachen, u über die Art, die Gemeine eines Dorfs zu vernemen, und die Giltigkei sagen zu bestimmen; über die Au Straßenräuber; und über den Fall Frau ihrem Manne die Vormundscha der im Testamente aufträgt.

A. 1557 verbot man den Bischöfe für ihre Klöster an sich zu bringen. auch, was zu beobachten sei, wenn n stern, zum Gedächtnisse der Verstorb de Gründe geben wollte, und die sich erböten, solche zu erkaufen, ober Geistlichkeit derselben mit Gewalt hätte.

A. 1558 machte man viele Veror das Ausleihen der Gelder; über di man nach der Länge der Zeit einer S hatte; über die Pfänder; über ba äußerte Erbgüter wieder an sich zu die Gegennutzung eines Pfandes; un zwungenen Eide.

A. 1559 schrieb man den Processen wegen der Knechte und Bauern, wie auch der Art und Weise, die Fremden zu richten, eine gewisse Form vor. Eine andre Verordnung gieng die minderjärigen Kinder des hohen Adels an; vermutlich betraf sie ihre Vormundschaften.

A. 1560 setzte man die Zeit der Nachsichtsbriefe auf 5 Jare. Man verordnete, wie Schuldner, die nicht bezalen konnten, ihren Gläubigern überliefert werden sollten. Man erneuerte das Verbot, den Klöstern Ländereien zu verkaufen oder zu schenken.

A. 1598 und 1602 machte man einige Verordnungen in Absicht auf die Bauren, die von einem Landgute auf das andre ziehen.

A. 1617 ward der Anteil bestimmt, den die Witwen von den Gütern ihrer Männer haben sollten.

§. 30.

Aus der Anzal dieser Gesetze, die immer mehr und mehr anwuchs, siehet man leicht, wie sehr man die Mangelhaftigkeit derselben bemerkte, und warum man endlich ein neues Gesetzbuch zu wünschen anfieng.

Die Gelegenheit, diesen Wünschen des Volks ein Genügen zu thun, zeigte sich gegen die Mitte des vorigen Jarhunderts; und sie konnte nicht günstiger seyn. Die vortrefflichen Eigenschaften, die

Beyl. I.   Aa   man

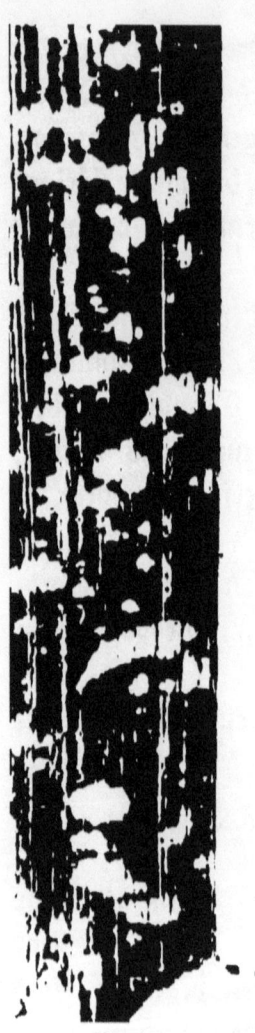

man an dem Zar Alexej Michajlow
machten Hoffnung, daß er dem Ansuc
pter der Kirche und der vornemsten
Gehör geben würde; und biß geschahe
Herr wandte die ersten Jare seiner Re
an, daß er eine gewisse Anzal verstän
licher Männer aus allen Ständen un
nes Reichs zusammen berief, um sich
wegen der Gesetze zu vereinigen, die
Gesetzbuch kommen sollten. Zugleich
Männer, die wegen ihrer Würden u
groß waren, dasselbe zu entwerfen u
zu bringen.

  Zu dem Ende erhielten sie be
nicht nur die Verordnungen seiner
sondern seines Vaters, ingleichen
che des Oberhofgerichts, sondern au
setze der Griechischen Kaiser, und die
von denen man glaubte, daß sie sich
schickten, darinn zu sammlen. Di
man noch die über solche Angelegenh
fällen ergangenen Ukasen beifügen,
Gesetze nicht entschieden hätten.

  Solchergestalt versäumte dieser
was er für dienlich erachtete, seine G
ner zu machen. Auch die Personen
sammen getragen, richteten alles
aus, was ihnen in Absicht auf die

alten Geſetze befolen war. Dieſes Geſetzbuch trat im J. 1649 unter der Aufſchrift *Uloſhenie* ans Licht: die meiſten darinn enthaltenen Geſetze ſtimmen mit denen, die ich erſt angezeiget habe, aufs genaueſte überein, und beziehen ſich ſogar öfters darauf.

§. 31.

Die Byzantiſchen und die Kirchengeſetze hatte der Zar zum Teil in einem Buche, *Kormczaja Kniga* genannt, überſetzen und drucken laſſen. Allein die Sammler müſſen nicht geglaubt haben, daß ſie ſich mit den Rußiſchen Geſetzen und Sitten vertrügen; denn in der Uloſhenie findet man nichts, was daraus genommen zu ſeyn ſchiene. Diß Verfaren macht ihrer Einſicht Ehre. Sie würden warſcheinlicher Weiſe alles verderbet haben, wenn ſie die Römiſchen Geſetze mit ihren vaterländiſchen, von denen ſie in allem, was ſie weſentliches haben, abgehen, hätten verbinden wollen. Eine gute Beurteilungskraft tat bei dieſer Gelegenheit dem Rußiſchen State beſſere Dienſte, als eine übelgebrauchte Gelerſamkeit vielen andern geleiſtet hat, wo man fremde Geſetze unter die einheimiſchen mengte, um dieſen einen größern Umfang und merere Vollkommenheit zu geben, in der Tat aber bloß ihre Ungewißheit und Dunkelheit vermerte.

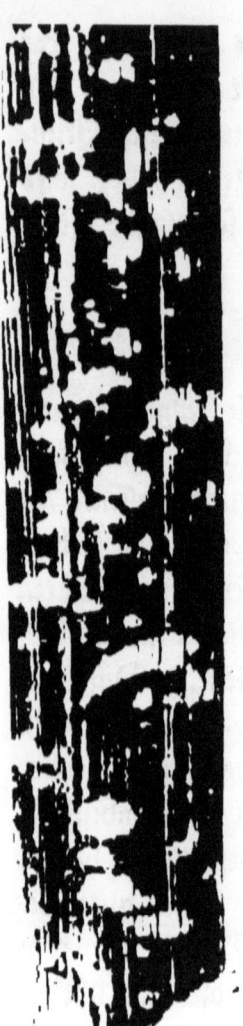

§. 32.

Die neuen Verordnungen, die b
einverleibt worden, scheinen sich bloß t
gnügen, daß sie einige Mißbräuche
die sich bei der Rechtspflege eingeschli
daß sie gewissen gerichtlichen Handlung
Eidschwüren und den Vermittelungen z
tigen Parteien, eine anständigere G
und wegen vieler besondern Dinge L
machten; z. Ex. über einige Wei
Abschaffung der Zinsen; über den ve
ten und Handwerkern verursachten S
die Zubehör der Ländereien, und beson
Zölle, über die Lehngüter, über die E
der Mann seinem Weibe überlassen
über den Anteil, den die Gesetze den
Töchtern zusprechen; über die Sche
digter Güter; über die Bestrafungen
brechen; über die ungern und zufällig
schehene Mordtaten; über die Wunt
nach dem Vergeltungsrechte bestrafen
über die Auflagen.

§. 33.

Folglich übertraf dieses neue Gese
hergehenden sehr weit an Ordnung un
Gleichwol war der Grad der Vollkom
ihm seine Sammler gegeben, zwar i

aber nicht der Natur eines solchen Werks, nicht dem Zwecke gemäß, warum es aufgesetzt worden.

Einmal versäumte man, die Verordnungen, welche die allerbeträchtlichsten Dinge angehen, dergleichen die Gerichtsordnung, und besonders das peinliche Verfaren, die Zeugen, die Erbfolgen, die Ausstattungen 2c. sind, so ausfürlich vorzustellen, als billig hätte geschehen sollen. Zweitens enthält dieses Gesetzbuch verschiedene Verordnungen über eben diese Dinge, die sich einander widersprechen, folglich sich aufheben. Endlich bedachte man nicht, daß, wie ausfürlich man auch die Gesetze eines Staats bestimmen möchte, sie dennoch die Richter und Parteien immer in Verwirrung lassen werden, wenn man nicht allgemeine Betrachtungen und Regeln darinnen findet, die man auf alle vorkommende Fälle anwenden kann. Diese allgemeinen Regeln geben den Gesetzen den höchsten Grad der Vollkommenheit; aber sie zu entdecken und zu bestimmen, fodert Wissenschaften und ein System der Jurisprudenz, woran es damals in Rußland felete.

Ich will nicht erst noch den Grund dieser Verordnungen untersuchen. Man siehet schon hieraus die Ursachen und die Notwendigkeit der vielen neuen Verordnungen, die nach der Uloshenie zum Vorschein kamen, und die durch die vielen Zusätze und

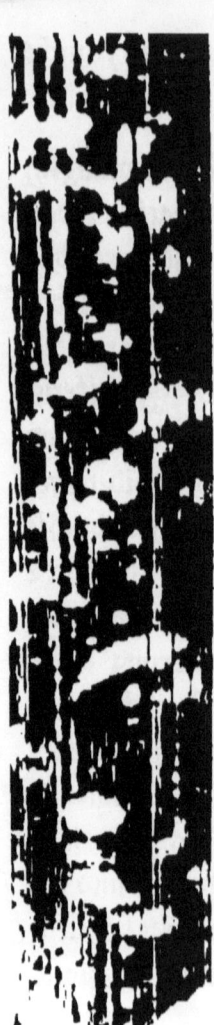

Verbesserungen, welche sie darinn mach=
ter ihrer Last beinahe ersticket hätten:
durch eine von denjenigen unvermutete=
heiten, die der Himmel zum Glück der
schehen läßt, die Rußische Rechtsgeler=
bessere Gestalt zu gewinnen angefangen

§. 34.

Ich will mich daher weder bei ei=
ständen, noch bei Betrachtungen über
berungen aufhalten, die diese neue Ver=
den Gesetzen des Reichs gemacht: sonde=
glücklichen Zeiten Peters des Groß=
seine großen Taten und durch den Gl
seiner Regierung gegeben, alles vorig
zu haben scheint.

Dieser Monarch, der mit allen
den eine tiefe Weisheit und Statsk=
sahe die Uebel, welche die Ungerechtig=
ziehet, in einem State für fürchterli
diejenige, die der blutigste Krieg verur
sind ein Feuer, das sich plötzlich au=
welches ein jeder zu löschen bemüht ist.
gegen sind ein langsames Gifft, da
merkt um sich greift, und wider w
leute hinlängliche Mittel verschaffen

Da **Peter** über seine Feinde siegte, seine Staten vergrößerte, und die Welt mit seinem Ruhme erfüllte, glaubte er doch nur noch erst mitten auf der Bahn zu seyn, die zur Unsterblichkeit füret. Seit dem Jahr 1714 sah man über alle Teile der Regierung eine Menge der vortrefflichsten Gesetze erscheinen. Hierunter waren viele über die Verwaltung der Justiz, über die Kriegszucht und über die Erziehung der Jugend, die er selber in die Feder dictirt, oder eigenhändig niedergeschrieben hatte.

Seine erste Sorge war, die Uloshenie wieder in alle ihre Rechte einzusetzen: er befal daher, daß die nachher gemachten Verordnungen keine Kraft haben sollten, als nur in so ferne sie diesem Gesetzbuche gemäß wären. Hiedurch schaffte er zugleich alle diejenigen ab, die von demselben abgiengen, und bei den Gerichtshöfen die meresten Mißbräuche verursachten. Die andern ließ er jedem Artikel der Uloshenie, wo sie hingehörten, beifügen, und daraus ein eigenes Werk machen, das im J. 1720 unter den Titel *Swodnoje Uloshenie*, (verglichene Uloshenie) zu Stande kam, aber nie gedruckt worden ist.

Wie diß geschehen war, verbesserte er die Gerichtsordnung, verkürzte die Processe, und ließ für die Geistlichkeit, den Senat, das Kriegsheer, die

Polizei, ben Handel, die Manufacture
werke, viele vortreffliche Verordnung
Diesen fügte er das Generalreglemen
die Verrichtungen aller derer aufs genau
die in verschiedenen Teilen der Stats
liche Aemter bekleiden.

§. 35.

Alle diese Gesetze besal der weise K
cken, und in mereren kleinen Bänden
Allein noch waren es nichts als Materi
in der Absicht sammlete, um sie in ei
setzbuch zu bringen, das er sich vorgeno
verfassen zu lassen, wie er in vielen
selbst spricht. Doch **Peter** starb,
mit diesem großen Vorhaben umgie
Begriff war, es auszufüren. Die
so vortreffliche Arbeit zu vollenden,
Tronfolgern überlassen.

Es ist wahr, die drei Regierung
schen **Peter** dem Großen und sein
Tochter nur einen Zeitraum von 16 J
chen, haben durch eine Menge der schö
die wir ihm zu danken haben, und wel
gedruckt worden sind, ungezweifelte
derjenigen Aufmerksamkeit hinterlasse
noch immer auf die Gesetzgebung zu

fuhr. Allein man scheint nicht ernstlich bedacht zu haben, was der Zweck davon seyn müßte.

Ist hieraus nicht klar, daß die Vorsehung der unvergleichlichen Prinzeßinn Elisabeth, welche sie gleichsam durch ein Wunderwerk auf den Thron ihrer Voreltern erhoben, und die ihre Völker eben so sehr liebet, als Sie von ihnen angebetet wird, das Vergnügen habe vorbehalten wollen, ein Werk zu vollenden, das ihren Staten so vorteilhaft, und allein hinreichend ist, ihren Namen und Ruhm zu verewigen?*

Bei dieser schönen Stelle bleib ich ungern stehen, um nicht die Gränzen meines Gegenstandes zu überschreiten, und einer Zukunft nicht vorzugreifen, welche in allen Stücken würdig ist, daß man sie mit dem Vergangnen nicht vermenge.

* Nein! dieses Vergnügen ist Katharina der Zweiten vorbehalten. — Der Verfasser schrieb im J. 1756. Hrigold.

II. Abhandlung *
von
Peters des Große
Reform des Justiz =
in seinem Reiche.

§. 1.

Rußland hat von je her Gesetze geha
sind verloren gegangen. Jarosl(
für die Bürger von Novgorod. C
Großfürsten machten neue Verordnun
Zeit und Umstände mit sich brachten.
wurden durch den Sudebnik des Z. S
jewicz im J. 1542 aufgehoben oder zu
schmelzt.

Dieser Sudebnik ward die Gr(
folgenden Gesetzbücher; allein er tr
Gepräge der alten Grobheit der Si
Aber sehr viel wichtige Dinge entsch
nicht. Außerdem führt er, bei un
Beweisen, den Zweikampf unter de(
Richter ein, und bestimmet die Regel
zu beobachten wären.

* Gleichfalls unter der Kaiserinn Elisabe(
einem Ungenannten.

§. 2.

Nach der Zeit milderten sich die Sitten, und man merkte die Mängel des Sudebniks. Man mußte daher beständig neue Ukasen machen, und die Anzal derselben schwoll von Jar zu Jaren an. Z. Alexēj entschloß sich daher vor etwa hundert Jaren, mit Beirath der Großen des Reichs und der Klerisei, ein neues Gesetzbuch zu entwerfen. Er suchte einige Leute aus, und befal ihnen, 1. aus allen Ukasen seiner Vorfaren, besonders seines Vaters Michajlo, nächstdem, 2. aus den Urteils= sprüchen der Bojaren, die damals das höchste Tri= bunal im Reich ausmachten, und endlich, 3. aus den Gesetzen der Griechischen Kaiser, in so fern sie sich auf Rußland schickten, einen Auszug zu ma= chen. Diesen Auszug sollten sie sodann mit den alten Rußischen Gesetzen zusammen halten, und über die noch nicht entschiedenen Fälle neue Gesetze machen. — Zugleich befal der Zar, daß sich eine gewisse Anzal Leute aus allen Ständen seines Reichs versammlen, und sich über die neuen Gesetze, die hineinkommen sollten, besprechen solle.

Alles diß geschah. A. 1650 ward ihm der neue Codex überreicht, und in seiner Gegenwart verlesen, sodann gedruckt, und Exemplare davon in alle Provinzen versandt, mit dem Befel, daß solcher von nun an bei allen Gerichten zum Grunde liegen sollte.

§. 3.

§. 3.

Der neue Coder übertraf die vorigen teils in der Vollständigkeit, teils in der besseren Anordnung der Materien.

Allein, die wichtigsten Dinge sind darinn zu superficiell tractirt. Die Criminalgesetze waren zu rüde: (Peter gab daher im Jahr 1722 eine eigne Ukase, die Folter vorsichtiger und mäßiger zu gebrauchen). Auch ist das ganze Gesetzbuch kein System, sondern nur eine Sammlung von Materien und ähnlichen Fällen, die damals am häufigsten vorkamen, ohne Ordnung, und sehr oft ohne Entscheidungsgründe. Der Grund war bloß der Wille des Gesetzgebers; folglich mußte man alle Augenblicke dahin recurriren, weil die unentschiedenen Fälle aus der Natur der Sache nicht entschieden werden konnten.

Daher namen die Rechtssprüche des Bojarenhofs aufs neue, so wie vorher, die Stelle der Gesetze in den Gerichten ein. Dieser Rechtssprüche wurden mit der Zeit unendlich viele; oft widersprachen sie sich: und durch alles dieses wurde der Ungerechtigkeit Thür und Thor geöffnet.

§. 4.

So sah es mit dem Rußischen Rechte aus, als **Peter** erschien. Seine Kriege und Reisen ließen ihn noch nicht auf die Verbesserung desselben denken: doch beschloß er damals schon, die Statsverfassung

seines

seines Reichs, so wie das Kriegswesen, auf einen andern Fuß zu setzen.

Den ersten Schritt dazu tat er im Jahr 1711 durch die Stiftung des Senats, dem er sich selbst zum Präsidenten schenkte, der in seiner Abwesenheit das Reich verwalten, und ihm Rede und Antwort geben sollte. Diß stürzte den Bojarenhof, der bisher zu mächtig worden war. Peter wälte Leute zu seinem Senate, nicht mehr, weil sie Knäsen, sondern weil sie geschickt waren.

Einige Jahre nach diesem Schritt gab er der Uloshenie ihre Kraft wieder, und befal, die nach derselben ergangenen Verordnungen sollten nur in soferne gelten, als sie mit ihr übereinstimmten. Hieburch wurden alle diejenigen aufgehoben, die ihr widersprachen. — Zugleich befal er, jedem Artikel der Uloshenie diejenige Ukasen, die ihr zur Ergänzung dienten, einstweilen beizufügen, bis man mit einem ganz neuen Codex fertig würde. Diß Werk kam im J. 1720 zu Stande: noch jetzo bedient man sich desselben bei allen Gerichten unter dem Namen *Swodnoje Uloshenie* (Concordance des Loix), ob es gleich niemals gedruckt worden ist.

§. 5.

Peter sah voraus, daß ein neuer Codex Zeit kosten würde: daher ließ er indessen viele dahin gehörige Ukasen ergehen,

Er

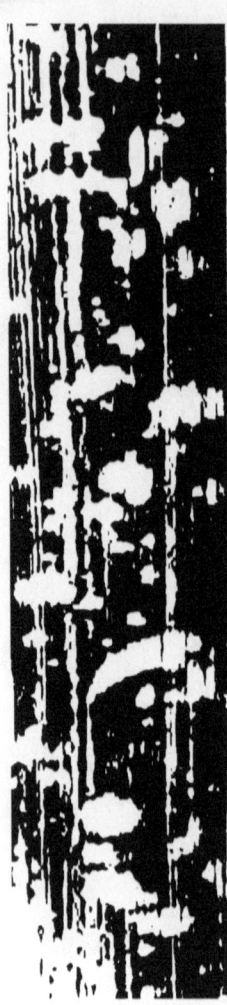

Er errichtete die Bedienung eines General-Procureurs oder Fiscals mit 4 Beisitzern für die Statsaffairen. Auch in jedem Gouvernement und jeder Stadt setzte er eine gewisse Anzal von Procureurs oder Fiscalen ein, die angeben sollten, wenn etwas wider die Gesetze und wider das Interesse des Stats geschähe. Hierüber erhielten sie eine weitläuftige Instruction. Die ganze Verordnung ward im J. 1717 erneuert und vermeret.

In eben dem Jahr regulirte er die Erbfolge. Die Erhaltung des Glanzes der Familien lag ihm sehr am Herzen: diß hatte ihn England gelehret. Er fürte daher die Unteilbarkeit der unbeweglichen Güter ein: den Eltern stund es völlig frei, welchem von ihren Söhnen oder Töchtern sie solche zuwenden wollten; nur wenn sie selbst keinen ernanten, so ward der Aelteste der Erbe. Die Absicht hiebei war, teils die Familien bei Kräften zu erhalten, teils die jüngern erblosen Brüder so wie in England zu zwingen, daß sie in Dienste gehen. Diesen jüngern wurde daher zugleich verboten, sich Güter anzukaufen, wenn sie nicht einige Jahre gedienet hatten. Der gänzlichen Erlöschung der Familien kam Peter dadurch vor, daß er befal, wenn von dem ganzen Hause nur noch eine Tochter übrig wäre: so sollte diese das Gut ihrem Bräutigame zubringen dürfen; doch solle alsdenn der Bräutigam gehalten seyn, den Familien-Namen seiner Braut

Bräut seinem eigenen beizufügen. Beispiele hievon sind die *Golovkin - Komandorovskij*, *Balk-Polev*, und viele andre. (Allein weil die freie Wal der Eltern Unordnungen und Kabalen in den Familien anrichtete: so hob die Kaiserin Anna im J. 1731 solche auf, und setzte die Erbfolge wieder auf den alten Fuß).

§. 6.

A. 1714 den 24 Decemb. ließ er eine merkwürdige Ukase wider die Bestechung der Richter ergehen. Seit dem die Mängel der Uloshenie so sichtbar geworden waren, wurde alle Gerechtigkeit verkauft. Diß hatte so gar auf die Statsangelegenheiten einen nachteiligen Einfluß. Peter verbot daher den Gerichtsbedienten, bei Strafe des Todes und der Confiscation ihrer Güter, nicht das geringste von den Parteien zu nemen, sondern mit ihrer Besoldung zufrieden zu seyn. (Noch jetzo muß jeder, der auch nur das geringste Amt bekommt, diese Verordnung beim Antritte eigenhändig unterschreiben). Eben die Strafe ward auch Parteien gedrohet, wenn sie bestechen wollten. — Im J. 1716 verbot er den Richtern, gar nichts bei sich zu Hause, sondern alles an den bestimmten öffentlichen Orten, abzuthun. Im J. 1721 befal er, diese Verordnung umständlich zu erläutern, und dem neuen Codex einzuverleiben.

A. 1714

A. 1714 ergiengen noch eine Menge andrer Ukasen: über die Mittel, die Abtuung der Processe zu beschleunigen; über den Verhaft der Missetäter; über die Mittel, die Straßenräuber auszuspähen und ihrer habhaft zu werden; über die Denunciationen; über das Verfaren gegen die des Verbrechens der beleidigten Majestät Schuldige; über das crimen peculatus; über die Ausschließung der Wanwitzigen von der Erbfolge und dem Ehestande, nachdem sie vorher im Senat examiniret worden; über die gezwungenen Ehen der Kinder und Leibeigenen ꝛc. Besonders wurden die Richter ermahnt, vor allen Dingen auf eine Reform des Criminalwesens zu denken.

§. 7.

Peters Vorsatz war, das Justizwesen in seinem Reiche völlig auf den Fuß zu setzen, wie es in andern europäischen Staten war. Diese große Absicht ließ er im J. 1718 kund werden. Er hatte Schweden zum Muster erwält, und daher in Stockholm alle dahin gehörige Verordnungen abschreiben lassen. Nach diesem Muster schaffe er die alten Prikasen ab, und errichtete statt deren 10 Regierungscollegia: das Collegium 1. der auswärtigen Affairen, 2. das Kriegs-, 3. Admiralitäts-, 4. Finanz-, 5. Justiz-, 6. Revisions-, 7. Commerz-, 8. Berg-, 9. Manufacturcollegium, und 10. das Statscomtoir. Hiezu kamen nachher noch die Synode,

Synode, und der Magistrat. Er bestimmte die Geschäffte, die für jedes Collegium gehören sollten, und die Anzal der Personen, aus denen es bestehen sollte. Damit die Präsidenten nicht mehr so viel Macht hätten, wie die Richter in den alten Prikasen, sondern alles mit Einwilligung ihres Collegii thäten, publicirte er kurz nachher das General-Reglement, das noch jetzo ein Grundgesetz ist.

Zugleich schickte er Kommissarien nach Deutschland und andern Ländern aus, um überall Leute zu engagiren, die in diesen Collegien sitzen könnten. Auch den gefangenen Schweden erteilte er diese Erlaubniß, wenn welche waren, die die Geschäffte eines Collegii und dabei die Rußische Sprache verstunden. Alles in der Absicht, damit aus Russen und Ausländern Ein Volk würde, und durch die Vermischung jene sich allmälich nach den Anstalten der letztern, diese aber nach den Landessitten, so viel bildeten, als das Beste des Reichs erfoderte.

Jedes Collegium erhielt noch seine besondre Instruction.

§. 8.

Aus dem Adel wollte er eine Pflanzschule von Mitgliedern dieser neuen Collegien ziehen. Bei jedem befal er daher, eine gesetzte Anzal junger Edelleute einzuschreiben, und sie stuffenweise alle Be-

Beyl. I.   B b   die-

dienungen, von der untersten an, durchgehen zu lassen, bis sie Sekretärs und Richter werden könnten. Die Bürgerlichen schloß er aus; es wäre dann, daß sie sich außerordentlich hervortäten. Diß war ein neuer Sporn für den Adel so wohl als Mittelstand.

Vormals hatte der Rußische Adel weder die Erziehung noch die Sentimens, wie nun. Der Name ihrer Vorfaren war ihr ganzes Verdienst: kaum konnten sie lesen und schreiben. Aber Peter erkannte keinen Adel mehr, als der sich auf Tugend gründete: er stürzte diesen unzeitigen Stolz, setzte das Verdienst über die Geburt, und teilte Aemter nach Geschicklichkeit aus. So schuf er einen neuen Adel, indem er einen neuen Weg zur Ehre eröffnete.

§. 9.

Auch in den Provinzen setzte er Richter und Gerichtshöfe zur Verwaltung der Justiz. Bei Appellationen giengen die Sachen an das Gouvernement, von dar an das Justizcollegium, und dann an den Senat, als den letzten Richter.

Peter befal daher durch eine eigne Ukase, niemand solle sich bei Dingen, die an die Collegia gehörten, an den Kaiser selbst wenden, sondern wenn die Sache bis an den Senat gebracht worden, solle man sich dabei beruhigen. Würde einer den Kai-
-- ser

ser selbst angehen, und nachher doch befunden werden, daß er eine ungerechte Sache habe: so solle ein solcher am Leben gestraft werden, weil er den Respect gegen ein Collegium verletzet, in dem der Kaiser selbsten präsidirte. Beträfe aber des Klägers Sache etwas, das durch Gesetze noch nicht entschieden war: so solle sich der Senat an den Kaiser wenden, und nach dessen Befelen decidiren. Um vollends alle Schwierigkeiten zu überwinden, die die Kläger bei dieser Einrichtung finden können, setzte er einen General-Requetenmeister, dem er aufs pünctlichste vorschrieb, allen denen, die sich über die Untergerichte beschwerten, eine promte Justiz angedeihen zu lassen.

Peter ließ sich sonst vom Geringsten seiner Unterthanen sehr leichte sprechen. Aber damals war er noch in Kriege verwickelt, im Stat waren lauter neue Einrichtungen gemacht, die Klagen waren gemeiniglich ungegründet, und rührten aus bloßem Mißverständnisse her: wie konnte er sich unter solchen Umständen allen preis geben?

§. 10.

Bisher hatte sich der Monarch bloß dahin eingeschränkt, die Uloshenie wieder in ihre Kraft zu setzen: allein in eben dem Jahre befal er, zur Verfertigung eines neuen Gesetzbuchs zu schreiten. Die Grundlage davon sollte die Ulosheine nebst den

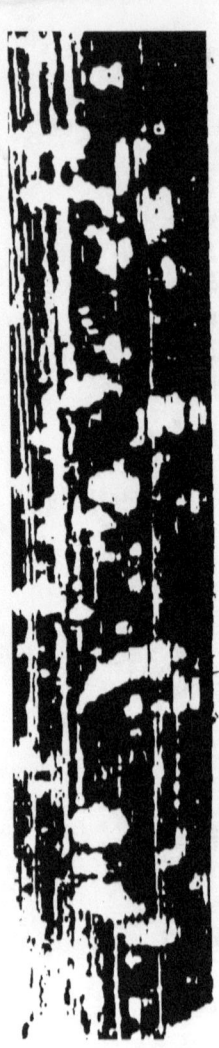

nach der Zeit ergangenen Verordnungen seyn. Diese sollten nach gewissen Artikeln rangirt, und am Rande jeden Artikels dasjenige beigefügt werden, was die Schwedischen Gesetze, und was in Ansehung der Lehen die livländischen und Estländischen Gesetze verordneten.

Zu dem Ende errichtete er aus den Mitgliedern verschiedener Collegien eine **Commißion**, die unter der Direction eines Senateurs daran arbeiten, und sorgfältig untersuchen sollte, welche Gesetze für Rußland die schicklichsten wären, um dadurch das Leere der alten Rußischen Gesetze auszufüllen, und dem neuen Gesetzbuche die gehörige Weite zu geben, jedoch ohne sich von der Ordnung des alten zu entfernen.

Zugleich befal er dieser Commißion, alles das, worüber sie einig geworden, dem Senat allmäßig vorzulegen, und so viel möglich dafür zu sorgen, daß der neue Codex in einigen Jaren fertig würde.

§. II.

Wärend dessen, daß die Commißion beschäfftigt war, den Willen des Kaisers zu vollstrecken, that er selbst neue Versuche, diese Arbeit zu unterstützen. Sonderlich bemühte er sich, solche Richter zu bilden, die jederzeit ohne Eigennutz dem Reglement aufs genauste folgten. Durch eine

Ukase

Ukase vom J. 1722 verpflichtete er bei Lebensstrafe alle Tribunale, diese Gesetze nicht nach ihrer Phantasei auszulegen, sondern sie buchstäblich zu befolgen, und ihre Zweifel, falls sich einige mit Grunde äußerten, allemal dem Senate vorzulegen, der bevollmächtiget wurde, sie zu entscheiden, und die Bestätigung darüber von dem Kaiser einzuholen. Und damit keiner seine Unwissenheit vorschützen konnte; so befal er, diese Verordnung auf ein Bret zu heften, und sie in Form eines Spiegels auf den Tisch vor die Augen der Richter hin zu setzen. (Diß geschiehet noch auf den heutigen Tag bei allen Rußischen Reichsgerichten).

Da ihm auch nicht unbekant war, daß sich die Richter sehr oft auf die Rapporte ihrer Sekretäre verließen, diese aber solche Confidenz zu ihrem Vorteile mißbrauchten: so befal er den Richtern, die Rechte des Reichs selbst genau zu studiren, damit sie bei Aburteilung der Sachen ihren eigenen Einsichten folgen könnten.

Durch eine andre Ukase bestimmte er, wie Richter gegen Kläger, und diese gegen jene zu verfaren hätten, damit alles mit Ordnung geschehe, und das Recht gleichsam unter den Augen der Gottheit gesprochen werde.

Die Gesetzcommißion erinnerte er an verschiedene Materien, die in den neuen Codex sollten. Er lerte sie auch die Art, seine vorigen Ukasen in diesem neuen Gesetzbuche aufzuklären, um ihnen merern Umfang zu geben.

In der Ulosheniе waren die Materien sehr übel rangirt. Besonders war das, was den Civil- und Criminalproceß, wie auch was die Tribunale und die Richter betraf, im ganzen Codex hie und da zerstreut; so daß es sehr schwer war, sich darnach zu richten, vornehmlich seitdem die alten Sitten und Gewonheiten sich zu ändern angefangen hatten. Peter publicirte daher im J. 1721 eine neue Proceßordnung, die noch itzo bei allen Justizhöfen zum Grunde liegt. Allein sie war zu kurz, und ließ viele Fälle unerörtert, bei denen also die Richter wieder das alte Gesetzbuch nachschlagen und zu Hülfe nemen mußten. Die Gesetzcommißion sollte daher auch hierinnen etwas besseres schaffen.

§. 13.

Im J. 1722 wollte der Kaiser die Ordnung, die im Senat und den übrigen Gerichtshöfen herrschen sollte, noch höher bringen. Er gab dem Senat, wie in Frankreich üblich ist, einen Generalprocureur, der den Seßionen beiwonen, auf alles,

wachsames Auge haben, und zusehen, daß alles nach den Reichsverordnungen geschehe, dabei für die schleunige Execution der Senatsbefele sorgen, und alles, was dem im Wege stehen könnte, protokolliren sollte. Zugleich bevollmächtigte er ihn, Acht zu geben, daß alle Mitglieder des Senats überhaupt, und jeder besonders, ihre Pflicht erfüllten: wo nicht, so solle er es dem Senat anzeigen, und wenn auch dieses nicht hülfe, den Kaiser selbst davon benachrichtigen. Ihm wurde auch die ganze Kanzlei, mit allen Bedienten bei derselben, seiner Direction untergeben: und selbst der Oberprocureur sollte seine Denunciationen an ihn bringen.

Weil aber diese Geschäffte für Einen Mann zu viel waren: so gab ihm der Kaiser einen Oberprocureur zu, der in allem dessen Gehülfe seyn, und in seiner Abwesenheit seine Stelle vertreten sollte. Beiden wurde noch besonders anbefolen, die noch zweideutigen Gesetze aufzuklären, und die Entscheidung dem Monarchen vorzutragen. Und um besto mehr Ansehen zu haben, sollten sie in Dingen, die ihr Amt betrafen, von niemand als von der Person des Kaisers abhängig seyn.

Nach dem Beispiel des Senats setzte der Kaiser auch in jedes Collegium einen Procureur mit glei-

gleichen Pflichten. Diese sollten, wo etwas wider
die Gesetze geschähe, es dem Generalprocureur
melden, dieser aber dem Senat, welcher die Sache abthun sollte.

§. 14.

Nachdem die Gesetzcommißion 5 ganzer Jahre
gearbeitet hatte, fand sie endlich im Jahr 1723,
daß man bisher in die Luft gebaut, und daß es
nicht möglich sei fortzufaren, ohne einen neuen
Plan zu machen. Sie stellte also dem Kaiser
vor, der alte Codex, dessen Ordnung die Commißion gefolget sei, sei so unsystematisch, und die
Materien darinnen so übel rangirt, daß man alles
durch einander schmeißen müßte; es sei daher unumgänglich nötig einen andern Codex zum Muster zu
nemen.

Dieserwegen dispensirte der Kaiser die Commißion, künftig in der Stellung der Materien, die
in den neuen Codex kommen sollten, der Ordnung
der Ulosßenie zu folgen; sie sollte vielmehr das
dänische Gesetzbuch zum Grunde legen: jedoch
sollte sie, so viel möglich, und so viel die heutigen
Sitten und Gebräuche verstatteten, die alten Gesetze menagiren.

Eben wollte die Commißion anfangen, nach
diesem neuen Plane zu arbeiten, als **Peter** starb!
Seine

hien, verbot allen Hofleuten ohne Ausname bei Lebensstrafe, sich unter keinerlei Vorwande weder für noch gegen die Parteien zu interesiren. Eine andre gegen die Bestechung der Richter hatte er schon vorher publicirt.

§. 15.

Peters Nachfolger zeigten vielen Eifer, dessen angefangenes Werk auszufüren: aber ohne Fortgang. Diß war auch kein Wunder: denn wo sollte man Leute finden, die fähig gewesen wären, nach Grundsätzen und Regeln alle Gesetze in ein System zu bringen? Noch mehr, die Commißion überließ alles einigen Secretairs, die zwar den Schlendrian verstunden, aber keine Kenntniß der Rechte hatten.

Allein Elisabeth, immer bemüht, die Schöpfung ihres Vaters zu erhalten und zu vollenden, errichtete im J. 1754 eine neue Commission zur Entwerfung eines neuen Gesetzbuchs. Damals hatte Rußland Leute, die Rechtsgelerte waren, und in den Gerichtshöfen grau geworden. Von diesen wählte man die würdigsten aus. Gleich überreichte die Commißion dem Senate einen Plan, der nachher gedruckt ward, und eines der vollkommensten Werke in Europa verspricht. Drei Teilen sollen itzo (um das J. 1760) von diesem neuen

neuen Gesetzbuche schon fertig seyn: zwei sind bereits von dem Senat gebilliget, und der Kaiserin (Elisabeth) zur Unterzeichnung vorgelegt; auch der vierte und letzte soll dem Verlaut nach bald nachfolgen.

Der Krieg hat in den meisten politischen Anstalten ein Stocken gemacht. Allein hoffentlich wird nun bald geschehen, was die Nation wünscht, was allein allen andern Anstalten Leben und Dauer geben, und den Namen Elisabeth * verewigen kann.

* Siehe die kurze Anmerkung zu nächstvorhergehenden Abhandlung.

VIII.
Zur Geschichte
des
Theaters
in Rußland.

Aus den noch ungedruckten *Mémoires pour servir à l'Histoire des beaux arts en Russie* des Rußisch-kaiserlichen Statsraths und Sekretärs der Petersburgischen Akademie der Wissenschaften Hrn. Jakob von Stählin.

VIII.
Zur Geschichte des
Theaters in Rußland.

I.

Vor **Peters** des Großen Zeiten ist von der Schauspielkunst in Rußland weiter nichts bekannt, als daß in der Ukraine, oder eigentlich in Kiev, wie auch zu Moskau, in einigen Klöstern, manchmal ein kleines irreguläres Schauspiel, oder vielmer ein Actus Oratorius von einer biblischen Geschichte, nach Jesuiterart, von den Seminaristen oder Studenten aufgeführet worden. Dergleichen wurde noch zu unsern Zeiten, nämlich 1743, zu Novgorod bei der dasigen Klosterschule auf der Kaiserin Geburts- oder Namensfest vorgestellt.

In Peters I. Jugend wurden in **Ikonospaßkoj** Kloster manchmal geistliche, auch aus dem Französischen übersetzte Komödien im Slavonischen Kirchenstyl aufgeführt: z. Ex. le Médecin malgré lui, geistliche Geschichte ꝛc. Auch die Prinzeßin So=

Sophia, und mit ihr Cavaliers und Fräulein aus den vornemsten Familien, spielten.

Zu Rostov ließ der Metropolit **Dmitri Rostovski** öfters geistliche Schauspiele von seiner eignen Composition in Versen, in der *Kreſtowa* (dem großen Kreuzsale oder Bettzimmer) in des Archierejen Wonung aufführen. Die bekanntesten Stücke sind:

der **Sünder**, ein allegorisches Stück.

Ehſter und Ahasverus, wurde auf Verlangen der Kaiserin Elisabeth in der großen Fasten auf der Hofschaubühne aufgeführt.

die **Geburt Chriſti**. Maria war dabei nur im Gemälde, nicht in Figur.

Die Auferstehung Christi, mit sehr allegorischen Episoden.

Die **Chirurgischen Discipel** im Hospitale zu Moskau spielten in der Butterwoche, oder im Russischen Carneval, auch wohl zu andern Zeiten, eine Art von Komödien auf dem Hospitalsale, den sie mit spanischen Wänden zu Scenen und zu einer Schaubühne einrichteten. Ich habe im J. 1742 in Moskau eine solche Komödie, die was vom Tamerlan vorstellen sollte, mit angesehen, die nicht grotesquer seyn konnte. In der deutschen Slobode zu Moskau war die allgemeine Rede, diese Chirurgischen Discipel unter dem Leibmedicus **Blumendroſt**

drost hätten einst ein biblisches Stück, und darinn die Verkündigung Mariä in Rußischer Sprache vorgestellt, wobei die Mutter Gottes dem Engel auf seine Verkündigung in vollem Zorn geantwortet: ob er sie für eine — hielte, daß er ihr vom Schwangerwerden vorplauderte? er möchte sie nur bald wegpacken, oder sie wolle ihn segen 2c.

Dergleichen und fast noch erbärmlichere Komödien habe ich auch in der Butterwoche von den Stallknechten des Kaiserl. Stalls zu Petersburg auf einem mit Matten verkleideten Heuboden aufführen sehen; wie auch zu eben derselben Zeit in einem unausgebauten Hause. Alle Jare in der Butterwoche, sonst auch in den Weihnachtsfeiertagen, werden von dergleichen Leuten für das gemeine Volk zum Abendzeitvertreib dergleichen *Sottises théatrales* aufgeführt. Sie haben keinen gewissen Plaß oder Schaubühne, sondern bald da bald dort. Mit anbrechender Nacht hängen sie eine papierne Laterne zum Dachfenster heraus, und lassen ein Par elende Waldhörner dabei blasen, um anzuzeigen, daß denselben Abend *Igriſczy*, Lustspiele, daselbst gehalten werden. Von den Zuschauern giebt die Person etwa 1, 2 biß 4 Kopejken, um ein par Stunden lang allen möglichen Unsinn und Grobheiten mit anzusehen und anzuhören.

II. Schon

II.

Schon zu **Peters** I. Zeiten stellte sich eine Bande deutscher Komödianten, unter einem Meister **Mann** genannt, in Petersburg ein; die eine Schaubühne an der Mojka hielte, und mit ihren ziemlich elenden Schauspielen dennoch guten Zulauf hatte.

Einst am ersten April mußten sie ihren **Zettel** auch öffentlich anschlagen, und dem Publico melden, daß sie diesen Tag ein besonders merk- und sehenswürdiges Stück aufführen würden. Es versammlete sich eine große Menge Zuschauer; wie nun die Action angehen sollte, mußten sich auf des Kaisers Befel die Komödianten in der Stille nach Hause begeben; unter voller Musik aber wurde der Vorhang aufgezogen, und nichts als eine weiße illuminirte Wand vorgestellt, auf der mit großen Buchstaben geschrieben stund: **heut ist der erste April.**

Unter der Kaiserin **Anna** 1730 kam Sig. Cosimo und seine Frau aus Dresden anher, vom König August hergeliehen, und spielten bei Hofe Italienische Intermezzi. Sie wurden eigentlich zu den Krönungsfestivitäten der Kaiserin Anna im J. 1730 nach Moskau geschickt. Mit ihnen kam auch **Verocai**, Premier-Violin, und ein Par andre; wie auch Sig. **Gasparo**, ein Venetianer als Violoncello. Verocai's Frau, eine Tochter

des

meisters, sang auch; nicht minder Mad. Davo-
lio aus Maynz, und ihre Schwester, nachmalige
Mad. Friederich, als Frau des großen Bassoni-
sten Friederich, und Kebsweib des Petrillo.
Mit ihm war Mr. Tdpert, ein besserer Hautboist
als Traversist; beide aus Berlin. Obgedachter
Kaiser aus Hamburg war auch allhier, und em-
pfieng Gelder vom Hofe, um außer Landes Virtuo-
sen anzuwerben, blieb aber mit Sack und Pack aus.

Nachmals, A. 1735, wurde eine vollständige
Italienische Komödie verschrieben, die ordentlich
alle Wochen auf dem Hoftheater spielte; nämlich
am Sommerhof in einem hölzernen Komödienhause
im Garten; am Winterhof aber auf einer schönen
Schaubühne, die mit in einen Flügel des Winterpalastes eingebauet war. Die vornemsten Personen dieser Italienischen Komödie waren:

 Sig. Vulcani — Prim' Amoroso.
 — Hermano — Secundo Amoroso.
 — Piva   — Pantaleone.
 — .   — Dottore.
 — Constantini — Arlechino.
 Sig.ᵃ Rosina * — Serva.

          Sig.ᵃ

* Sie war einmal von Dom. Dalloglio schwanger, und
konnte nicht agiren: Sig. Domenico mußte daher für
sie auf dem Hoftheater *Serva* spielen, welches genug
zu lachen gab.

Sig.ᵃ Isabella — Prim' Amorosa.
—   ⸗   — Brighella.

Dabei ward mit Abwechslung in der Woche einmal Intermezzo * Italiano mit vortrefflichen Ballets ** aufgeführt.

A. 1737 ward endlich zum erstenmal eine ganze Italienische Oper eingerichtet, worauf nachmals alle Jare eine neue folgte. Die erste hieß *Abiasare*, von dem Kaiserl. Kapellmeister zu Petersburg, Sig. Araja, einem Neapolitaner, componirt: die andre *Semiramide o'l finto Nino*. Beide wurden Italienisch, und von mir in freien Versen deutsch übersetzt, gedruckt, und bei Hofe ausgeteilt.

III.

A. 1739 wurde die Neuberische deutsche Komödiantenbande aus Leipzig hieher verschrieben. Sie bestand aus der

Mad. Neuberin,
ihrem Manne,
Mr. Koch,

Mr.

---

* Nach Crica kam Perdicci, ein Busso Fiorentino.
** Ballets tanzten damals lauter Kadetten, die Scholaren des Kadettentanzmeisters *Landé* waren. Einer der besten Springer war Tschoglogov, nachmaliger Kammerherr, und ein Par Italienerinnen, als des Arlechins Tochter Antonina Constantini, nachmalige Sossana, und Signora Gjuglia, erste Frau des Balletmeisters Sossano.

Mr. Fabricius,
Mad.lle Buchnerin.

und ein par andern noch nicht ausgelernten Sächsischen Mädchen, deren Aussprache und Geberden nicht viel taugten, und also auch nicht sehr gefielen.

Die Herzogin von Kurland wollte eine deutsche Schaubühne haben, weil sie weder Französisch noch Italienisch verstund: und so nam man diese Gesellschaft mit guter Besoldung in Hofdienste. Der damalige ganz Italienische Oberhofmarschall, Grav Löwenwolde, war den Deutschen überhaupt nicht gut, und diesen deutschen Komödianten am allerwenigsten: sie mußten also manche heimliche Püffe leiden. Der Herzogl. Kurländische Hof aber deckte sie mit Gewalt. — — Zu gleicher Zeit war auch Italienische Oper und Intermezzo bei Hofe.

So bald die Kaiserin Anna 1740 todt, und der Herzog gestürzt war, gieng die deutsche Komödie wieder gänzlich ein. Löwenwolde galt unter der Prinzeßin Anna, da mußte die deutsche Bühne einpacken: und wäre der Sächsische Minister, Grav Lynar, nicht hoch am Bret gewesen; so hätten sich die deutschen Komödianten kaum zum Lande hinaus betteln können. Löwenwolde drückte sie so sehr, daß sie nicht einmal ihr Rückständiges aus dem Hofcomtoir erhalten konnten.

Nun wurde auf Löwenwoldes Veranstaltung und des Balletmeisters *Landé* Besorgung die französische Comödiantenbande des Mr. Duclos aus Kassel oder Hannover verschrieben. Mr. Serigny war auch mit von der Gesellschaft. Die Verschreibung und Bedingungen aber zogen so lange herum, biß die Prinzeßin Anna abgesetzt wurde, und Löwenwolde nach Sibirien reißte.

Bei der Krönung der Kaiserin Elisabeth wurde unter andern prächtigen Festivitäen in Moskau auch ein großes Opernhaus auf dem hohen Ufer der Jausa erbaut, und unter meiner Besorgung eine Italienische Oper, *Clemenza di Tito*, mit einem von mir angegebenen Prologo: *la Rußia afflitta e riconsolata*, aufgeführt. — Der Kapellmeister Araja war eben nicht hier, sondern annoch in Italien, allwo er auf Verschickung des vormaligen Oberhofmarschalls Löwenwolde neue Operisten und Musicanten annemen sollte. Auf sein Vermelden an den Prinzen von Hessen-Homburg, als Oberdirecteur der Italiener, wurde ihm die Bestätigung seiner aufhabenden Commißionen überschickt. — Unterdessen wurde die Oper und der Prolog, den Domenico dal Oglio componirte, von folgenden Personen aufgeführt, nämlich

 Catharina Giorgi }
 Filippo Giorgi, ihr Mann } aus Bologna
 Morigi, Castrato aus Florenz,

Ro-

Rosina Bon, la Buffa
Crighi, oder Crichi, Buffo.

Die Schüler aus *Suchvrowa Baschna* (der Schule der Mathematik und Artillerie) lauter junge Edelleute oder Kadetten, machten in Moskau, so wie die Kadetten in Petersburg, die stummen Personen aus. Die Hofkirchensänger sangen die Italienischen Cori im Orchester mit solchem Erfolg, daß die fremden Gesandten gestehen mußten, sie hätten weder in Italien noch Frankreich schönere und stärkere Cori je gehört. Gerolamo Bon, der unter der Kaiserin Anna schon seit der ersten Oper die Scenen gemalt hatte, machte nun zum letztenmale die Decorationen. *Landé*, als Balletmeister, führte mit Rußischen Mädchen und Knaben, die auf Kosten des Hofs bei ihm gelernt hatten, und meistens Kinder von Kaiserlichen Stallknechten waren, schöne Ballete auf. —— —— Nach dieser Oper kam Araja aus Italien zurück, und mit ihm ein neuer Kastrat Saletti, ein neuer Ingeniere di Theatro, oder Theatralmaler Valeriani aus Rom, ein Hautboist aus Florenz Stazzi, und einige Violinisten Vacari, Tito und Passarini, gute Ripienisten.

Das Jar darauf, als der Hof zurück nach Petersburg gekommen war, kam die französische Komödiantenbande, so ehemals unter Mr. Du Clos gestanden, dennoch in hiesige Dienste an:

und weil Mr. Du Clos ausblieb, so war Mr. de Serigny der Entrépreneur. Mit diesem schloß der Hof einen Contract, überhaupt für 25000 Rubel järlich eine vollständige Französische Komödie zu unterhalten. Dazu verlangte er nichts, als das Hoftheater, Lichter, Musik und die Decorationen: die Kleider und alles übrige sollte auf seine Kosten gehen. Nebst ihm selbst waren die vornemsten Acteurs Mr. Rosimund, Mr. Presleuri, Mad^{lle}. Presleuri u. a. Und so war der Hof mit einem guten Französischen Theater versehen, auf welchem wöchentlich Tragödien und Komödien wechselsweise mit allem Beifall gespielet wurden. Die Komödianten erschienen niemals anders als in guter Kleidung, mit ächten silbernen und goldnen Tressen: dazu bekommen sie von den Vornemsten des Hofs manch schönes und kaum einmal getragenes Kleid geschenkt.

Die Franzosen spielten erstlich auf der kleinen Schaubühne auf dem Nebenhof des neuen Winterpalastes, woselbst der Herzog von Kurland seine Reitbahn gehabt hatte. Nachmals ward aus dem großen hölzernen Manege bei Kasanski eine Hofschaubühne sowol zu Opern als zu Komödien gebaut. Als dieselbe in Abwesenheit des Hofs A. 1749 durch Verwarlosung der besoffenen Soldatenwache in der H. Nikolainacht den 6 Decbr. abgebrannt war, wurde beim Sommerhof am Kanal
eine

eine Hofschaubühne leicht und luftig erbaut. Darauf spielte man Opern, Komödien und Intermezzen, letztere durch Sig. Compassi aus Florenz, und Sig.ª Nunziata. Indessen mußte Valeriani einen Entwurf zu einem großen steinernen Opernhaus zeichnen, der von der Kaiserin auch gut geheissen worden. Nur wußte man im J. 1756 noch nicht, wohin damit, oder wo es am süglichsten zu erbauen seyn möchte.

In Peterhof war ein kleines Hoftheater schon von der Kaiserin Anna erbaut. Unter der Elisabeth ward dasselbe vergrößert und verschönert. Darauf wurden Italienische Intermezzen und Französische Komödien wechselsweise, jedoch nur bei Regen- oder ungestümen Wetter, gespielt.

A. 1748 und 1749 hielt sich die nachmals in Hamburg und Berlin bekannt gewordene Ackermannische Schauspielergesellschaft zu Petersburg auf, und spielte auf einem selbst errichteten Stadttheater mit ziemlichem Beifalle.

IV. Rußische Schaubühne.

Einige Kadetten in Petersburg, Melissino, Piketov, Swisdunov und Osterwald übten sich für sich im Declamiren, und lernten eine Französische Tragödie auswendig, nachher auch eine in Rußischen Versen von Sumarokov. Das Gerüchte davon kam nach Hof: sie mußten bei Hofe

auf einem kleinen Theater vor der Kaiserin agiren, und fanden Beifall. Seit der Zeit arbeiteten Sumarokov und Lomonossov in die Wette Rußische Tragödien, und zuweilen auch eine Komödie aus.

Eine zweite Rußische Schaubühne öffnete sich um eben diese Zeit in Jaroslav. Fedor Grigorj Wolkov, eines Kaufmanns in Jaroslav wolerzogener Sohn, der zu Moskau fertig Deutsch gelernt hatte, ward etwa um das J. 1748 zu Petersburg mit Ackermann, Scolari und Hilferding bekannt, und frequentirte aus natürlicher Neigung ihre Schaubühne. Bei seiner Zurückkunft nach Jaroslav errichtete er in seines Vaters Hause in einem großen Zimmer eine Schaubühne, mahlte sie selbst; und formirte sich die erste Truppe aus seinen 4 Brüdern; 2 Popov, Mitrevski und Ikonilov. Sie spielten anfangs geistliche Stücke von dem Archierej Dmitri von Rostov; hernach tragische von Sumarokov und Lomonossov; und etliche komische Stücke von ihrer eigenen Composition, Satyren auf die Jaroslavischen Einwoner und dergl. Endlich baute sich Wolkov im J. 1750 ein eigenes Theater auf einem eigen dazu gekauften Platze: zum Bau der Bühne gab der benachbarte Adel Geld her. Seitdem führten sie ihre Stücke für Geld auf. Die Gesellschaft verstärkte sich durch Bucharin, Diakonov, Skotschkov und andre von allerhand Stande, Edelleute, Sekretäre, Registratore rc. Die

Die Kaiserin hörte davon, und ließ A. 1752 die ganze Truppe nach Petersburg kommen. Sie spielten öfters zu Sarskoje Selo, und auf der Hofschaubühne. Da fieng man an, auf eine reguläre Rußische Schaubühne zu denken. Man behielt die vier vornemsten Acteurs, die beiden Wolkov, Mitrevski und Popov, und gab sie 4 Jare ins Kadettencorps zu lernen. Die ehemaligen Kadettenacteurs, Melissino, Osterwald und Swisbunov exercirten sie manchmal im Declamiren. Im Golovkinischen Hause auf Wasili-Ostrov hatte man für sie eine kleine Schaubühne eingerichtet, wo sie teils Rußische Originalstücke, teils Uebersetzungen aus dem Deutschen aufführten.

A. 1756 kam auf Betrieb des damaligen Obersten Alexander Sumarokov das förmliche Rußische Theater zu Stande. Ihm ward die Direction davon und die Instruction der Acteurs aufgetragen, wofür er außer seinem anderweitigen Gehalt noch järlich 1000 Rubel bekam. Auch gab die Kaiserin järlich 5000 Rubel zur Besoldung der Komödianten, welche waren:

Fedor Wolkov
Grejorej Wolkov } aus Jaroslav.
Mitrevski
Popov

Ec 5   Schumskij

Schumſkij } aus der Ukraine.
Setſchkarov

Mad.^{lle} Puſchkin, nachmals Mad. Mitrevſka, aus Moſkau.

Zwei Schweſtern **Maria** und **Olga**, Töchter von einem Petersburgiſchen Civilbedienten, nachher verheiratet an Grigor. **Wolkov** und **Schumſkij**.

Vorhin hatten ſie zuweilen im Winter auf der Schaubühne in obgedachtem Golovkiniſchen Hauſe geſpielt, jedoch mit nicht großem Zulaufe. A: 1757 aber wurde ihnen erlaubt, auf der Hofſchaubühne bei dem Sommerhof alle Donnerſtage * öffentlich für Geld, das in die Kaſſe mit zu den 5000 Rubeln kam, Komödien und Tragödien aufzuführen. Der Hof gab ihnen frei Licht, Muſik, Kleider ꝛc., und ſie fanden ſowol der Kaiſerin Gefallen, als der häufigen Zuſchauer faſt allgemeinen Beifall.

Im J. 1759 privilegirte die Kaiſerin, auch zu Moſkau eine Rußiſche Schaubühne aufzurichten. Dieſe dauerte aber nur zwei Jare. Auf derſelben ſpielten

Troe-

* An einer andern Stelle in meinen Memoires ſtehet: zweimal wöchentlich. Eben ſo wird anderswo das J. 1757, nicht 1756, als das Stiftungsjar der Rußiſchen Schaubühne angegeben. Diß ſind Kleinigkeiten, die künftig berichtigt werden können. Haigold.

Troepolski, aus Moskau

dessen Frau,

Puschkin, aus Moskau, und

etliche Studenten der Universität

Wie diese Bühne in Moskau wider eingieng, wurden die zwei besten Actricen davon, Mad. Troepolska und Michajlowa, aus Moskau, zur Petersburgischen genommen.

Nach drei Jaren legte ihnen die Kaiserin noch 3000 Rubel zu: seitdem spielten sie nicht mehr für Geld, sondern allein auf dem Hoftheater.

Um diese Zeit kam Sumarokov, der Stifter des Rußischen Theaters, auf sein Verlangen von der Direction desselben ab, und erhielt 2000 Rubel Pension. Nachher stund das Commando bei dem Oberhofmarschall.

Die meisten Stücke, die gespielt wurden, waren: Sumarokov's Tragödien, Komödien, und Nachspiele auch Uebersetzungen aus dem Moliere und andern Franzosen. Lomonossovs Stücke werden wenig oder gar nicht mehr gespielt, weil sie nicht theatralisch genug sind.

Unter Katharina II. blieb alles auf dem alten Fuße. Zur Krönung 1762 gieng das Rußische Theater mit nach Moskau, und spielte wöchentlich einmal auf dem Hoftheater. — Hier starb Fedor Wolkov im Frühjahre 1763. Er war der vornemste und beste Acteur: er spielte gleich stark

im

im Tragischen und Komischen; sein Character aber war im Heftigen (furieux). Er gab den Mascarade Aufzug zu Moskau in der Butterwoche an, und starb kurz darauf in einem Alter von etlichen und 20 Jahren. Tshemißew, ein wolgeratener Schüler des berlinischen Kupferstechers Schmidt, der von 1758 bis 1763 zu Peterburg in Diensten der Akad. der Wissensch. gestanden, hat sein Portrait sehr gut in Kupfer gestochen. Im J. 1762 adelte ihn die Kaiserin nebst seinem Bruder Grigorej Wolkov, und schenkte beiden 700 Bauren im Moskovischen. Dieser Grigorej Wolkov verließ nach einiger Zeit das Theater, und wurde Rath im Kammerzalmeisteramte.

Die Kaiserin schenkte an jede Actrice 6, und an jeden Acteur 3 prächtige Kleider; und A. 1767 legte sie noch eine Vermerung von etlichen 1000 Rubeln zu, so daß das Rußische Theater nun an Gagen 11000 Rubel hat, die Quartirgelder mit eingerechnet. Der Cabinetssekretär Jelagin ward Maitre des Plaisirs, und folglich Director dieser Schaubühne.

V.

Von der Rußischen Schaubühne keren wir zur übrigen Theatergeschichte zurück. A. 1757 erschien auch die vom Senat schon seit 1745 privilegierte deutsche Bande, unter dem Directorio des Pantalons

des Theaters in Rußland. 413

lons Helferting und des Arlequins Scolari, auf ihrer eigenen Schaubühne in der Morskoj.

So bald die italienische Opera Burlesque hier mode worden war: so war es vollends aus mit der ohnehin sehr schlecht gewordenen deutschen Komödie, die von niemand mehr als Laquaien und Pöbel besucht ward. Da sie sich nun weiter nicht in Petersburg fortbringen konnte: zog sie nach Reval auf den Landtag, und belustigte den Landadel.

Den Herbst über ließ anf eben dieser Bühne ein englischer Springer, Balancirer, und Positurenmacher die Woche zweimal sehen. Er wurde mit Recht als der größte Springer bewundert, der jemals bekannt worden. Ueber 12 hinter einander gestellte Mann, deren einer doch einen Jungen auf den Schultern trug, sprang er die Länge hinüber, drehte sich mitten über demselben in der Luft um, kann mit der größten Leichtigkeit und Accuratesse auf beiden Füßen zu stehen: desgleichen über 10 Mann mit empor gehaltenen bloßen Degen; ferner über 4 Mann, die zu Pferde saßen. Er legte sich auf den Bauch, und schnellte sich wie ein Fisch in die Luft, rücklings und vorwärts, und kerte sich im Sprung noch um ic. Seine Frau, eine Französin, klein von Person, wieß die künstlichsten Balancirstücke: z. Ex. sie stellte sich mit dem Kopf auf die Spitze einer frei stehenden Hellebarde, auf die sie einen Rubel unterlegte, hielt die Beine und

den

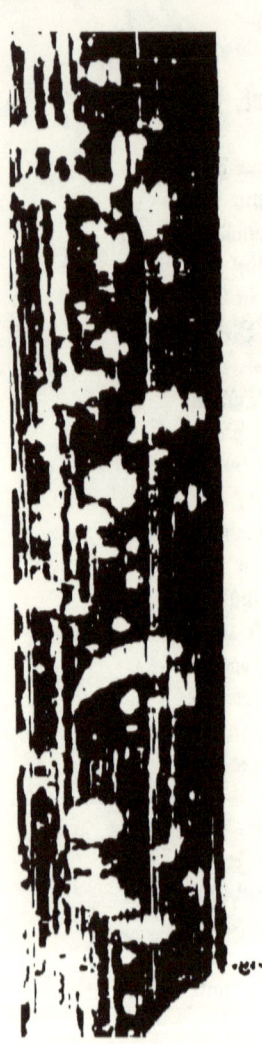

den ganzen Leib frei in die Luft, und drehte sich mit den Händen, womit sie die Hellebarde hielt, auf derselben rings um; ja sie brauchte dazu manchmal nur Eine Hand, und mit der andern faßte sie ein Gläschen Wein, das sie in solcher Positur austrank. Ein gleiches tat sie auch auf 3, 4, und mehr über einander gestellten Stülen. — Zum Nachspiel gaben diese beide Leute allemal ein kurzes Pantomim, wobei sie ihre Sprünge und Posituren anzubringen wußten. Der Platz auf der Galerie kostete 1 Rub., das Parterre 50 Kop., die Hinterplätze 25 Kop. Die Kaiserin war selbst ein paarmal incognito darinnen, und schenkte ihm 600 Rubel.

VI.

Im Herbst 1757 kam für den Hof eine Italienische *Opera buffa* unter der Direction des Hrn. Giovanni Battista Locatelli über Wien, von dar sie der Graf Kayserling recommendirt und engagirt hatte, aus Italien an. Die vornemsten Personen, woraus sie bestund, waren:

Sig.ª Maria Camati detta la Farinella.
Rosa Costa.
Giovanna Locatelli detta la Stella.
Sig. Andrea Elia Ehrhardt
Sig.ª Giovanna Vigna.
A. 1758 kamen noch dazu
Sig. Buini, ein trefflicher Tenor, und

Seine

Maßi, ein junger Kaſtrat.

Der Hof hatte mit Locatelli eine gewiſſe Summe überhaupt accordirt, um für den Hof alle Wochen einmal zu ſpielen; dabei durfte er aber die Woche ein parmal für das Publicum um Geld auf eben demſelben Hoftheater ſpielen. — Das erſte Stück, ſo auf dem Sommerſchauplatze den 3ten Decbr. aufgeführt worden (denn das bei dem Interims- hölzernen Winterhofe neu erbaute Theater ward annoch inwendig nicht in vollem Stande und allzufeucht befunden), war eine ſerieuſe Paſtorale, ſo in Italieniſcher, Franzöſicher und Rußiſcher Sprache, unter folgendem Titel gedruckt worden:

Il retiro degli Dei, compoſizione Dramatica, che introduce un Ballo di Deità maritime, da rappreſentarſi ſul Theatro di Corte il di XXV. Novembre, per feſteggiare il glorio ſo gjorno dell' awenimento al Trono di S. M. l^{le} Eliſabetta I. Imperatrice &c.
„La Poeſia del Sig. *Giovanni Battiſta Locatelli*,
„Direttore dell' Opera Buffa, e dal ſudetto fù
„poſta in Scena à S. Petroburgo 1757.

Dabei waren vortreffliche Ballets von der Invention des Sig. Saco.

Nachmals ward Jahr aus Jahr ein die Woche dreimal Opera Buffa öffentlich geſpielt. Die Kaiſerin war ſehr oft, aber allezeit incognito, in einer

ober

oder anderer von ihren Logen, und schenkte dem Locatelli das erste Jar 5000 Rubel. Die vornemsten Herrschaften namen sich Logen zu 300 Rubeln järlich, und putzten sie mit Tapeten und Spiegeln nach Gefallen aus. Andre zalten 1 Rub. für die Entree in Parterre, und konnten dabei im Pelz oder ohne Pelz stehen, sitzen, kommen, und gehen, wenn sie wollten.

Weil nun diese Italienische Opera Buffa allgemeinen Beifall fand, und die Zuschauer sich meistens häufig einstellten: gedachte Locatelli, noch häufiger müßten sie sich wol in dem noch volkreichern Moskau einfinden. Er reißte also im Winter 1758 mit Erlaubniß des Hofs und Recommendation des Kammerherrn Schuwalov dahin, um auf das Neue Jar 1759 ein großes Opernhaus in der Stadt Moskau zu Stande zu bringen. Dazu hatte er auch besondre Operisten, Musicanten, und Tänzer (als Sig.ª Mantovanina, eine vortreffliche Kammersängerin, und den Kastraten Manfredini, einen der besten seiner Zeit) aus Italien und Deutschland verschrieben, die auch alle nach und nach dahin kamen. Im Jenner 1759 führten sie daselbst die erste Oper mit nicht sehr großem Zulaufe auf. Im Februar schrieb Locatelli schon nach Petersburg, daß er bei so großen aufgewandten Kosten, Gefar liefe, wegen allzu dünnen Zulaufs banquerut zu spielen: doch brachte ihm die Erlaubniß Mascaraben den Schaden wider ziemlich herein. Es währte aber auch dieses nicht lange: die Oper gieng aus einander, und Locatelli machte 1762 Banquerut.

Indessen (1760 und 1761) gieng die Oper zu Petersburg desto besser von statten, zumal da man ein parmal statt eines Nachspiels ein ziemlich starkes Feuerwerk von wechselnden Feuerrädern, Fontainen und Cascaden, nicht ohne Bewunderung und Bangigkeit der Zuschauer, auf der Schaubühne abbrannte. Der Oberfeuerwerker Martinov lieferte die Feuerwerke. Diese waren reichlich mit Limatura Martis versetzt, und die Schaubühne meistens mit Wojloken (grobem Wollentuch) belegt.

Im Herbst 1759, vermutlich zum Namensfeste der Kaiserin, hatte der Director der Rußischen Komödie, der Brigadier Sumarokov, einen Prologo oder Vorspiel in Versen, unter dem Titel die neue Lorber (nach dem Sieg der Russen über die Preußen bei Frankfurt) verfertiget, und den Inhalt davon in drei Sprachen drucken lassen. Die Kaiserin wonte selbst der Hauptprobe bei; allein es wurde nachher nie aufgeführt.

VII.

Das Trauerjahr wegen des Ablebens der Kaiserin Elisabeth 1762 schloß alle Schaubühnen in Rußland. Nach der Krönung der K. Katharina

Beyl. I.   Dd   II.

II. Zu Moskau öffneten sie sich wieder. Auf dem Hoftheater ward die Oper *l'Olimpiada*, auch Rußische Komödien, fast nur allzuoft, bis an die große Fasten 1763, mit erstaunlichem Zulauf der Zuschauer aufgeführt. Die musicalische Composition war von dem Kapellmeister Manfredini; die Auszierung des Theaters von Gradizzi, der bei der neuen Regierung als Hoftheatralmaler angenommen ward; und die Ballets von dem Wienerischen Balletmeister Hilferding.

In der Fastnachtswoche ward bei Hofe auf einem im großen Sale angelegten Theater eine Rußische Tragödie Semira von Sumarokov, und eine Nachkomödie aus Moliere in Rußischer Sprache, von Hofcavaliers und Damen in Gegenwart der Kaiserin und 2 bis 300 Zuschauer, mit wolverdientem Beifall aufgeführt. Die Semira stellte die Gräwin Bruce, geborne Gräfin Rumänzov, und die beiden Hauptpersonen der Graf Grigorej Orlov, Kamerherr und Generaladjutant der Kaiserin, und der Major der Ismajlovischen Garde Raslowlev, ein Ukrainer, vor. Die übrigen zwo Personen machte der Graf Andrej Schuwalov, und die Frau Oberschenkin Anna Nikitishna Narishkin. In der Nachkomödie spielten die beiden kaiserl. Stallmeister Lev Alexander Narishkin, und der Kn. Gagarin, die Hauptrollen; nebst etlichen Fräulein. In dem Ballet, so gleichfalls von lauter Cavaliers und Damen aufgeführt wurde, excellirte die älteste Tochter des Oberhofmarschalls Grafen Sievers, die Gräfin Anna Michajlowna Strogonov geborne Worontzov, die Oberjägermeisterin Maria Pawlowna Narischkin, und der Kammerherr Graf Buturlin. Die Musik im Orchester spielten auch lauter Hofcavaliers.

In den ersten Tagen nach dem Neujahr 1764 wurde auf der neuerbauten Hofschaubühne des kaiserlichen Winter Palastes zum erstenmal eine Italienische Opera aufgeführt, betitelt: Karl der Große. Die eben nicht vortrefflich geratene Poesie hatte der vor kurzen in Hofdienste angenommene Italienische Hofpoet D. Lazaroni allhier verfertiget; die musicalische Composition aber, die mehr künstlich als reizend, und mehr nach dem Kirchen- als Theaterstyl geraten war, der Kapellmeister Manfredini. Die Recitanten waren drei Kastraten Luini, Puttini und Pepino, nebst der Frau Kapellmeisterin Manfredini, ehemaliger Sig.ª Monari, und der Schwägerin des Buffo Compaßi. Die Scenen und Theatraldecorationen, die nicht viel neues oder besonders vorstellten, hatte Grabizzi, und die Ballets Hilferding aufgeführt. Das Orchester regierte auf einem höhern Stul, als die andern Musici hatten, der neue Concertmeister Starzer, ein Wiener. Man vermißte

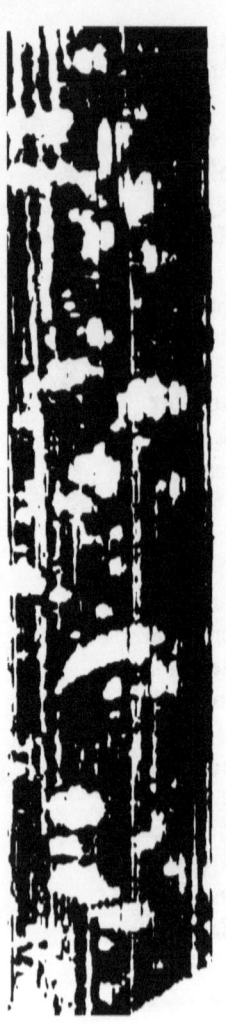

mißte dabei gar sehr den bisherigen großen Violoncellisten Gioseppe Daloglio, der mit seinem durchbringenden Ton den Sängern ganze Accorde vorzustoßen, und sie damit im Ton zu halten pflegte; nun aber, nachdem er und sein Bruder Domenico Abschied genommen hatte, durch einen jungen Russen kümmerlich ersetzt ward, den Peter III. ein par Jahre zu Napoli lernen, aber allzu früh aus der Lehre zurückkommen laßen.

Der Einrichtung aber dieser Neuen Schaubühne, die schon unter der K. Elisabeth von dem Oberarchitect Rastrelli angelegt ward, und nun in aller Eile zu Stand gebracht werden mußte —, felte nichts an Bequemlichkeit, hinlänglicher Sicherheit, und kaiserlicher Pracht. Ueber dem Parterre befinden sich in vier Reihen etliche und 60 Logen, außer den 3 besondern und mit Kabineten versehenen überaus prächtigen Logen für die Kaiserin und den Großfürsten. Im Angesichte aber des ganzen Parterrs und aller Logen, nämlich am Fronton der Schaubühne, ist das von innen illuminirte Zieferblatt einer großen Uhr angebracht, welches den Zuschauern die Stunden und Minuten anzeigt, und sie der bei lang dauernden Schauspielen gewönlichen Bemühung überhebt, die Taschenuhren öfters heraus zu ziehen.

VIII.

Seit dem Anfang des Winters 1763 hatte sich eine deutsche Komödiantenbande, die seit einigen Jahren zu Königsberg, Riga und andern Orten gespielt, allhier eingefunden, und Erlaubniß erhalten, ihre Stadtkomödien aufzuführen. Hiezu miethete sie das unausgebaute Eckhaus des Kammerherren Kn. Golitzyn an der kleinen Morskoj, und spielten wöchentlich viermal auf einer elenden Schaubühne und in armseligem Aufzuge. Es felte ihr deßwegen doch nicht an Zuschauern, zumal an Bürgerleuten, die in die Hofschauspiele nicht kommen. Und da unter andern Hofcavaliers, die zuweilen auch zum Lachen mit dahin kamen, sich einigemal der Kammerherr, Graf Orlov, ja die Kaiserin selbst incognito, daselbst eingefunden: so erweckte der gute Wille dieser Komödianten, ihre armselige Umstände, und die lustige Vorstellung mancher guten Schauspiele, endlich das Mitleiden des Hofs, daß ihnen das verlassene schöne Theater am hölzernen Winterpalaste ohne Entgeld eingeräumt, und über biß die ganze Garderobe desselben geschenkt wurde. Die Kaiserin sagte einst: „diese Komödianten hätten was vorzügliches vor vielen andern: denn da man bei andern kaum hin und wieder einmal zu lachen bekäme, so machten diese dagegen vom Anfange bis zum Ende ihrer Schauspiele über sich selbsten lachen„.

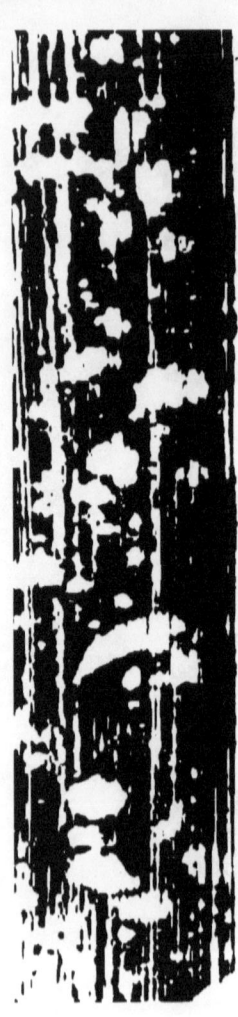

Im Februar 1764 ward die Rußische Tragödie Semira, die im verwichnen Jahre zu Moskau gespielt worden, wiederum zweimal auf der prächtigen Schaubühne des neuen Winterpalastes von eben den Cavaliers und Damen aufgeführt. Hernach folgte ein allegorisches Ballet, Galathee und Acis, worinn der Großfürst, als der Vermälungsgott Hymen, mit erschien, und zur Bezeugung allgemeinen Beifalls und Bewunderung über sein geschicktes und artiges Tanzen, ein fast beständig fortwärendes Händeklatschen bekam.

Auf Befel der Kaiserin ward das ganze Jahr hindurch alle Dienstage und Freitage abwechselnd Französische Komödie, Rußische Komödie, und Italienisches Intermezzo, auf dem neuen Hoftheater gespielt: so gar auch in Abwesenheit des Hofs, da die Kaiserin auf der Reise durch Est- und Livland begriffen war, und der Großfürst wärender Abwesenheit der Kaiserin sich zu Sarskoje Selo aufhielt.

Nach der Widerkunft der Kaiserin traten im ersten Französischen Schauspiele eine neuangekommene Soubrette, Mad.lle ...., und ...., im Julimonate mit allgemeinem Beifall auf.

Im Herbst kam eine neuverschriebene Gesellschaft Französischer Comique-Operisten allhier an. Den 17 Octob. spielte dieselbe auf dem Hoftheater ihr erstes Stück, *la Forge ou le Maréchal fer-*

ferrant, mit ziemlichem Beyfall, zumal derer, die nicht an die Italienischen Opere burlesche gewöhnt sind.

IX.

Die gewönlichen Divertissements oder Winterbelustigungen bei Hofe waren dißmal vom October an, den ganzen Winter über folgendermaßen angeordnet:

Sonntags, Cour

Montags, Französische Komödie

Dienstags, nichts

Mitwochs, Rußische Komödie

Donnerstags, Französische Oper oder Tragödie. (Man durfte hier auch en Masque erscheinen, um von daraus gleich in die Locatellische Mascarade faren zu können.)

Freitags, Mascarade bei Hofe

Sonnabends, nichts.

In der Woche vor der Maslaniza ward bei Hof das Molierische Lustspiel *le Malade imaginaire*, und ein Nachspiel *l'Ami de tout le monde*, beide vom Gardehauptmann Wolkov ins Rußische übersetzt, von Cavaliers und Damen aufgeführt. Die Hauptpersonen, die einen allgemeinen Beifall

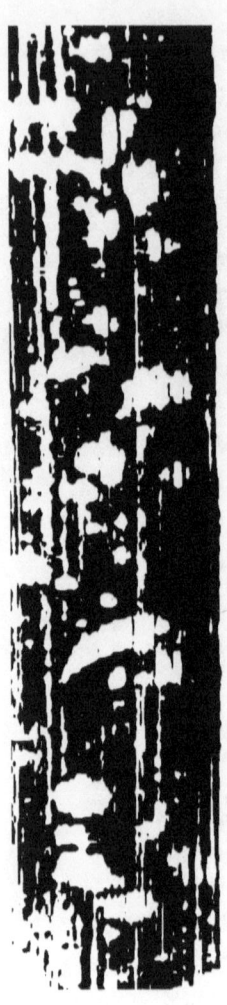

verdienten und erhielten, war der Gardehauptmann Kropotov, der Gardehauptmann Wolkov, der den Kutscher vorstellte, und drei Schwestern Fräulein Bibikov, unter welchen die jüngste, 9 bis 10 Jahre alt, als jüngste Tochter des *Malade imaginaire*, ihre Rolle gar vortrefflich spielte. Im Nachspiel fand der Gardehauptmann Titov und seine Frau mit den Hauptrollen den meisten Beifall. Das darauf erfolgte Ballet von der Angabe des Mr. Grange' ward von lauter Hoffräulein und Cavaliers aufgeführt, wobei die älteste Gräfin Anna Petcowna Scheremetewa, und die Fräulein Chitrowa, ihre Geschicklichkeit vorzüglich sehen ließen. Das Orchester war bei diesen Spielen mit Dilettanti oder Musikliebhabern von Adel besetzt, und dazwischen mit wirklichen Hofmusicis verstärkt.

Auch in des Oberkammerherrn Grafen Scheremetev's Hause ward eine niedliche Schaubühne erbaut, und darauf in Gegenwart der Kaiserin und der vornemsten Standespersonen eine Französische Komödie, *le Philosophe marié*, nebst einer Nachkomödie *les Mœurs du Siècle*, von einer adelichen Gesellschaft gespielt. Die vornemsten Personen bestunden aus den beiden Töchtern und dem Sohn des Oberkammerherrn, den drei Schwestern Gräfinner Czernyschev, dem Kammerjunker

ter Kn. Beloserskij, dem Kammerherrn Grafen Stroganov, dem Obersten Kn. Sczerbatov, und dem königl. Preußischen Minister Grafen Solms. Eine umständliche Nachricht davon ist in einem Artikel der Petersburger Zeitung Num. XII. vom 11ten Febr. 1765 gedruckt worden.

Am letzten Tag der Butter- oder Fastnachtswoche, nämlich am Sonntag den 13ten Februar ward auf der Hofschaubühne das Rußische Trauerspiel Sinav und Truvor wieder von andern Cavaliers und Damen aufgeführt, wie auch eine Rußische Nachkomödie, und ein Ballet. (Um eben diese Zeit las man in ausländischen Zeitungen, daß in der Fastnachtswoche zu Wien ein vortreffliches Italienisches Singspiel von hohen Herrschaften aufgeführt worden sei).

X.

Mit dem Anfang dieses Jahrs hat nach dem Absterben des Deutschen Komödianten Neuhoff (dessen Frau auch noch als Wittwe die beste Actrice war,) der seit Jahr und Tagen allhier mit seinem Mischmasch von guten und elenden Schauspielen und Pantomimen, auf dem ehemaligen Hofschauplatze des hölzernen Winterpalastes, die Bürgerschaft belustigt hatte, der vormalige Arlequin, nachmals Gastwirth zu Krasno-Kabak, Güterverwalter, und Buchhändler Scolari, sich wider

zu den Deutschen Komödianten begeben, und den ziemlich häufigen Zuschauern täglich bis an die große Fasten zu lachen gemacht. Nach der Fasten, schon am Ostermontage, eröffneten diese deutsche Schauspieler ihre Bühne wieder.

In eben der Osterwoche wurde auf dem Brumbergischen Holzplatze an der Mojka eine Rußische ziemlich gemeine Schaubühne aufgerichtet, auf welcher eine, ich weiß nicht woher, gekommene Bande Rußischer Komödianten alle Nachmittage um 4 Uhr unter freiem Himmel eine Komödie spielte. Ein größeres Parterre ist wohl nicht leicht irgends gesehen worden; denn es bestund aus dem ganzen Platze oder freiem Felde, und aus den verschiedenen Haufen aufgeschichteter Breter auf denen der Pöbel, für den eigentlich dieses Schauspiel durch die Freigebigkeit der Kaiserin aufgeführt war, herum wimmelte. Indessen felte es doch auch nicht an vornemen Zuschauern und Zuschauerinnen, die mit ihren sechsspännigen und andern prächtigen Karossen das weite Parterre verengeten. Ueber dieses öffentliche Schauspiel hatte die Polizei die Aufsicht; und jedesmal, wenn gespielt wurde, bekam jeder Komödiant 50 Kop. aus der Polizei bezalt. Die Komödianten sollen Buchdrucker-, Buchbinder- und andere Lehrjungen seyn, die den Abend vorher das aufzuführende Stück mit einander verabreden.

Nach

Des Theaters in Rußland.

Nach Ostern, da die Schaubühnen wieder eröffnet werden, vereinigte sich die deutsche Komödie und die Französische Opera Comique, die bißher nur auf der Hofschaubühne nach der Französischen Komödie gespielt worden war, und spielten wöchentlich 2mal auf der Schaubühne des hölzernen Winterpalastes. Gewönlichermaßen wurde mit einer deutschen Komödie angefangen, und mit der Opera Comique beschlossen: die letztere nam aber bald überhand, daß die erstere endlich selten, und zuletzt immer zwo Opera Comiques auf einmal aufgeführt worden. Die Unkosten und der Gewinn ward in zween gleiche Teile für den privilegirten Komödiendirector Scolari, und die Französischen Comique-Operisten, geteilt. Der Zulauf war so stark, daß gemeiniglich alle Plätze vollgepfropfet erschienen. In den Logen bezalte man 1 Rubel, im Parterre und in der Galerie ½ Rubel, und auf dem Parquet, dem Standplatze zwischen den Bänken und dem Orchester, auch 1 Rubel. — Bei Hofe aber, oder auf dem Hofschauplatze, blieb nur die Italienische *Opera seriosa*, nebst der Französischen und Rußischen Komödie.

Den 15 Sept., etliche Tage nach dem Krönungsfeste der Kaiserin, wurde auf dem Hofschauplatze die in zwei Actus zusammengezogene metastasische Oper, *Il Re pastor*, von des alten Galuppi Composition aufgeführt: jedoch nicht mit so vie-

vielen Beifall, als seine erste Oper *Didone abbandonata**. In dieser Oper ward eine Arie von der Prima Donna Sig.ᵃ Colonna gesungen, die mit Violino Solo accompagnirt wurde, um den letzlich verschriebenen Violinisten Schiari hören zu lassen.

XI.

Diesen Herbst war der erste Acteur der Rußischen Saubühne bei Hofe, Mr. Mitrevskij, der auf Hofskosten sich ein Par Jare zu Paris und London aufgehalten hatte, um die besten Schauspieler zu sehen, und ihnen abzulernen, wieder anhero zurückgekommen. Um nun den Unterschied seiner vormaligen und itzigen Schauspielerkunst zu sehen, ward im Novbr. das Rußische Trauerspiel Sinav und Truwor bei Hofe aufgeführt. Alle Logen, Bänke und Zwischenraume waren dichte voll begieriget

---

* „Von dieser Oper und von dem 1765 an den Rußischen Hof verschriebenen berümten Kapellmeister Hrn. Galuppi, genannt Buranello, (aus der Insel Burano bei Venedig) wird umständlicher in diesen *Mémoires* im Kap. de la Musique gehandelt. von Stählin". — Aber was hilft das mich und das Publicum? Möchte sich doch der Hr. Statsrath gefallen lassen, alle diese *Memoires*, zu Rußlands Ehre und seinem eigenen Ruhm unverweilt an das Komtoir des neuveränderten Rußlands nach Riga einzusenden! Warum sollen diese schätzbare Papiere länger ungebraucht bei ihm liegen, und dereinst Papilloten werden? Haigold.

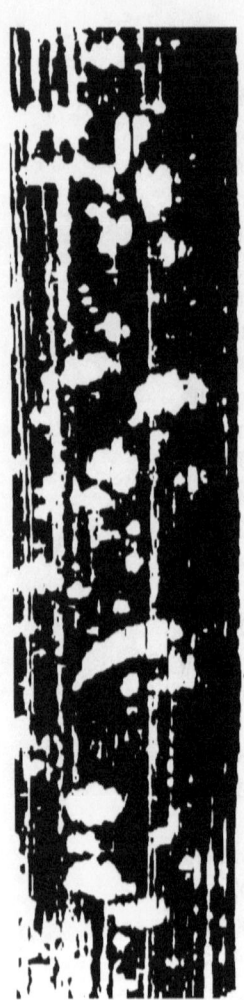

riger Zuschauer. Mitrevski spielte die Hauptrolle mit so viel neuerworbener Geschicklichkeit in der Aussprache und in den Geberden, daß er ein fast unaufhörliches Händeklatschen und allgemeinen Beifall erhielt; indem er nicht nur bewiesen, daß er den Zweck seiner Versendung genau getroffen, sondern in der That auch die von ihm gehegte Hoffnung weit übertroffen habe. Die Kaiserin ließ ihn nach vollendetem Trauerspiele nach ihrer Loge kommen, gab ihm die Hand zu küssen, und bezeugte ihm ihre Zufriedenheit. Acht Tage hernach mußte dieses Trauerspiel abermals aufgeführet worden.

Die Englische Factorei in Petersburg eröffnete 1767 und 1768 im Saal des Kaufmanns Raix am Galerenhofe eine Schaubühne zur Winterlust, und hat schon dreimal Englische Komödien mit großem Beifall unter sich aufgeführt. M. Brooks und Miß Brooks haben zur Bewunderung agirt; M. Raix und Miß Cook vortrefflich; die übrigen passable. Bei dem letztern Stück, *the jaloux Husband*, war der Graf Iwan Grigorj. Czernischev, bestimmter Ambassadeur nach England, mit seiner schönen Gemalin ein eingeladener Zuschauer. Dagegen gab er der ganzen Factorei in der Butterwoche einen Bal en Masque in seinem neuen Hotel an der blauen Brücke mit ausnehmender Pracht, Ordnung und Ueberfluß.

XII.

XII.

Itziger Etat des Rußischen Theaters.

Acteurs: Besoldung

Mitrevſkij, *Premier Acteur*, excellirt in den Hauptcharacteren, ſo wol tragiſchen als komiſchen . 860 Rub.

Alexēj Popov, ſtellt den komiſchen *Prim' Amoroſo* vortrefflich vor. Spielt nicht in der Tragödie. . 600 —

Jakov Schumſkij, macht in der Komödie den *Valet* vortrefflich . 600 —

Jeſtafi Sitſchkarev, ein Ukrainer, ſtellt den *Raiſonneur* im komiſchen, und den Bauer, auch etliche kleine tragiſche Rollen mit vielem Beifall für. 400 —

Gawrila Wolkov, der dritte Bruder; komiſch und tragiſch, den alten und den Vater. . . 400 —

Iwan Lapin, aus der Akademie der Künſte; den Amanten, tragiſch und komiſch, ziemlich gut. . 350 —

Iwan Sokolov, aus Moſkau; tragiſch und komiſch, den alten Vater. . 350 —

Niko-

Nikolaj Bachturin; komisch und tragisch den Liebhaber, ziemlich gut.   300 Rub.

Peter Koschenikov; Satyrische Rollen, den Podjatschej unvergleichlich)   250 —

Nikolaj Michajlov; allerlei kleine Rollen im Tragischen und Komischen.   200 —

Kusma Bigorskij; eben so   150 —

Paul Umanov, Souffleur.   180 —

Actricen:

Tatiana Michajlowna Trojepolska, spielt die erste Rolle im Tragischen und Komischen. Ihr Mann ist Registrator bei der Senatsdruckerei.   700 —

Agrafina Michajlowna Mitrevska, spielt die erste Servante *(Soubrette)*, im Tragischen die Königin, la mere Princesse.   600 —

Afotia Michajlowna Michajlowa, die zweite *Soubrette*, und etliche andre komische Rollen.   450 —

Maria Danilowna Sokolowa, die zweite komische Amantin (nicht in der Tragödie), und vortrefflich die *simple innocente*.   350 —

Matrowna Iwanowna Pazowa,
die komische Amantin, manchmal
auch im Tragischen. . 300 Rub.

Lukeria Michajlowna Kussowa, die
komische Mutter, im tragischen die
Confidentin. . . . 250 —

Juliana Feodorowna Tshurbanowa,
allerlei komische und tragische kleine
Rollen . . . 200 —

 Diese drei letzten haben eine deutsche Hofmeiste=
sterin. Außerdem werden drei Knaben und drei
Mädchen als Eleven erzogen: jedes bekommt 100
Rubel, sie wonen bei der Madame, und Mitrevskij
exerciret sie.

Ende des ersten Theils der Beylagen zum Neuveränd. Rußlande.

www.ingramcontent.com/pod-product-compliance
Lightning Source LLC
Chambersburg PA
CBHW051859300426
44117CB00006B/463